大学赤本シリーズ

216

青山学院大学

法学部・国際政治経済学部
－個別学部日程

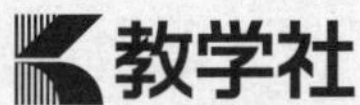

は　し　が　き

おかげさまで，大学入試の「赤本」は，今年で創刊 70 周年を迎えました。

これまで，入試問題や資料をご提供いただいた大学関係者各位，掲載許可をいただいた著作権者の皆様，各科目の解答や対策の執筆にあたられた先生方，そして，赤本を使用してくださったすべての読者の皆様に，厚く御礼を申し上げます。

以下に，創刊初期の「赤本」のはしがきを引用します。これからも引き続き，受験生の目標の達成や，夢の実現を応援してまいります。

本書を活用して，入試本番では持てる力を存分に発揮されることを心より願っています。

編者しるす

＊　＊　＊

学問の塔にあこがれのまなざしをもって，それぞれの志望する大学の門をたたかんとしている受験生諸君！　人間として生まれてきた私たちは，自己の欲するままに，美しく，強く，そして何よりも人間らしく生きることをねがっている。しかし，一朝一夕にして，この純粋なのぞみが達せられることはない。私たちの行く手には，絶えずさまざまな試練がまちかまえている。この試練を克服していくところに，私たちのねがう真に人間的な世界がはじめて開かれてくるのである。

人生最初の最大の試練として，諸君の眼前に大学入試がある。この大学入試は，精神的にも身体的にも，大きな苦痛を感ぜしめるであろう。あるスポーツに熟達するには，たゆみなき，はげしい練習を積み重ねることが必要であるように，私たちは，計画的・持続的な努力を払うことによって，この試練を克服し，次の一歩を踏みだすことができる。厳しい試練を経たのちに，はじめて満足すべき成果を獲得できるのである。

本書は最近の入学試験の問題に，それぞれ解答を付し，さらに問題をふかく分析することによって，その大学独特の傾向や対策をさぐろうとした。本書を一般の参考書とあわせて使用し，まとはずれのない，効果的な受験勉強をされるよう期待したい。

（昭和 35 年版「赤本」はしがきより）

挑む人の、いちばんの味方

1954年に大学入試の過去問題集を刊行してから70年。赤本は大学に入りたいと思う受験生を応援しつづけてきました。これからも，苦しいとき落ち込むときにそばで支える存在でいたいと思います。

そして，勉強をすること，自分で道を決めること，努力が実ること，これらの喜びを読者の皆さんが感じることができるよう，伴走をつづけます。

そもそも赤本とは…

受験生のための大学入試の過去問題集！

70年の歴史を誇る赤本は，500点を超える刊行点数で全都道府県の370大学以上を網羅しており，過去問の代名詞として受験生の必須アイテムとなっています。

なぜ受験に過去問が必要なのか？

大学入試は大学によって問題形式や頻出分野が大きく異なるからです。

赤本の掲載内容

傾向と対策

これまでの出題内容から，問題の「**傾向**」を分析し，来年度の入試に向けて具体的な「**対策**」の方法を紹介しています。

問題編・解答編

- 年度ごとに問題とその解答を掲載しています。
- 「**問題編**」ではその年度の試験概要を確認したうえで，実際に出題された過去問に取り組むことができます。
- 「**解答編**」には高校・予備校の先生方による解答が載っています。

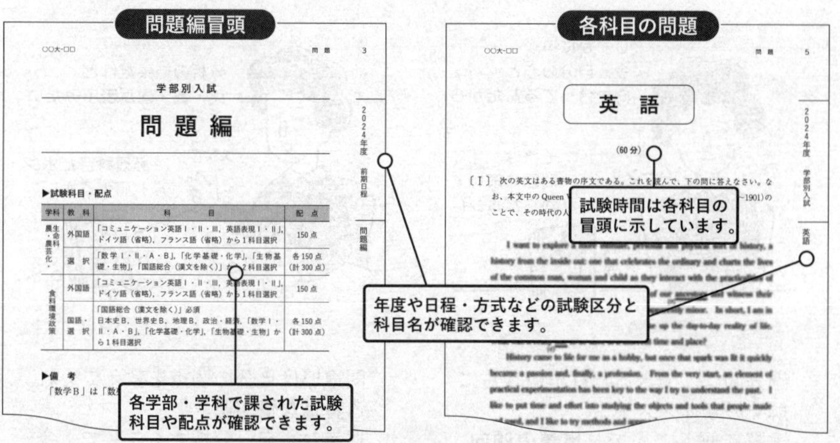

他にも，大学の基本情報や，先輩受験生の合格体験記，在学生からのメッセージなどが載っていることがあります。

掲載内容について

著作権上の理由やその他編集上の都合により問題や解答の一部を割愛している場合があります。
なお，指定校推薦入試，社会人入試，編入学試験，帰国生入試などの特別入試，英語以外の外国語科目，商業・工業科目は，原則として掲載しておりません。また試験科目は変更される場合がありますので，あらかじめご了承ください。

受験勉強は

過去問に始まり，

STEP 1 なにはともあれ

まずは解いてみる

しずかに…
今，自分の心と
向き合ってるんだから
ムーン
それは
問題を解いて
からだホン!

過去問は，**できるだけ早いうちに解く**のがオススメ！
実際に解くことで，**出題の傾向，問題のレベル，今の自分の実力**がつかめます。

STEP 2 じっくり具体的に

弱点を分析する

分析の結果だけど
英・数・国が苦手みたい
スリー
必須科目だホン
頑張るホン

間違いは自分の弱点を教えてくれる**貴重な情報源**。
弱点から自己分析することで，**今の自分に足りない力や苦手な分野**が見えてくるはず！

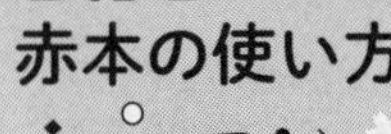

合格者があかす
赤本の使い方

傾向と対策を熟読
(Fさん／国立大合格)

大学の出題傾向を調べるために，赤本に載っている「傾向と対策」を熟読しました。

繰り返し解く
(Tさん／国立大合格)

1周目は問題のレベル確認，2周目は苦手や頻出分野の確認に，3周目は合格点を目指して，と過去問は繰り返し解くことが大切です。

赤本の使い方 解説

過去問に終わる。

STEP 3

志望校にあわせて

苦手分野の重点対策

明日からはみんなで頑張るよ！
参考書も！ 問題集も！
よろしくね！
呼んだ？
なにを!?
どこから!?
グッ
グッ

参考書や問題集を活用して，苦手分野の**重点対策**をしていきます。**過去問を指針**に，合格へ向けた具体的な学習計画を立てましょう！

STEP 1▶2▶3

サイクルが大事！

実践を繰り返す

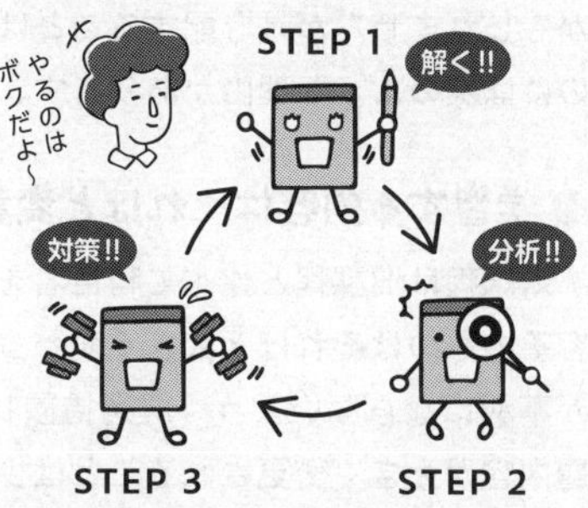

STEP 1～3を繰り返し，実力アップにつなげましょう！
出題形式に慣れることや，**時間配分を考えること**も大切です。

目標点を決める

(Yさん／私立大合格)

赤本によっては合格者最低点が載っているので，それを見て目標点を決めるのもよいです。

時間配分を確認

(Kさん／私立大学合格)

赤本は時間配分や解く順番を決めるために使いました。

添削してもらう

(Sさん／私立大学合格)

記述式の問題は先生に添削してもらうことで自分の弱点に気づけると思います。

新課程入試 Q&A

2022 年度から新しい学習指導要領（新課程）での授業が始まり，2025 年度の入試は，新課程に基づいて行われる最初の入試となります。ここでは，赤本での新課程入試の対策について，よくある疑問にお答えします。

Q1. 赤本は新課程入試の対策に使えますか？

A. もちろん使えます！

OK

旧課程入試の過去問が新課程入試の対策に役に立つのか疑問に思う人もいるかもしれませんが，心配することはありません。旧課程入試の過去問が役立つのには次のような理由があります。

● 学習する内容はそれほど変わらない

新課程は旧課程と比べて科目名を中心とした変更はありますが，学習する内容そのものはそれほど大きく変わっていません。また，多くの大学で，既卒生が不利にならないよう「経過措置」がとられます（Ｑ３参照）。したがって，出題内容が大きく変更されることは少ないとみられます。

● 大学ごとに出題の特徴がある

これまでに課程が変わったときも，各大学の出題の特徴は大きく変わらないことがほとんどでした。入試問題は各大学のアドミッション・ポリシーに沿って出題されており，過去問にはその特徴がよく表れています。過去問を研究してその大学に特有の傾向をつかめば，最適な対策をとることができます。

出題の特徴の例	・英作文問題の出題の有無 ・論述問題の出題（字数制限の有無や長さ） ・計算過程の記述の有無

新課程入試の対策も，赤本で過去問に取り組むところから始めましょう。

Q2. 赤本を使う上での注意点はありますか？

A. 志望大学の入試科目を確認しましょう。

過去問を解く前に，過去の出題科目（問題編冒頭の表）と2025年度の募集要項とを比べて，課される内容に変更がないかを確認しましょう。ポイントは以下のとおりです。科目名が変わっていても，実際は旧課程の内容とほとんど同様のものもあります。

英語・国語	科目名は変更されているが，実質的には変更なし。 ▶▶ **ただし，リスニングや古文・漢文の有無は要確認。**
地歴	科目名が変更され，「歴史総合」「地理総合」が新設。 ▶▶ **新設科目の有無に注意。ただし，「経過措置」（Q3参照）により内容は大きく変わらないことも多い。**
公民	「現代社会」が廃止され，「公共」が新設。 ▶▶ **「公共」は実質的には「現代社会」と大きく変わらない。**
数学	科目が再編され，「数学C」が新設。 ▶▶ **「数学」全体としての内容は大きく変わらないが，出題科目と単元の変更に注意。**
理科	科目名も学習内容も大きな変更なし。

数学については，科目名だけでなく，どの単元が含まれているかも確認が必要です。例えば，出題科目が次のように変わったとします。

旧課程	「数学Ⅰ・数学Ⅱ・数学A・数学B（数列・ベクトル）」
新課程	「数学Ⅰ・数学Ⅱ・数学A・**数学B（数列）・数学C（ベクトル）**」

この場合，新課程では「数学C」が増えていますが，単元は「ベクトル」のみのため，実質的には旧課程とほぼ同じであり，過去問をそのまま役立てることができます。

Q3.「経過措置」とは何ですか？

A. 既卒の旧課程履修者への対応です。

多くの大学では，既卒の旧課程履修者が不利にならないように，出題において「経過措置」が実施されます。措置の有無や内容は大学によって異なるので，募集要項や大学のウェブサイトなどで確認しておきましょう。

◯旧課程履修者への経過措置の例

- 旧課程履修者にも配慮した出題を行う。
- 新・旧課程の共通の範囲から出題する。
- 新課程と旧課程の共通の内容を出題し，共通範囲のみでの出題が困難な場合は，旧課程の範囲からの問題を用意し，選択解答とする。

例えば，地歴の出題科目が次のように変わったとします。

旧課程	「日本史 B」「世界史 B」から１科目選択
新課程	「**歴史総合**，日本史探究」「**歴史総合**，世界史探究」から１科目選択※ ※旧課程履修者に不利益が生じることのないように配慮する。

「歴史総合」は新課程で新設された科目で，旧課程履修者には見慣れないものですが，上記のような経過措置がとられた場合，新課程入試でも旧課程と同様の学習内容で受験することができます。

新課程の情報は WEB もチェック！
より詳しい解説が赤本ウェブサイトで見られます。
https://akahon.net/shinkatei/

科目名が変更される教科・科目

	旧課程	新課程
国語	国語総合 国語表現 現代文A 現代文B 古典A 古典B	現代の国語 言語文化 論理国語 文学国語 国語表現 古典探究
地歴	日本史A 日本史B 世界史A 世界史B 地理A 地理B	歴史総合 日本史探究 世界史探究 地理総合 地理探究
公民	現代社会 倫理 政治・経済	公共 倫理 政治・経済
数学	数学Ⅰ 数学Ⅱ 数学Ⅲ 数学A 数学B 数学活用	数学Ⅰ 数学Ⅱ 数学Ⅲ 数学A 数学B 数学C
外国語	コミュニケーション英語基礎 コミュニケーション英語Ⅰ コミュニケーション英語Ⅱ コミュニケーション英語Ⅲ 英語表現Ⅰ 英語表現Ⅱ 英語会話	英語コミュニケーションⅠ 英語コミュニケーションⅡ 英語コミュニケーションⅢ 論理・表現Ⅰ 論理・表現Ⅱ 論理・表現Ⅲ
情報	社会と情報 情報の科学	情報Ⅰ 情報Ⅱ

目　次

基本情報

沿革

1874（明治 7）　ドーラ・E・スクーンメーカーが東京麻布に女子小学校を開校。のちに東京築地に移転し海岸女学校となる
1878（明治 11）　ジュリアス・ソーパーが東京築地に耕教学舎を開校。のちに東京英学校となる
1879（明治 12）　ロバート・S・マクレイが横浜山手町に美會神学校を開校
1882（明治 15）　美會神学校が東京英学校と合同
1883（明治 16）　東京英学校が東京青山に移転し東京英和学校と改称
1888（明治 21）　海岸女学校の上級生を青山に移し東京英和女学校として開校
1894（明治 27）　東京英和学校は青山学院と改称。海岸女学校が東京英和女学校と合同
1895（明治 28）　東京英和女学校は青山女学院と改称
1904（明治 37）　青山学院と青山女学院が専門学校の認可を受ける
1927（昭和 2）　青山女学院が青山学院と合同
1949（昭和 24）　新制大学として青山学院大学を開校（文・商・工の 3 学部。

	工学部は 1950 年関東学院大学に移管）
1953（昭和 28）	商学部を経済学部に改組
1959（昭和 34）	法学部を設置
1965（昭和 40）	理工学部を設置
1966（昭和 41）	経営学部を設置
1982（昭和 57）	国際政治経済学部を設置
2008（平成 20）	総合文化政策学部および社会情報学部を設置
2009（平成 21）	教育人間科学部を設置
2015（平成 27）	地球社会共生学部を設置
2019（平成 31）	コミュニティ人間科学部を設置

校章

1952 年，図案を学生から公募して決定しました。盾は「信仰を盾として」（新約聖書　エフェソの信徒への手紙 6 章 16 節）からきたもので，信仰の象徴を示しています。山形の A と G は青山と学院の頭文字。その下に，Univ.（大学）があります。盾の発案は青山学院大学校友によるもので，「中央および左右の先端は尖って高峰のごとく，側面の弧は豊かな頬を思わせるふくらみを持ち，全体が均整のとれた 4 つの弧で囲まれているようなもの」を正しい形状と定めています。

学部・学科の構成

大　学

●文学部　青山キャンパス

英米文学科（イギリス文学・文化コース，アメリカ文学・文化コース，グローバル文学・文化コース，英語学コース，コミュニケーションコース，英語教育学コース）

フランス文学科（文学分野，語学分野，文化分野）

日本文学科（日本文学コース，日本語・日本語教育コース）

史学科（日本史コース，東洋史コース，西洋史コース，考古学コース）

比較芸術学科（美術領域，音楽領域，演劇映像領域）

●教育人間科学部　青山キャンパス

教育学科（人間形成探究コース，臨床教育・生涯発達コース，教育情報・メディアコース，幼児教育学コース，児童教育学コース）

心理学科（一般心理コース，臨床心理コース）

●経済学部　青山キャンパス

経済学科（理論・数量コース，応用経済コース，歴史・思想コース）

現代経済デザイン学科（公共コース〈パブリック・デザイン〉，地域コース〈リージョナル・デザイン〉）

●法学部　青山キャンパス

法学科

ヒューマンライツ学科

●経営学部　青山キャンパス

経営学科

マーケティング学科

●国際政治経済学部　青山キャンパス

国際政治学科（政治外交・安全保障コース，グローバル・ガバナンスコース）

国際経済学科（国際経済政策コース，国際ビジネスコース）

国際コミュニケーション学科（国際コミュニケーションコース）

●総合文化政策学部 青山キャンパス

総合文化政策学科（メディア文化分野，都市・国際文化分野，アート・デザイン分野）

●理工学部 相模原キャンパス

物理科学科

数理サイエンス学科

化学・生命科学科

電気電子工学科

機械創造工学科

経営システム工学科

情報テクノロジー学科

●社会情報学部 相模原キャンパス

社会情報学科（社会・情報コース，社会・人間コース，人間・情報コース）

●地球社会共生学部 相模原キャンパス

地球社会共生学科（メディア／空間情報領域，コラボレーション領域，経済・ビジネス領域，ソシオロジー領域）

●コミュニティ人間科学部 相模原キャンパス

コミュニティ人間科学科（子ども・若者活動支援プログラム，女性活動支援プログラム，コミュニティ活動支援プログラム，コミュニティ資源継承プログラム，コミュニティ創生計画プログラム）

（備考）コース等に分属する年次はそれぞれで異なる。

大学院

文学研究科 / 教育人間科学研究科 / 経済学研究科 / 法学研究科 / 経営学研究科 / 国際政治経済学研究科 / 総合文化政策学研究科 / 理工学研究科 / 社会情報学研究科 / 国際マネジメント研究科 / 会計プロフェッション研究科

大学所在地

青山キャンパス

相模原キャンパス

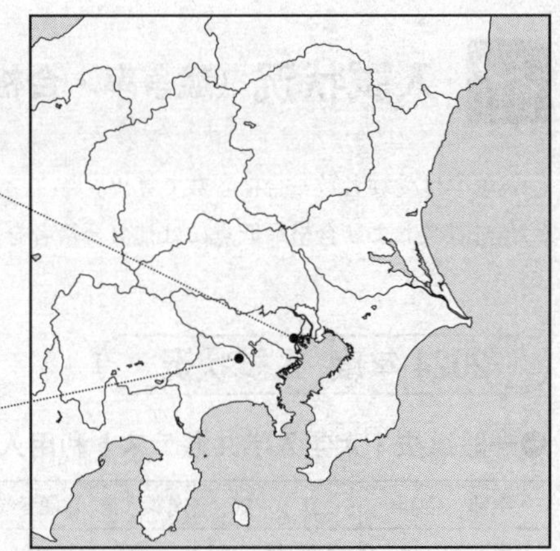

青山キャンパス　〒150-8366　東京都渋谷区渋谷 4-4-25

相模原キャンパス　〒252-5258　神奈川県相模原市中央区淵野辺 5-10-1

入試データ

 入試状況（競争率・合格最低点など）

○競争率は受験者数÷合格者数で算出。
○合格者数および合格最低点には補欠合格者を含む（※印で表示）。

2024 年度　入試状況

●一般選抜・大学入学共通テスト利用入学者選抜

学部・学科		方　式	募集人員	志願者数	受験者数	合格者数	競争率	合格最低点/満点
文	英米文	全学部日程	約 5	194	189	28	6.8	260.0/350.0
		個別学部日程 A 方式	約 70	430	408	※ 260	1.6	318.0/500.0
		個別学部日程 B 方式	約 40	395	358	122	2.9	218.0/300.0
		個別学部日程 C 方式	約 40	536	492	137	3.6	213.0/300.0
		共通テスト利用	約 15	464	463	150	3.1	325.0/400.0
	フランス文	全学部日程	約 15	342	331	68	4.9	244.0/350.0
		個別学部日程 A 方式	約 40	334	314	122	2.6	#1/500.0
		個別学部日程 B 方式	約 10	131	122	28	4.4	#2/400.0
		共通テスト利用	約 10	715	714	215	3.3	390.0/500.0
	日本文	全学部日程	約 8	169	163	30	5.4	287.0/400.0
		個別学部日程 A 方式	約 55	444	399	※ 156	2.6	264.5/350.0
		個別学部日程 B 方式	約 10	197	182	30	6.1	196.0/250.0
		共通テスト利用	約 5	205	205	34	6.0	509.0/600.0

（表つづく）

学部・学科		方　式	募集人員	志願者数	受験者数	合格者数	競争率	合格最低点/満点
文	史	全学部日程	約20	278	267	59	4.5	291.0/400.0
		個別学部日程	約52	736	682	218	3.1	318.0/450.0
		共通テスト利用（3科目型）	約10	381	381	87	4.4	498.0/600.0
		共通テスト利用（6科目型）		67	66	23	2.9	647.0/800.0
	比較芸術	全学部日程	約5	195	185	17	10.9	312.0/400.0
		個別学部日程	約45	280	258	83	3.1	322.5/450.0
		共通テスト利用	約5	239	239	22	10.9	533.0/600.0
教育人間科	教育	全学部日程	約70	1,013	989	※235	4.2	243.0/350.0
		個別学部日程	約20	476	437	65	6.7	#3/300.0
		共通テスト利用	約10	480	480	※127	3.8	411.0/500.0
	心理	全学部日程	約58	626	601	※178	3.4	243.0/350.0
		個別学部日程	約15	323	277	※49	5.7	#4/300.0
		共通テスト利用	約10	425	423	※79	5.4	381.0/450.0
経済	経済	全学部日程	約30	654	626	109	5.7	260.0/350.0
		個別学部日程 A方式	約180	3,044	2,587	※478	5.4	165.0/250.0
		個別学部日程 B方式	約100	1,973	1,616	※250	6.5	144.0/250.0
		共通テスト利用	約10	595	484	160	3.0	404.0/500.0
	現代経済デザイン	全学部日程	約10	119	114	16	7.1	253.0/350.0
		個別学部日程 A方式	約50	895	761	110	6.9	165.0/250.0
		個別学部日程 B方式	約25	459	407	56	7.3	136.0/250.0
		共通テスト利用	約10	187	123	20	6.2	404.0/500.0
法	法	全学部日程	約80	1,502	1,448	351	4.1	246.0/350.0
		個別学部日程 A方式	約80	634	522	186	2.8	289.0/400.0
		個別学部日程 B方式	約25	286	213	76	2.8	263.0/400.0
		共通テスト利用（3科目型）	約10	624	624	270	2.3	273.0/350.0
		共通テスト利用（5科目型）		201	201	98	2.1	549.0/700.0

（表つづく）

学部・学科		方式	募集人員	志願者数	受験者数	合格者数	競争率	合格最低点/満点
法	ヒューマンライツ	全学部日程	約25	870	844	146	5.8	245.0/350.0
		個別学部日程A方式	約20	126	111	44	2.5	279.0/400.0
		個別学部日程B方式	約10	87	69	31	2.2	256.0/400.0
		共通テスト利用(3科目型)	約5	601	601	118	5.1	280.0/350.0
		共通テスト利用(5科目型)		59	59	23	2.6	541.0/700.0
経営	経営	全学部日程	約25	879	841	※130	6.5	256.0/350.0
		個別学部日程A方式	約160	1,547	1,347	※527	2.6	287.8/400.0
		個別学部日程B方式	約40	297	263	※144	1.8	275.3/400.0
		共通テスト利用	約10	1,121	1,118	※175	6.4	252.0/300.0
	マーケティング	全学部日程	約15	519	503	※63	8.0	256.0/350.0
		個別学部日程A方式	約80	589	515	※176	2.9	295.0/400.0
		個別学部日程B方式	約20	88	78	※40	2.0	276.1/400.0
		共通テスト利用	約5	405	404	※60	6.7	252.5/300.0
国際政治経済	国際政治	全学部日程	約5	162	152	※27	5.6	275.0/350.0
		個別学部日程A方式	約64	325	285	※138	2.1	141.3/200.0
		個別学部日程B方式	約6	39	31	7	4.4	157.9/200.0
		共通テスト利用(3科目型)	約10	404	404	※104	3.9	338.0/400.0
		共通テスト利用(4科目型)	約10	58	58	19	3.1	500.0/600.0
	国際経済	全学部日程	約5	106	102	26	3.9	262.0/350.0
		個別学部日程	約70	200	179	89	2.0	139.1/200.0
		共通テスト利用(3科目型)	約10	325	323	111	2.9	322.0/400.0
		共通テスト利用(4科目型)	約10	76	76	38	2.0	490.0/600.0

(表つづく)

学部・学科		方式	募集人員	志願者数	受験者数	合格者数	競争率	合格最低点/満点
国際政治経済	国際コミュニケーション	全学部日程	約5	126	120	24	5.0	270.0/350.0
		個別学部日程A方式	約27	278	245	75	3.3	140.8/200.0
		個別学部日程B方式	約20	146	121	31	3.9	148.2/200.0
		共通テスト利用	約10	219	219	49	4.5	341.0/400.0
総合文化政策		全学部日程	約55	856	832	※172	4.8	260.0/350.0
		個別学部日程A方式	約70	393	362	※124	2.9	235.0/300.0
		個別学部日程B方式	約50	501	435	※101	4.3	257.5/350.0
		共通テスト利用（3科目型）	約10	787	772	※103	7.5	345.0/400.0
		共通テスト利用（4科目型）		30	30	3	10.0	433.0/500.0
		共通テスト利用（5科目型）		103	103	※11	9.4	517.0/600.0
理工	物理科	全学部日程	約12	132	125	37	3.4	248.0/400.0
		個別学部日程A方式	約35	550	526	156	3.4	298.0/450.0
		個別学部日程B方式	約28	329	305	104	2.9	360.0/500.0
		共通テスト利用	約8	415	415	242	1.7	444.0/600.0
	数理サイエンス	全学部日程	約6	122	117	41	2.9	225.0/400.0
		個別学部日程A方式	約20	285	270	94	2.9	261.0/450.0
		個別学部日程B方式	約13	179	166	52	3.2	337.0/500.0
		共通テスト利用	約4	140	140	46	3.0	486.0/600.0
	化学・生命科	全学部日程	約13	115	104	20	5.2	262.0/400.0
		個別学部日程A方式	約50	782	750	267	2.8	263.0/450.0
		個別学部日程B方式	約20	346	321	102	3.1	375.0/500.0
		共通テスト利用	約10	277	276	80	3.5	492.0/600.0

（表つづく）

学部・学科		方　式	募集人員	志願者数	受験者数	合格者数	競争率	合格最低点/満点
理工	電気電子工	全学部日程	約13	170	162	※50	3.2	222.0/400.0
		個別学部日程A方式	約40	492	471	※151	3.1	262.0/450.0
		個別学部日程B方式	約20	254	242	※89	2.7	320.0/500.0
		共通テスト利用	約10	248	247	※77	3.2	473.0/600.0
	機械創造工	全学部日程	約15	131	124	29	4.3	233.0/400.0
		個別学部日程A方式	約40	699	668	271	2.5	261.0/450.0
		個別学部日程B方式	約20	229	217	71	3.1	340.0/500.0
		共通テスト利用	約10	228	226	117	1.9	455.0/600.0
	経営システム工	全学部日程	約10	149	138	※33	4.2	256.0/400.0
		個別学部日程A方式	約35	519	504	※173	2.9	276.0/450.0
		個別学部日程B方式	約20	210	198	※66	3.0	346.0/500.0
		共通テスト利用	約10	201	201	36	5.6	417.0/500.0
	情報テクノロジー	全学部日程	約10	154	143	15	9.5	265.0/400.0
		個別学部日程A方式	約35	672	618	※174	3.6	275.0/450.0
		個別学部日程B方式	約20	298	278	※78	3.6	354.0/500.0
		共通テスト利用	約10	244	241	30	8.0	426.0/500.0
社会情報		全学部日程A方式	約17	237	225	29	7.8	253.0/350.0
		全学部日程B方式	約10	130	124	22	5.6	285.0/400.0
		個別学部日程A方式	約45	471	437	※114	3.8	291.0/400.0
		個別学部日程B方式	約25	425	402	※88	4.6	209.0/350.0
		個別学部日程C方式	約35	343	327	※89	3.7	272.0/450.0
		個別学部日程D方式	約15	110	102	※21	4.9	222.0/400.0

（表つづく）

学部・学科	方　　式	募集人員	志願者数	受験者数	合格者数	競争率	合格最低点/満点
社　会　情　報	共通テスト利用（3 科 目 型）	約 15	305	305	30	10.2	253.0/300.0
	共通テスト利用（4 科目 A 型）		99	97	10	9.7	335.0/400.0
	共通テスト利用（4 科目 B 型）		71	71	7	10.1	347.0/400.0
	共通テスト利用（5 科 目 型）		42	40	4	10.0	444.0/500.0
地球社会共生	全 学 部 日 程	約 45	460	448	100	4.5	242.0/350.0
	個別学部日程	約 30	352	278	※ 99	2.8	193.7/300.0
	共通テスト利用	約 20	577	574	89	6.4	329.0/400.0
コミュニティ人　間　科	全 学 部 日 程	約 50	634	617	※ 131	4.7	237.0/350.0
	個別学部日程	約 34	437	411	※ 137	3.0	214.0/300.0
	共通テスト利用（3 科 目 型）	約 12	195	194	※ 70	2.8	376.0/500.0
	共通テスト利用（4 科 目 型）		30	30	※ 19	1.6	377.0/500.0
	共通テスト利用（5 科 目 型）		51	51	※ 25	2.0	377.0/500.0

（備考）

- 合格最低点について #1〜4 は以下参照。

#1　総合点 348.0 点以上で「総合問題」120.0 点以上かつ「外国語」140.0 点以上。

#2　「総合問題」110.0 点以上かつ「外国語」154.0 点以上。

#3　大学入学共通テストの「英語」，「国語」の点数をそれぞれ 50％に圧縮した合計点が 130.0 点以上かつ「小論文」の点数が 69.0 点以上。

#4　大学入学共通テストの「英語」の点数を 50％に圧縮したものが 70.0 点以上かつ総合点が 221.5 点以上。

2023 年度 入試状況

●一般選抜・大学入学共通テスト利用入学者選抜

学部・学科		方　式	募集人員	志願者数	受験者数	合格者数	競争率	合格最低点/満点
文	英米文	全学部日程	約 5	143	138	17	8.1	279.0/350.0
		個別学部日程 A 方 式	約 70	432	418	※ 215	1.9	346.0/500.0
		個別学部日程 B 方 式	約 40	448	415	※ 120	3.5	196.0/300.0
		個別学部日程 C 方 式	約 40	511	476	※ 112	4.3	208.0/300.0
		共通テスト利用	約 15	407	403	136	3.0	321.0/400.0
	フランス文	全学部日程	約 15	195	192	70	2.7	253.0/350.0
		個別学部日程 A 方 式	約 40	271	252	※ 120	2.1	#1/500.0
		個別学部日程 B 方 式	約 10	73	63	24	2.6	#2/400.0
		共通テスト利用	約 10	174	173	80	2.2	374.0/500.0
	日本文	全学部日程	約 8	180	167	30	5.6	309.0/400.0
		個別学部日程 A 方 式	約 55	397	349	143	2.4	272.0/350.0
		個別学部日程 B 方 式	約 10	157	152	29	5.2	192.0/250.0
		共通テスト利用	約 5	158	157	30	5.2	494.0/600.0
	史	全学部日程	約 20	293	280	※ 77	3.6	304.0/400.0
		個別学部日程	約 52	586	541	※ 221	2.4	309.0/450.0
		共通テスト利用（3 科目型）	約 5	204	204	83	2.5	465.0/600.0
		共通テスト利用（6 科目型）	約 5	68	66	20	3.3	642.0/800.0
	比較芸術	全学部日程	約 5	218	202	22	9.2	312.0/400.0
		個別学部日程	約 45	241	216	※ 105	2.1	299.0/450.0
		共通テスト利用	約 5	171	170	28	6.1	516.0/600.0

（表つづく）

学部・学科		方　式	募集人員	志願者数	受験者数	合格者数	競争率	合格最低点/満点
教育人間科	教育	全学部日程	約70	1,147	1,117	※241	4.6	266.0/350.0
		個別学部日程	約20	379	352	63	5.6	#3/300.0
		共通テスト利用	約10	575	575	102	5.6	408.0/500.0
	心理	全学部日程	約58	635	622	141	4.4	268.0/350.0
		個別学部日程	約15	215	181	※74	2.4	#4/300.0
		共通テスト利用	約10	402	400	56	7.1	373.0/450.0
経済	経済	全学部日程	約30	792	751	101	7.4	278.0/350.0
		個別学部日程A方式	約180	3,250	2,735	394	6.9	158.0/250.0
		個別学部日程B方式	約100	1,792	1,481	217	6.8	162.0/250.0
		共通テスト利用	約10	685	548	161	3.4	404.0/500.0
	現代経済デザイン	全学部日程	約10	93	88	15	5.9	267.0/350.0
		個別学部日程A方式	約50	828	703	115	6.1	153.0/250.0
		個別学部日程B方式	約25	396	341	58	5.9	154.0/250.0
		共通テスト利用	約10	58	41	15	2.7	391.0/500.0
法	法	全学部日程	約80	1,354	1,302	379	3.4	265.0/350.0
		個別学部日程A方式	約80	589	445	※180	2.5	286.0/400.0
		個別学部日程B方式	約25	282	190	※107	1.8	262.0/400.0
		共通テスト利用（3科目型）	約10	920	920	196	4.7	282.0/350.0
		共通テスト利用（5科目型）		260	259	99	2.6	542.0/700.0
	ヒューマンライツ	全学部日程	約25	287	281	112	2.5	256.0/350.0
		個別学部日程A方式	約20	142	107	40	2.7	282.0/400.0
		個別学部日程B方式	約10	73	44	22	2.0	262.0/400.0
		共通テスト利用（3科目型）	約5	142	142	55	2.6	267.0/350.0
		共通テスト利用（5科目型）		28	28	14	2.0	533.0/700.0

（表つづく）

学部・学科		方　式	募集人員	志願者数	受験者数	合格者数	競争率	合格最低点/満点
経営	経営	全学部日程	約25	696	664	※108	6.1	273.0/350.0
		個別学部日程 A方式	約160	1,150	965	※459	2.1	278.3/400.0
		個別学部日程 B方式	約40	355	307	※162	1.9	275.0/400.0
		共通テスト利用	約10	709	707	169	4.2	241.0/300.0
	マーケティング	全学部日程	約15	517	498	※50	10.0	279.0/350.0
		個別学部日程 A方式	約80	652	578	※197	2.9	291.5/400.0
		個別学部日程 B方式	約20	267	225	※61	3.7	281.5/400.0
		共通テスト利用	約5	311	310	53	5.8	243.0/300.0
国際政治経済	国際政治	全学部日程	約5	146	134	27	5.0	283.0/350.0
		個別学部日程 A方式	約64	331	277	※137	2.0	147.6/200.0
		個別学部日程 B方式	約6	35	28	9	3.1	157.5/200.0
		共通テスト利用（3科目型）	約10	302	300	87	3.4	335.0/400.0
		共通テスト利用（4科目型）	約10	211	211	62	3.4	495.0/600.0
	国際経済	全学部日程	約5	94	88	16	5.5	283.0/350.0
		個別学部日程	約70	443	390	※112	3.5	145.8/200.0
		共通テスト利用（3科目型）	約10	222	221	58	3.8	331.0/400.0
		共通テスト利用（4科目型）	約10	129	126	51	2.5	484.0/600.0
	国際コミュニケーション	全学部日程	約5	124	116	17	6.8	283.0/350.0
		個別学部日程 A方式	約27	268	213	※84	2.5	145.3/200.0
		個別学部日程 B方式	約20	88	76	26	2.9	156.8/200.0
		共通テスト利用	約10	201	200	45	4.4	341.0/400.0

（表つづく）

学部・学科		方　式	募集人員	志願者数	受験者数	合格者数	競争率	合格最低点/満点
総合文化政策		全学部日程	約 55	758	734	※ 156	4.7	272.0/350.0
		個別学部日程 A　方　式	約 70	296	268	83	3.2	227.0/300.0
		個別学部日程 B　方　式	約 50	369	308	※ 95	3.2	259.0/350.0
		共通テスト利用（3科目型）	約 10	378	373	96	3.9	332.0/400.0
		共通テスト利用（4科目型）		12	12	2	6.0	426.0/500.0
		共通テスト利用（5科目型）		54	54	20	2.7	501.0/600.0
理工	物理科	全学部日程	約 12	143	139	45	3.1	270.0/400.0
		個別学部日程 A　方　式	約 35	471	450	215	2.1	255.0/450.0
		個別学部日程 B　方　式	約 28	218	207	105	2.0	344.5/500.0
		共通テスト利用	約 8	407	404	200	2.0	467.0/600.0
	数理サイエンス	全学部日程	約 6	166	164	53	3.1	265.0/400.0
		個別学部日程 A　方　式	約 20	350	331	※ 121	2.7	257.0/450.0
		個別学部日程 B　方　式	約 13	135	129	※ 55	2.3	309.0/500.0
		共通テスト利用	約 4	209	207	56	3.7	491.0/600.0
	化学・生命科	全学部日程	約 13	119	112	19	5.9	286.0/400.0
		個別学部日程 A　方　式	約 50	808	765	307	2.5	261.0/450.0
		個別学部日程 B　方　式	約 20	338	318	128	2.5	321.0/500.0
		共通テスト利用	約 10	504	504	83	6.1	510.0/600.0

（表つづく）

学部・学科		方　式	募集人員	志願者数	受験者数	合格者数	競争率	合格最低点/満点
理工	電気電子工	全学部日程	約13	136	128	※38	3.4	258.0/400.0
		個別学部日程A方式	約40	479	457	※155	2.9	261.0/450.0
		個別学部日程B方式	約20	220	206	※76	2.7	307.0/500.0
		共通テスト利用	約10	249	248	58	4.3	491.0/600.0
	機械創造工	全学部日程	約15	189	178	28	6.4	274.0/400.0
		個別学部日程A方式	約40	973	936	※272	3.4	264.0/450.0
		個別学部日程B方式	約20	354	343	※116	3.0	311.5/500.0
		共通テスト利用	約10	620	620	104	6.0	500.0/600.0
	経営システム工	全学部日程	約10	144	136	22	6.2	292.0/400.0
		個別学部日程A方式	約35	560	534	172	3.1	265.0/450.0
		個別学部日程B方式	約23	220	206	55	3.7	337.0/500.0
		共通テスト利用	約10	336	336	52	6.5	419.0/500.0
	情報テクノロジー	全学部日程	約10	160	148	14	10.6	296.0/400.0
		個別学部日程A方式	約35	810	760	※195	3.9	278.0/450.0
		個別学部日程B方式	約20	358	342	※111	3.1	327.0/500.0
		共通テスト利用	約10	436	432	48	9.0	442.0/500.0
社会情報		全学部日程A方式	約17	272	259	※47	5.5	266.0/350.0
		全学部日程B方式	約10	117	112	※26	4.3	279.0/400.0
		個別学部日程A方式	約45	367	330	※122	2.7	280.0/400.0
		個別学部日程B方式	約25	276	253	※65	3.9	300.0/400.0
		個別学部日程C方式	約35	278	270	※82	3.3	262.0/400.0
		個別学部日程D方式	約15	212	203	※51	4.0	308.0/400.0

（表つづく）

学部・学科	方　式	募集人員	志願者数	受験者数	合格者数	競争率	合格最低点/満点
社会情報	共通テスト利用（3科目型）	約15	187	185	19	9.7	256.0/300.0
	共通テスト利用（4科目A型）		58	58	6	9.7	334.5/400.0
	共通テスト利用（4科目B型）		41	41	5	8.2	350.0/400.0
	共通テスト利用（5科目型）		27	20	3	6.7	419.0/500.0
地球社会共生	全学部日程	約45	364	348	109	3.2	256.0/350.0
	個別学部日程	約30	321	250	※66	3.8	218.6/300.0
	共通テスト利用	約20	230	228	61	3.7	320.0/400.0
コミュニティ人間科	全学部日程	約50	692	669	※164	4.1	256.0/350.0
	個別学部日程	約34	266	245	※127	1.9	200.0/300.0
	共通テスト利用（3科目型）	約12	246	246	57	4.3	389.0/500.0
	共通テスト利用（4科目型）		47	47	10	4.7	389.0/500.0
	共通テスト利用（5科目型）		66	64	13	4.9	389.0/500.0

（備考）

- 合格最低点について #1～4 は以下参照。

#1　総合点 360.0 点以上で「総合問題」130.0 点以上かつ「外国語」140.0 点以上。

#2　「総合問題」101.0 点以上かつ「外国語」141.0 点以上。

#3　大学入学共通テストの「英語」，「国語」の点数をそれぞれ 50％に圧縮した合計点が 125.0 点以上かつ「小論文」の点数が 57.0 点以上。

#4　大学入学共通テストの「英語」の点数を 50％に圧縮したものが 68.0 点以上かつ総合点が 201.5 点以上。

2022 年度 入試状況

●一般選抜・大学入学共通テスト利用入学者選抜

学部・学科		方　式	募集人員	志願者数	受験者数	合格者数	競争率	合格最低点/満点
文	英米文	全学部日程	約5	285	269	15	17.9	297.0/350
		個別学部日程A方式	約70	549	517	※238	2.2	345.5/500
		個別学部日程B方式	約40	431	385	※124	3.1	271.0/400
		個別学部日程C方式	約40	710	623	※96	6.5	200.0/300
		共通テスト利用	約15	506	505	150	3.4	330.5/400
	フランス文	全学部日程	約15	488	470	67	7.0	282.0/350
		個別学部日程A方式	約40	278	235	※97	2.4	#1/500
		個別学部日程B方式	約10	84	68	※21	3.2	#2/400
		共通テスト利用	約10	667	666	150	4.4	401.0/500
	日本文	全学部日程	約8	135	129	31	4.2	321.0/400
		個別学部日程A方式	約55	508	452	165	2.7	276.0/350
		個別学部日程B方式	約10	151	143	32	4.5	167.0/250
		共通テスト利用	約5	203	202	46	4.4	500.0/600
	史	全学部日程	約20	219	214	※66	3.2	312.0/400
		個別学部日程	約55	656	570	※184	3.1	315.0/450
		共通テスト利用	約5	505	504	96	5.3	507.0/600
	比較芸術	全学部日程	約5	150	150	23	6.5	323.0/400
		個別学部日程	約45	231	202	※88	2.3	315.0/450
		共通テスト利用	約5	202	201	35	5.7	517.0/600
教育人間科	教育	全学部日程	約70	1,013	989	※236	4.2	276.0/350
		個別学部日程	約20	439	404	※76	5.3	#3/300
		共通テスト利用	約10	492	492	103	4.8	403.0/500
	心理	全学部日程	約58	705	685	129	5.3	283.0/350
		個別学部日程	約15	287	245	※51	4.8	#4/300
		共通テスト利用	約10	331	331	67	4.9	370.0/450

（表つづく）

学部・学科		方　式	募集人員	志願者数	受験者数	合格者数	競争率	合格最低点/満点
経済	経済	全学部日程	約30	590	555	93	6.0	283.0/350
		個別学部日程A方式	約180	3,453	2,921	※487	6.0	#5/250
		個別学部日程B方式	約100	1,856	1,494	※227	6.6	143.0/250
		共通テスト利用	約10	711	578	157	3.7	399.0/500
	現代経済デザイン	全学部日程	約10	179	170	20	8.5	283.0/350
		個別学部日程A方式	約50	1,164	1,038	※113	9.2	169.0/250
		個別学部日程B方式	約25	381	321	51	6.3	138.0/250
		共通テスト利用	約10	182	143	20	7.2	398.0/500
法	法	全学部日程	約80	1,624	1,550	※390	4.0	280.0/350
		個別学部日程A方式	約80	682	548	※201	2.7	291.0/400
		個別学部日程B方式	約25	211	145	※69	2.1	270.0/400
		共通テスト利用	約10	676	675	198	3.4	280.0/350
	ヒューマンライツ	全学部日程	約25	742	717	※128	5.6	282.0/350
		個別学部日程A方式	約20	272	239	※52	4.6	299.0/400
		個別学部日程B方式	約10	154	132	※39	3.4	285.3/400
		共通テスト利用	約5	265	265	54	4.9	280.0/350
経営	経営	全学部日程	約25	974	932	※76	12.3	293.0/350
		個別学部日程A方式	約160	1,364	1,125	※473	2.4	283.5/400
		個別学部日程B方式	約40	263	212	※114	1.9	247.3/400
		共通テスト利用	約10	931	928	104	8.9	252.5/300
	マーケティング	全学部日程	約15	460	444	※54	8.2	292.0/350
		個別学部日程A方式	約80	538	447	※192	2.3	285.5/400
		個別学部日程B方式	約20	85	70	※45	1.6	238.0/400
		共通テスト利用	約5	366	365	33	11.1	256.0/300

（表つづく）

学部・学科		方　式	募集人員	志願者数	受験者数	合格者数	競争率	合格最低点/満点
国際政治経済	国際政治	全学部日程	約5	199	189	23	8.2	296.0/350
		個別学部日程 A 方 式	約64	419	346	※116	3.0	127.8/200
		個別学部日程 B 方 式	約6	22	19	8	2.4	119.8/200
		共通テスト利用（3教科型）	約10	326	323	89	3.6	345.0/400
		共通テスト利用（4教科型）	約10	129	128	51	2.5	460.0/600
	国際経済	全学部日程	約5	129	120	16	7.5	297.0/350
		個別学部日程	約70	272	236	※130	1.8	127.8/200
		共通テスト利用（3教科型）	約10	267	264	52	5.1	345.0/400
		共通テスト利用（4教科型）	約10	123	123	38	3.2	470.0/600
	国際コミュニケーション	全学部日程	約5	168	161	16	10.1	297.0/350
		個別学部日程 A 方 式	約27	348	273	※71	3.8	149.3/200
		個別学部日程 B 方 式	約20	175	144	25	5.8	159.9/200
		共通テスト利用	約10	241	238	46	5.2	351.0/400
総合文化政策		全学部日程	約55	948	922	※156	5.9	290.0/350
		個別学部日程 A 方 式	約70	441	406	※86	4.7	250.0/300
		個別学部日程 B 方 式	約50	499	432	※100	4.3	275.5/350
		共通テスト利用	約10	605	602	58	10.4	352.0/400
理工	物理科	全学部日程	約12	231	221	※71	3.1	275.0/400
		個別学部日程 A 方 式	約35	762	723	※190	3.8	278.0/450
		個別学部日程 B 方 式	約28	237	224	※87	2.6	326.8/500
		共通テスト利用	約8	785	783	172	4.6	442.0/600

（表つづく）

学部・学科		方　式	募集人員	志願者数	受験者数	合格者数	競争率	合格最低点/満点
理工	数理サイエンス	全学部日程	約 6	155	149	※ 56	2.7	244.0/400
		個別学部日程 A 方式	約 20	288	271	※ 122	2.2	252.0/450
		個別学部日程 B 方式	約 13	97	94	42	2.2	289.8/500
		共通テスト利用	約 4	212	212	56	3.8	443.0/600
	化学・生命科	全学部日程	約 13	136	128	28	4.6	274.0/400
		個別学部日程 A 方式	約 50	836	795	※ 348	2.3	250.0/450
		個別学部日程 B 方式	約 20	209	190	109	1.7	311.0/500
		共通テスト利用	約 10	291	289	60	4.8	456.0/600
	電気電子工	全学部日程	約 13	182	165	※ 41	4.0	269.0/400
		個別学部日程 A 方式	約 40	608	579	※ 177	3.3	267.0/450
		個別学部日程 B 方式	約 20	174	161	※ 70	2.3	295.2/500
		共通テスト利用	約 10	239	238	56	4.3	450.0/600
	機械創造工	全学部日程	約 15	148	141	30	4.7	270.0/400
		個別学部日程 A 方式	約 40	749	717	299	2.4	252.0/450
		個別学部日程 B 方式	約 20	148	132	69	1.9	291.1/500
		共通テスト利用	約 10	270	270	99	2.7	432.0/600
	経営システム工	全学部日程	約 10	188	183	34	5.4	290.0/400
		個別学部日程 A 方式	約 35	649	620	207	3.0	273.0/450
		個別学部日程 B 方式	約 23	174	162	58	2.8	316.7/500
		共通テスト利用	約 10	264	264	51	5.2	379.0/500
	情報テクノロジー	全学部日程	約 10	188	175	19	9.2	294.0/400
		個別学部日程 A 方式	約 35	769	717	177	4.1	280.0/450
		個別学部日程 B 方式	約 20	206	185	86	2.2	312.0/500
		共通テスト利用	約 10	477	477	49	9.7	396.0/500

（表つづく）

学部・学科	方　式	募集人員	志願者数	受験者数	合格者数	競争率	合格最低点/満点
社会情報	全学部日程A方式	約 17	239	228	※ 43	5.3	276.0/350
	全学部日程B方式	約 10	164	154	※ 29	5.3	300.0/400
	個別学部日程A方式	約 45	413	378	※ 111	3.4	299.0/400
	個別学部日程B方式	約 25	314	307	※ 67	4.6	302.5/400
	個別学部日程C方式	約 35	311	293	※ 80	3.7	273.5/400
	個別学部日程D方式	約 15	190	178	※ 42	4.2	310.5/400
	共通テスト利用	約 15	539	538	44	12.2	260.0/300
地球社会共生	全学部日程	約 45	440	429	※ 140	3.1	272.0/350
	個別学部日程	約 30	323	291	※ 101	2.9	224.0/300
	共通テスト利用	約 20	390	390	85	4.6	337.0/400
コミュニティ人間科	全学部日程	約 50	879	845	※ 197	4.3	269.0/350
	個別学部日程	約 34	179	154	※ 104	1.5	197.0/300
	共通テスト利用	約 12	127	126	24	5.3	391.0/500

（備考）

• 合格最低点について #1〜5 は以下参照。

#1　総合点 328.0 点以上で「総合問題」114.0 点以上かつ「外国語」144.0 点以上。

#2　「総合問題」103.0 点以上かつ「外国語」158.0 点以上。

#3　大学入学共通テストの「英語」,「国語」を各々 50%に圧縮した合計点が 127.5 点以上, かつ「小論文」56 点以上。

#4　大学入学共通テストの「英語」を 50%に圧縮した点数が 70 点以上, かつ総合点 221.0 点以上。

#5　総合点 168 点以上および総合点 167 点かつ「英語」111 点以上。

募集要項（出願書類）の入手方法

一般選抜および大学入学共通テスト利用入学者選抜は Web 出願です。出願に関する詳細は，11 月中旬以降に大学公式ウェブサイトに公表する入学者選抜要項で各自ご確認ください。

問い合わせ先

青山学院大学　入学広報部
〒150-8366　東京都渋谷区渋谷 4-4-25
☎ (03)3409-8627
公式ウェブサイト　https://www.aoyama.ac.jp/

青山学院大学のテレメールによる資料請求方法

スマートフォンから　QRコードからアクセスしガイダンスに従ってご請求ください。
パソコンから　教学社 赤本ウェブサイト(akahon.net)から請求できます。

気になること、聞いてみました！

在学生メッセージ

大学ってどんなところ？　大学生活ってどんな感じ？
ちょっと気になることを，在学生に聞いてみました。

以下の内容は 2020〜2023 年度入学生のアンケート回答に基づくものです。ここで触れられている内容は今後変更となる場合もありますのでご注意ください。

メッセージを書いてくれた先輩　●青山キャンパス　：［文学部］ Y.H. さん
［法学部］ A.M. さん
［経営学部］ R.M. さん
●相模原キャンパス：［理工学部］ K.N. さん
［コミュニティ人間科学部］ H.T. さん

大学生になったと実感！

制服を着て参考書を読んでいる高校生を通学の際によく見かけます。そのときに，かつては自分もそうだったがもう制服を着ることはないのだと実感します。また，自分で授業を決めて時間割を作る履修登録が高校との大きな違いだと思います。（H.T. さん／コミュニティ人間科）

通学する洋服が自由で，化粧 OK，髪型が自由など，全体的に自由度が増しました。また，空きコマに友達とカフェに行ったり，授業終了後に自由に好きな場所に寄って帰ることができるなど，高校生のときに比べたらできることが増えたと思います。（A.M. さん／法）

自分の責任で行動しなければならないことが多く，大学生になったなと感じます。自由な時間が増えるので，自分の好きなように予定を入れることができますが，その分課題を計画的に終わらせなければならないので，勉強と自由時間をうまく調節して効率よくこなすのが大変だなと思います。(K.N. さん／理工)

大学生活に必要なもの

パソコンは必須です。大学からのお知らせを受け取ったり，オンライン授業を受けたり，レポートを提出したり，多くのことをパソコンで行います。パソコンのケースやパソコンが入るリュックも用意しました。(H.T. さん／コミュニティ人間科)

この授業がおもしろい！

第二外国語の授業です。私は韓国語の授業を選択しています。韓国語の授業を受けることで，K-POP のハングルの歌詞が読めるようになったり，韓国ドラマで聞き取れる単語が増えたり，と異国の文化をもっと楽しめるようになりました。(H.T. さん／コミュニティ人間科)

大学の学びで困ったこと＆対処法

自分で決めなければいけないことがとても多いことです。入学してすぐ，履修登録でとても苦労しました。選択肢がたくさんあり，抽選の授業などもあります。私は大学でできた友達と，気になる授業の内容，日程，評価基準などを確認して決めました。友達と一緒に協力して決めるのはよいと思います。(H.T. さん／コミュニティ人間科)

部活・サークル活動

いくつかのサークルや委員会に入っています。学部内での親交を深めるためにイベントを企画したり，ボランティア活動として大学付近のゴミ拾いをしたり，今までやったことのない新しいことに挑戦しています。(H.T. さん／コミュニティ人間科)

交友関係は？

入学式やオリエンテーションで近くにいた人に話しかけてみました。また授業が多くかぶっている人とは自然と仲良くなりました。先輩とはサークル活動を通して仲良くなりました。(H.T. さん／コミュニティ人間科)

いま「これ」を頑張っています

サークルでの活動を大学以外の人にも知ってもらうために広報活動に力を入れています。大学付近のお店に行ってインタビューをするなど，大学での活動をきっかけとして町全体を盛り上げられるように努力しています。(H.T. さん／コミュニティ人間科)

経営学部公認の学生団体に所属して，学校のために，学生のために，地域のために，様々な点に目を向けて活動しています。高校の生徒会などとは規模が圧倒的に違う場所で活動できることがおもしろくて，いま熱中してなにかができないかなと思考してます。(R.M. さん／経営)

普段の生活で気をつけていることや心掛けていること

大学の授業のない日や休日はすることがなく，家でダラダラとした生活を送ってしまいがちなので，規則正しい生活を送ることを心掛けています。特に早寝早起きを意識しています。（H.T. さん／コミュニティ人間科）

毎朝ランニングを1時間半しています。ランニングをすると目も覚めますし，課題の効率も上がるのでかなりおすすめです。体力もつきますし，免疫力も上がると思います。僕は毎朝のランニングで性格が明るくなった気もします。外見だけではなく内面をも変えてくれると思うので，おすすめです。（Y.H. さん／文）

おススメ・お気に入りスポット

相模原キャンパスにはとても広い芝生があります。授業のない時間にくつろいでいる学生もいます。天気の良い日は，芝生でピザパーティーをしたり，昼食を食べたり，お昼寝したり，とても快適です。（H.T. さん／コミュニティ人間科）

高校生のときに「これ」をやっておけばよかった

パソコンのスキルをもっと身につけておくべきでした。レポートではWord，プレゼンではPowerPointなどを使う機会が多く，今までパソコンをあまり使ってこなかった私は使い慣れるまでとても苦労しました。（H.T. さん／コミュニティ人間科）

入学してよかった！

今まで関わったことのないタイプの人と，たくさん関わることができることです。留学生と交流できる機会も多いので，様々な国の人と話すことができます。また，スポーツ推薦で来ている駅伝選手など，大学の名前を背負って優秀な成績を収めている人と身近に関わることができます。(H.T. さん／コミュニティ人間科)

自分の将来をしっかり考えて努力している人がとても多いところです。自分が勉強を怠けてしまっているとき，同級生の努力している姿を見ると自分も頑張らなければという気持ちにさせてもらえます。また，大学の周りにおしゃれなお店がたくさんあるところもよいです！（A.M. さん／法）

合格体験記

みごと合格を手にした先輩に，入試突破のためのカギを伺いました。入試までの限られた時間を有効に活用するために，ぜひ役立ててください。

（注）ここでの内容は，先輩方が受験された当時のものです。2025 年度入試では当てはまらないこともありますのでご注意ください。

・アドバイスをお寄せいただいた先輩・

Message

A.O. さん 国際政治経済学部（国際政治学科）
個別学部日程 A 方式 2024 年度合格，大阪府出身

最後まで自分を信じることです。自分の頑張りを知っているのは自分だけなので，周りの人にネガティブなことを言われてもすべて聞き流して，あきらめずにやり切ってください。

その他の合格大学 立命館大（国際関係），近畿大（国際〈共通テスト利用〉）

Message

A.M. さん 法学部（法学科）
個別学部日程 B 方式 2021 年度合格，神奈川県出身

いかにリラックスして取り組めるかが大切だと思います。楽しんで試験を受ければ，どんな結果になっても後悔なく受験生生活を終われるし，合格に近づくポイントでもあると思います。頑張ってください。

その他の合格大学 日本女子大（文〈学校推薦型選抜〉）

入試なんでもQ&A

受験生のみなさんからよく寄せられる，
入試に関する疑問・質問に答えていただきました。

どのように学習計画を立て，受験勉強を進めていましたか？

A　毎日，寝る直前に次の日の計画を決めていました。もともとは週ごとに計画を立てていたのですが，私は計画をやり切れることが少なかったため，週ごとから日ごとに計画を立てることに変えました。その日にやってできなかったところの復習を組み込めたり，自分に必要な勉強をすぐに計画に反映して組み込むことができるのが，1日ごとに計画を立てることのいいところだと思います。日ごとに計画を立てるようになってから，計画をやり切れないことがとても減りました。　(A.M. さん／法)

1年間の学習スケジュールはどのようなものでしたか？

A　高3の4～6月は古文単語，古文の文法，英単語や熟語，英文法，日本史用語など基礎固め中心で暗記を頑張っていました。夏休みは，志望大学の過去問や共通テストの過去問を1年分解いて傾向を調べ，基礎を完璧にして問題演習の時間を増やしていきました。9・10月は問題演習中心で，隙間時間に英単語などの暗記系の確認をしていました。11月から入試直前までは，毎日過去問演習に励み，間違えたところをノートにまとめて，次に同じミスをしないようにしました。正解した問題もたまたま正解したのかそうでないのかを確認するため，一つひとつチェックしました。　(A.O. さん／国際政治経済)

Q 共通テストと二次試験とでは，それぞれの対策の仕方や勉強の時間配分をどのようにしましたか？

A 共通テストは特殊なので問題の形式に慣れることがとても大切です。共通テストの形式に慣れるために，過去問を何周もしたり，予備校が出している共通テスト対策問題集を解いたりしました。青学の国際政治学科の二次試験は，学科の名前通り国際政治関連の問題が英語または日本語で問われるので，とにかく世界で起きている国際問題について調べたり，英文読解のためにたくさんの英文を読んだりしました。予備知識があるかないかで大きく変わってくるので日頃から国際問題関連のニュースや記事に目を向けることが大事だと思います。 （A.O. さん／国際政治経済）

Q 時間をうまく使うために，どのような工夫をしていましたか？

A 私は電車通学だったので電車に乗っている時間は必ず単語帳を見ていました。朝早く起きて学校が始まる1時間前に行き，1時間ほど自習をしていました。朝を制するものは1日を制すると言ってもいいくらいです！ ご飯ができるのを待っている時間などの隙間時間も無駄にせず勉強していました。あとは，夜は眠たくなってくるので朝や昼の目が覚めている時間に過去問を解いて，夜は1日の復習や一問一答をして効率よく勉強していました。 （A.O. さん／国際政治経済）

Q 青山学院大学を攻略するうえで，特に重要な科目は何ですか？また，どのような勉強をしましたか？

A 英語だと思います。英語の青学といわれるくらい青学は英語に力を入れているらしいです。B方式は英語の問題がとても多いし，共通テストの英語の配点も高いです。また，全学部日程の試験方式でも英語の配点が高いです。この科目はいかに楽しく勉強できるか，そして自分の日常生活の一部に組み込むかが大事だと思います。英語に慣れるため英語の映画を字幕で見たり，洋楽を聴いて歌ったり，英語の本を読んだりして，日頃から英語に親しむようにしていました。 （A.M. さん／法）

苦手な科目はどのように克服しましたか？

A 私は現代文が一番苦手でした。高3までは正直現代文から逃げてきました。だけど，逃げているままじゃずっと成績は伸びません。私は現代文ができるようになれば大学に合格できる！と自分に言い聞かせ，毎日現代文の文章を読み，適当に答えを選ぶのではなく，なぜそれが答えになるのか，なぜその選択肢は間違っているのかを考えるようにしました。それから解説を見て，自分の考えが正しかったのかを確認しました。これらを続けることで現代文の正答率がとても良くなりました。

(A.O. さん／国際政治経済)

スランプに陥ったとき，どのように抜け出しましたか？

A 私は共通テストの週にスランプになっていました。このときは勉強していても変に焦って全然集中できないし，今までできていた問題もできなくなったり，ネガティブになっていました。それを見た父が夜に私を車で海に連れて行ってくれました。それまで家にひたすらこもって勉強漬けだったのでとてもいいリフレッシュになり，次の日からはリラックスして勉強でき，スランプも抜けられたと思います。それ以降はひたすらポジティブでいられるように自分をほめたりしていました。

(A.M.さん／法)

普段の生活のなかで気をつけていたことを教えてください。

A 私は睡眠時間が少ないと全然集中できないし，勉強の効率も悪くなってしまうので，睡眠は必ず8時間は確保できるようにしていました。お布団に入っても全然眠れず，次の朝寝不足みたいになってしまったときは，シャワーを浴びたり，少し散歩していました。エナジードリンクやコーヒーなどは極力摂らないようにもしていました。食べ物は1日3

食好き嫌いをしないで，果物も野菜もお肉も魚も食べていました。毎日バランスのよい食事を作ってくれた母には感謝してもしきれません。

（A.M. さん／法）

試験当日の試験場の雰囲気はどのようなものでしたか？緊張のほぐし方，交通事情，注意点等があれば教えてください。

A　あるあるだと思いますが，他の受験生がとても賢く見えます。しかしそれは思い込みです。自分がこれまで勉強したことを思い出してください。これだけ勉強をやったのだから大丈夫と自分に言い聞かせてください。そして試験当日は本当に電車が混み合います。ギリギリに行くのではなく時間に余裕をもって試験会場に向かうべきです。私は1時間前には着くようにしていました。試験の間には長い休み時間があるので，その間に食べられるようなもの（私はエナジーチャージゼリーやラムネ）を持っていくのもおすすめです。

（A.O. さん／国際政治経済）

受験生へアドバイスをお願いします。

A　勉強はどれだけ楽しんで行えるかが大切だと思います。嫌々やっていては効率も悪くなってしまうと思います。自分が大学受験をして，大学に入って何をしたいのか，どうなりたいのかをはっきりイメージして，そうなるには今何をしなければならないのかをしっかり考えてみると，勉強しなきゃ！と思えるのではないでしょうか。試験当日は，落ち着いて，ここまで頑張った自分に自信をもって臨んでほしいと思います。試験が終わったとき，どんな結果になろうと「楽しかった。やり切った」と思えるように頑張ってください。

（A.M. さん／法）

科目別攻略アドバイス

みごと入試を突破された先輩に，独自の攻略法や
おすすめの参考書・問題集を，科目ごとに紹介していただきました。

論述・総合問題（国際政治経済学部国際政治学科A方式）

１日１つ英語長文を読み，わからない英単語をまとめてそれを何回も見返す。（A.O. さん／国際政治経済）

おすすめ参考書　『速読英熟語』（Z会）

総合問題（法学部B方式）

英作文があるので英単語のスペリングをしっかり覚えておくこと。英作文の書き方の型があると思うので，それもしっかり頭に入れておく。社会情勢的な話題について自分の意見を書かせる問題もあるので，新聞やテレビのニュース，新聞の社説を日頃から読んでおく。（A.M. さん／法）

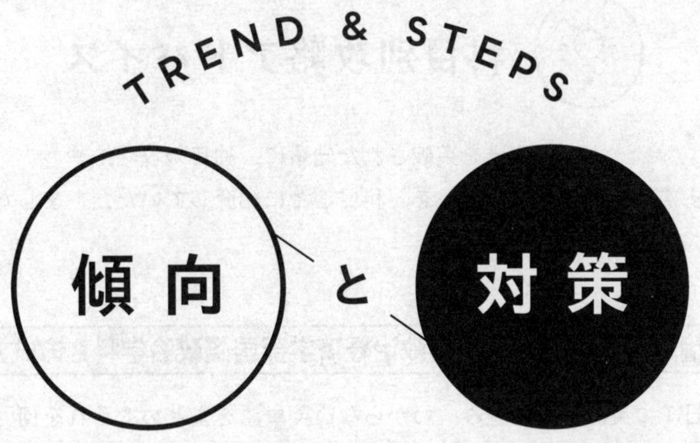

科目ごとに問題の「傾向」を分析し，具体的にどのような「対策」をすればよいか紹介しています。まずは出題内容をまとめた分析表を見て，試験の概要を把握しましょう。

注　意

「傾向と対策」で示している，出題科目・出題範囲・試験時間等については，2024 年度までに実施された入試の内容に基づいています。2025 年度入試の選抜方法については，各大学が発表する学生募集要項を必ずご確認ください。

法学部

総合問題

▶A方式

年度	番号	内　容
2024 ◑	〔1〕	**数値による人間の序列化と差別** 空所補充，選択，語意，内容説明（100字），言い換え，主旨
	〔2〕	**戦後日本の安全保障** 選択，内容説明（100字2問）
	〔3〕	**平等につきまとう不平等や差別の問題** 空所補充，選択
2023 ◑	〔1〕	**日本における民法典編纂と法観念** 選択，語意，空所補充，内容説明（100字2問），読み，主旨
	〔2〕	**近代市民社会の社会的領域と「プライバシー」**　⊘統計表 空所補充，文整序，指示内容，内容説明（100字2問他），表の読み取り，選択
	〔3〕	**古典的自由主義** 選択，空所補充
2022 ◑	〔1〕	**国家と権威との関係性** 選択，語意，空所補充，文整序，要約（100字），内容説明（100字）
	〔2〕	**社会運動と民主主義** 選択，空所補充，読み，計算，語意，内容説明（200字）
	〔3〕	**夫婦別姓をめぐる最高裁判決**　⊘グラフ 選択，空所補充，読み

（注）●印は全問，◑印は一部マークシート法採用であることを表す。

国語と社会を組み合わせて，専攻内容に必要な知識と素養を問う

01　出題形式は？

A方式では，独自問題として「総合問題」が課されている。試験時間は90分。

大問3題で，いずれにおいても法学や政治学に関係する内容の課題文が用いられている。設問はマークシート法による選択式が中心であるが，記述式の内容説明や要約問題もみられる。選択式の解答個数は32個，記述式の総字数は300～400字となっている。

なお，2025年度は「現代の国語」,「言語文化」(「古文，漢文」を除く)と「歴史総合」,「公共」との総合問題となる予定である。

02 出題内容はどうか？

〔1〕は，課題文の内容読解とともに知識・理解を試す出題で，「国語」と「社会科」の横断的出題である。法にかかわる文章を読み，考察する内容で，選択式としては空所補充，語意，文整序，内容説明などが問われている。また，記述式では，2022年度は要約問題（100字）と内容説明（100字）が，2023年度は内容説明（100字）が2問，2024年度は内容説明（100字）が出題された。

〔2〕〔3〕は，提示された課題文をもとに知識・理解を試す出題で，例年「社会科」寄りの内容であるが，2023・2024年度の〔2〕は〔1〕と同様の教科横断的出題であった。2022年度は「社会運動と民主主義」「夫婦別姓」，2023年度は「アーレントの公／私」概念，古典的自由主義，2024年度は「戦後日本の安全保障」「平等につきまとう不平等や差別の問題」をテーマとして，戦後の国内政治，司法，国際政治，民主主義の歴史から時事的内容まで，幅広い知識が問われている。知識問題のほか，計算問題，考察問題，内容説明，文章要約，表の読み取り問題や思考力を問う問題など，バラエティに富んだ設問構成となっている。

03 難易度は？

一部で難度の高い出題もみられるが，おおむね基本的な内容で構成されており，設問の分量も試験時間に対して適当であるといえる。ただし，課題文を論理的に読みこなすためには，日頃から法学や政治学に関する話題や文章に触れ，知識を蓄えつつ考察を重ねておく必要がある。

対策

01 国語力の養成

読解力の養成は必須の対策である。文と文（段落と段落）の関係に注意し，順接か逆接かを意識して文章を読む習慣をつけよう。例年，専攻内容に直結する文章が出題されているので，新書や新聞記事などで可能なかぎりそうした分野の文章に触れておきたい。

また，難読語の読みと意味を学習し，要約の訓練もしておきたい。2022年度は100字程度の要約が出題された。文章を要約するには，段落ごとに言葉をつないでいくのではなく，まず筆者が最も述べたいことをとらえ，そこに至る論理展開を説明していくようにしたい。要約の練習は，内容説明問題の対策としても有効である。

02 歴史と公共の知識をおさえる

2025年度は「歴史総合」と「公共」が出題範囲となる予定である。「公共」については，特に政治分野を中心にしっかりと学習しておく必要がある。問題集や参考書を用いて知識を整理しておこう。また，それらの時代背景について問われることもあるので，近現代の政治史については基本的な流れを理解しておきたい。各科目の知識をつなげていく意識をもつことが大切である。高校生向けに書かれた法学の入門書などを読むことは，その意味でも有効といえよう。

▶B方式

年度	番号	内　容	
2024 ◑	〔1〕	**オハイオ州の高齢者たちが振り返る大恐慌** 内容説明	⊘**英文**
	〔2〕	**強制的な自白** 空所補充	⊘**英文**
	〔3〕	空所補充	⊘**英文**
	〔4〕	**日本の平均的最低賃金は十分な額か** テーマ英作文（50 語）	
	〔5〕	**近代日本における法** 選択，空所補充，配列	
	〔6〕	**労働衛生に関するデータにおけるジェンダー・ギャップ** 選択，内容説明（75 字）	⊘**英文**
	〔7〕	**冷戦期のアメリカ社会** 内容説明（300 字）	
2023 ◑	〔1〕	**日本人男性が抱える複雑な男女平等観** 内容説明	⊘**英文**
	〔2〕	**今なお多くの人々が苦しむ貧困の状況と原因** 空所補充	⊘**英文**
	〔3〕	空所補充	⊘**英文**
	〔4〕	**今後 5 年間の世界が置かれている状況は楽観的なものか，悲観的なものか** テーマ英作文（50 語）	
	〔5〕	**1930 年代の日本政治から学ぶ教訓** 空所補充，選択，位置指摘，内容説明（20 字），書き取り	⊘**地図**
	〔6〕	**NIMBY 問題** 意見論述（400 字）	
2022 ◑	〔1〕	**津田梅子の人生** 内容真偽，空所補充，内容説明	⊘**英文**
	〔2〕	**経済学の最初のレッスン** 空所補充	⊘**英文**
	〔3〕	空所補充	⊘**英文**
	〔4〕	**20 世紀の影響力のある政治家** テーマ英作文（50 語）	
	〔5〕	**日本の高等教育における奨学金事情** 空所補充，選択	⊘**グラフ・図**
	〔6〕	**20 世紀のドイツと現代の比較** 空所補充，選択，読み，意見論述（350 字）	

（注）●印は全問，◑印は一部マークシート法採用であることを表す。

英語と社会を組み合わせて，専攻内容に必要な知識と素養を問う

01 出題形式は？

A 方式と同様に，独自問題として「総合問題」が課されている。試験時間は 90 分。

2023 年度までは大問 6 題の出題が続いていたが，2024 年度は大問 7 題となった。2024 年度についてみると，〔1〕～〔4〕が英語の内容，〔5〕～〔7〕が社会科的な内容である。マークシート法による選択式の問題が中心であるが，〔4〕では 50 語程度のテーマ英作文，〔7〕では 300 字の内容説明（2022・2023 年度は〔6〕で 350～400 字の意見論述）が課された。

なお，2025 年度は「英語」と「歴史総合」，「公共」との総合問題となる予定である。

02 出題内容はどうか？

英語の〔1〕～〔4〕は，〔1〕〔2〕が読解，〔3〕が文法・語彙，〔4〕が英作文という構成が続いている。〔1〕は 450 語程度の英文に関して，内容についての設問が 5 問，〔2〕は 300 語程度の英文に関して，単語の空所補充が 6 問，〔3〕の文法・語彙問題は 4 択の空所補充が 10 問という構成であった。〔4〕のテーマ英作文は，2022 年度は「20 世紀の影響力のある政治家」，2023 年度は「今後 5 年間の世界が置かれている状況は楽観的なものか，悲観的なものか」，2024 年度は「日本の平均的最低賃金は十分な額か」について，それぞれ 50 語程度で書かせるものであった。

〔5〕～〔7〕は，社会科的な内容の出題となる。〔5〕は，2022 年度は高等教育の奨学金，2023 年度は 1930 年代と現代の日本政治，2024 年度は近代日本における法をそれぞれの内容として，空所補充や選択問題中心に出題されている。〔6〕は，2022 年度は 20 世紀のドイツと現代の比較に関する課題文を踏まえた空所補充・選択問題と意見論述（350 字）など，2023 年度は NIMBY 問題に関するテーマ型の意見論述（400 字），2024 年度は労働衛生に関するデータにおけるジェンダー・ギャップについての課

題文を踏まえた選択問題と内容説明（75 字）が，それぞれ出題された。なお 2024 年度の選択問題では，英文を参考資料とする問題も出題された。2024 年度に追加された〔7〕では，冷戦期のアメリカ社会に関する 2 つの課題文を読んでの内容説明（300 字）が出題された。

03 難易度は？

英語では読解やテーマ英作文，社会科では統計資料の読み取りや地図問題，意見論述と，バラエティに富んだ出題がなされている。設問数や記述量を考えると，90 分という試験時間では決して余裕があるとはいえない。テーマ英作文や意見論述については，特に慣れておきたい。

対策

01 英文読解力・作文力の養成

読解問題のテーマとして，専攻内容と関連する，歴史や経済，社会問題にかかわる英文が出題されており，専攻に関する教養や社会問題に対する意識の高さも問われているといえる。社会科学系の英文を中心に読解の練習を積みながら，語彙・熟語力の増強にも努めておきたい。過去問にも取り組んでおこう。読解問題を対策するための問題集としては，『大学入試 ぐんぐん読める英語長文』シリーズ（教学社）などがおすすめである。

02 テーマ英作文対策

50〜100 語のものを中心に，テーマ英作文の形式に慣れておく必要がある。2020 年度までの「英語」でも毎年テーマ英作文が出題されていたので，これらも参考にしたい。反対論にも触れながら自説を論証することが求められることもあるので，立論の仕方，議論の展開方法などを学ぶ必要がある。近年は 50 語の出題が多いが，限られた語数で与えられたテーマをまとめる練習は必須である。英作文の問題集としては，『まよわず書ける自由英作文』（河合出版）と『［自由英作文編］英作文のトレーニング』（Z 会）を特におすすめしたい。

03 歴史と公共の知識をおさえる

2025 年度は「歴史総合」と「公共」が出題範囲となる予定である。「公共」は，特に政治分野を中心にしっかりと学習しておこう。英語問題においても，社会科学系の英文を読む際に，それらの知識があることは大きな助けとなるだろう。

社会科系の意見論述については，普段からニュースなどに触れ，議論を呼ぶトピックについて自分の考えをまとめる訓練が有効である。その際，どういった視点から論じるのか（論点や根拠の設定の仕方），それに対してどのような反論がされうるのかを意識して取り組むと，応用がきくだろう。

国際政治経済学部

論述・総合問題

▶国際政治学科

年　度	番号	内　容
2024 ◑	〔1〕	A．女性の政治参加が与える影響　⊘英文 主題，内容真偽 B．プロスペクト理論とは　⊘英文 内容真偽，内容説明 C．移民の世界におけるナショナル・アイデンティティ　⊘英文 内容説明
	〔2〕	忘れられた犠牲者，気候難民　⊘英文 内容真偽
	〔3〕	ドイツの台頭と第一次世界大戦　⊘英文 空所補充，内容説明（30字2問），選択，主題，記述
	〔4〕	気候変動に関する国際枠組み　⊘英文・グラフ 記述，内容説明（20・30字），選択，正誤
2023 ◑	〔1〕	危機に瀕するリベラル国際主義　⊘英文・表 内容説明（30字2問），記述，選択，正誤，主題
	〔2〕	EUのノーベル平和賞受賞　⊘英文 選択，記述，正誤
	〔3〕	欧州のリベラル・デモクラシー指数　⊘英文・グラフ 選択，内容説明（20・30字）
	〔4〕	日本の開国　⊘英文・史料・地図 配列，選択，内容説明（20・30字），正誤
2022 ◑	〔1〕	核兵器廃絶への国際的な取り組み　⊘英文・表 選択，記述
	〔2〕	国連における日本の核兵器廃絶決議案　⊘英文・グラフ・統計表 論述（25字2問）
	〔3〕	北方領土問題　⊘英文 記述，正誤，選択，論述（25字）
	〔4〕	総領事館　⊘統計表・地図 論述（25字2問，40字2問），選択

（注）●印は全問，◑印は一部マークシート法採用であることを表す。
2024年度：〔1〕〔2〕は3学科共通問題，〔3〕〔4〕は国際政治学科独自問題。

01 出題形式は？

「論述・総合問題」として出題されている。マークシート法による選択式と記述式の併用で，試験時間は 70 分。

02 出題内容はどうか？

2024 年度の出題範囲は，「国際政治分野に関する日本語・英語の文章および資料を読解した上で論理的な思考を通じて解答する問題（解答を英語で表現する問題を含む），ならびに英語読解力を問う問題」となっている。

大問 4 題の出題に変わりはないが，2024 年度は〔1〕〔2〕が 3 学科共通問題となった。

3 学科共通問題：〔1〕は，3 つの短めの英文を読み，各文に 2 問ずつ用意された問いに答える形式であった。設問は英問英答の形で，主題や内容説明，内容真偽が問われた。それぞれの英文には部分的に難しい語句も含まれているが，言い換えが英文中に用意されていることもあり，全体として内容はつかみやすい。しかし，ジャンルの違う英文が用意されているため，試験時間との兼ね合いで効率よく内容を把握していくことが求められる。TOEIC の問題に近い設定ともいえるかもしれない。〔2〕は，比較的長めの英文を読んでの内容真偽 10 問のみの出題であった。

国際政治学科独自問題：2023 年度までと同じ形式での出題となった。各大問とも，選択式・記述式・論述式を組み合わせた設問からなる。条約など国際政治分野の資料が多用され，英文が多いのが特徴である。また，グラフ，統計表，地図を使用する出題もみられる。テーマとしては，日本と国際社会を題材とする出題，核軍縮や気候変動問題に関する世界の取り組み，冷戦終結後や第一次世界大戦期の国際情勢などが問われている。2024 年度は 20・30 字の内容説明が 4 問出題された。また 2022 年度以降，キーワードや大問のタイトルを 2 ～ 8 ワードの英語で答える形式も出題されている。

03 難易度は？

英文読解，世界史・国際政治の知識を絡めた複合的な問題で構成され，難度の高い問題も散見される。また，論述式は，資料文だけを頼りに答えることは難しい問題もあり，歴史的な流れや政治情勢の理解が求められる。参照すべき資料の量が多く，試験時間を考えると，時間的な余裕はあまりないといえる。

対策

01 英文読解

長文読解用の参考書などを利用して，英文を読み解く力を養うとよい。また，歴史や社会問題，国際関係など専攻内容と関連するテーマの英文が多いため，国際政治と関連する英単語を習得するなど，語彙の増強にも時間をかけておきたい。条約などで使用される英語に触れておくのも有効だろう。英語の実力だけではなく，専攻に関する教養や社会問題に対する意識の高さも問われているといえるだろう。

02 現代史や地理の知識を身につけよう

国際政治分野の資料やグラフを読み解くためには，社会科の知識を身につけておく必要がある。「政治・経済」の教科書を中心に，資料集や年表も参照して，主要な事項を押さえておくとよい。地図上での各国の位置関係や，地誌学的な出題もみられるので，「地理」についても教科書・資料集などによく目を通しておこう。

03 グラフ・統計資料の読み取り

グラフや表などの資料が出題されている。図表が示す数値の意味をざっと把握した上で，全体と部分をともにとらえるよう心がけよう。全体的な傾向を踏まえることなしに部分の微細な変化を論じても，意味づけが希薄なものとなってしまう。グラフや表の読み取りには，全体的な傾向の中で異質な動きをみせる要素や，変化・推移の契機をとらえることが肝心である。また，複数の図表が与えられている場合は，相互の関連を考えることも大切である。

04 コンパクトにまとめる力をつける

論述問題では 20～40 字といった，簡潔な解答が求められている。字数が限られているため，設問の要求を読み間違えずに，正確に解答する練習をしておこう。たとえば，設問の要求や条件など，言及しなければならないポイントをピックアップしながら，箇条書きで整理し，その中から答えの核心にあたるものを取り出すといった練習が可能だろう。日頃から設問を丁寧に読み，簡潔に解答することを意識したい。

05 過去問の活用

他の大学・学部とは出題形式や傾向が異なるので，本書を活用して過去問に当たり，出題形式，傾向，難易度などをあらかじめ把握しておこう。3 学科共通問題に関しては，2022・2023 年度の国際コミュニケーション学科の問題も参考になるだろう。

▶国際経済学科

年　度	番号	内　容	
2024 ◑	〔1〕	A．女性の政治参加が与える影響 主題，内容真偽 B．プロスペクト理論とは 内容真偽，内容説明 C．移民の世界におけるナショナル・アイデンティティ 内容説明	⊘英文 ⊘英文 ⊘英文
	〔2〕	忘れられた犠牲者，気候難民 内容真偽	⊘英文
	〔3〕	日米の実質 GDP 計算，論述（150 字 2 問）	⊘グラフ
	〔4〕	仕事の AI 代替可能性に関する相関分析 論述（100 字）	⊘グラフ
2023 ◑	〔1〕	民族主義の台頭 選択	⊘英文
	〔2〕	移民と GDP の相関関係 論述（100 字）	⊘英文・グラフ
	〔3〕	経済的豊かさの統計 論述（100 字）	⊘グラフ
	〔4〕	金利差と円安ドル高 論述（150 字）	⊘グラフ
	〔5〕	医療統計 論述（100 字）	
2022 ◑	〔1〕	効率的な組織管理の方法 選択	⊘英文
	〔2〕	19 世紀以降の国際情勢 選択，配列	
	〔3〕	再犯者率の分析 論述（150 字）	⊘グラフ
	〔4〕	物価上昇率と失業率の相関関係 選択，論述（100 字），計算	⊘グラフ
	〔5〕	産業革命による英印綿布貿易の変化 選択，論述（100 字）	⊘グラフ

（注）●印は全問，◑印は一部マークシート法採用であることを表す。
2024 年度：〔1〕〔2〕は 3 学科共通問題，〔3〕〔4〕は国際経済学科独自問題。

01 出題形式は？

「論述・総合問題」として出題されている。マークシート法による選択式と記述式の併用で，試験時間は70分。

なお，2025年度は，新しくB方式も実施される予定である。

02 出題内容はどうか？

2024年度の出題範囲は，「数量的理解（グラフや表などからデータの意味を読み解く力）および読解力・論理的思考力を問う問題（問題に英文を含む），ならびに英語読解力を問う問題」となっている。

2022・2023年度は大問5題の出題であったが，2024年度は大問4題で，〔1〕〔2〕が3学科共通問題となった。

3学科共通問題：〔1〕は，3つの短めの英文を読み，各文に2問ずつ用意された問いに答える形式であった。設問は英問英答の形で，主題や内容説明，内容真偽が問われた。それぞれの英文には部分的に難しい語句も含まれているが，言い換えが英文中に用意されていることもあり，全体として内容はつかみやすい。しかし，ジャンルの違う英文が用意されているため，試験時間との兼ね合いで効率よく内容を把握していくことが求められる。TOEICの問題に近い設定ともいえるかもしれない。〔2〕は，比較的長めの英文を読んでの内容真偽10問のみの出題であった。

国際経済学科独自問題：2024年度は〔3〕〔4〕でグラフが使用され，経済関連の内容がとりあげられた。例年，グラフや統計表の内容は，経済データ（物価上昇率，失業率等の雇用関連，GDP，為替と金利など）を扱うものが大半を占める。2022年度は〔2〕で近現代の国際情勢に関する基礎的な知識が問われたが，2023・2024年度は知識問題はみられなかった。

論述法は，グラフやデータを題材に統計的な思考を試す内容が中心で，100・150字以内の計3，4問となっている。また，計算問題も出題されており，数量的な理解が必要な問題は比較的多い。

03 難易度は？

2024年度は〔1〕〔2〕が3学科共通問題となり，大問数が1題減っているが，論述量は合計400字程度と大きな変化はなく，時間的な余裕がないことに変わりはない。グラフの読み取り自体は特に難解ではないので，論述問題の形式に慣れておきたい。

01 英文読解

読解問題のテーマとして，専攻内容と関連する国際関係にかかわる英文が出題されており，専攻に関する教養や社会問題に対する意識の高さも問われているといえる。新聞や新書を用いて，国際的に問題になっている事柄について日頃から関心を広げておくことが必要だ。英文の語彙・熟語レベルも高いので，可能なかぎり語彙・熟語力の増強にも時間をかけておきたい。読解力をつけるためには，『大学入試 ぐんぐん読める英語長文』シリーズ（教学社）などがおすすめである。

02 経済分野に注意

国際経済学科らしく，経済分野に関する知識や歴史的事実が問われている。「政治・経済」の教科書・資料集，新聞の経済面などを活用して，経済分野のグラフや資料に慣れておくこと。また，「日本史」や「世界史」の教科書・資料集などで経済史の大まかな流れを押さえておくと有効だろう。

03 グラフ・統計資料の読み取り

グラフ以外にも，過去には統計表などの資料が出題されている。図表が示す数値の意味をざっと把握した上で，全体と部分をともにとらえるよう心がけよう。そうすると，全体的な傾向の中で異質な動きをみせる要素や，変化・推移の契機などをとらえることができるようになる。微細な差異にのみ目を向けがちになるが，全体的な傾向を踏まえることなしに部分の変化を論じても，意味づけは希薄なものとなってしまう。また，複数の図表が与えられている場合は，相互の関連を考えることも大切である。因果関係と相関関係の違いはデータ分析の問題で頻出なので必ず理解し，図表を読み取れるようにしよう。

04 論述力をつける

論述問題では，100～150 字といった，比較的文字量の多い解答が求められている。主題は何か（＝何について意見を述べるのか），解答の条件は何か（＝理由を述べる，具体例を挙げるなど）を整理した上で，解答の構想に取り掛かるようにしたい。資料（課題文）の読解→要点の整理→解答の構想をたてる，という手順を意識してみよう。解答の構想は，メモ書きのような形でよい。設問の要求や条件など，解答として言及しなければならないポイントをピックアップし，箇条書きにしてみるところから始めよう。次に，それぞれのポイントで述べる内容を書き出してみて，制限字数との兼ね合いから，余分なものは削っていこう。解答全体を通して主張が一貫するように，結論と関係のない内容は外すようにしたい。論述力は一朝一夕に伸びるものではないので，時間をかけて地道にコツコツと練習を重ねていこう。

05 過去問の活用

他の大学・学部とは出題形式や傾向が異なるので，本書を活用して過去問に当たり，出題形式，傾向，難易度などをあらかじめ把握しておこう。3 学科共通問題に関しては，2022・2023 年度の国際コミュニケーション学科の問題も参考になるだろう。

▶国際コミュニケーション学科

年　度	番号	内　容	
2024 ◑	〔1〕	A．女性の政治参加が与える影響 主題，内容真偽	⊘英文
		B．プロスペクト理論とは 内容真偽，内容説明	⊘英文
		C．移民の世界におけるナショナル・アイデンティティ 内容説明	⊘英文
	〔2〕	忘れられた犠牲者，気候難民 内容真偽	⊘英文
	〔3〕	なぜ母語に基づく教育が重要なのか 主題，要約（200字），テーマ英作文（80語）	⊘英文
2023 ◑	〔1〕	A．生活の質とは 内容説明	⊘英文
		B．単なる集団ではないチームとは 内容説明	⊘英文
		C．新型コロナウイルスの流行が若者に与えた影響 主題，内容説明	⊘英文
		D．アメリカと日本のビジネスパーソンの違い 主題，内容説明	⊘英文
		E．トランスユーラシア語族のルーツについての新発見 内容真偽，内容説明	⊘英文
	〔2〕	多文化世界における異文化教育 主題，要約（200字），テーマ英作文（80語）	⊘英文
2022 ◑	〔1〕	A．交渉の手法とは 内容説明	⊘英文
		B．WHOの主要な目的 内容説明	⊘英文
		C．国民国家における単一言語 内容説明	⊘英文
		D．「所有する」という人間の特質 内容真偽，内容説明	⊘英文
		E．メディア・バイアスの原因 主題，内容説明	⊘英文
	〔2〕	自由貿易協定の利点と欠点 主題，要約（200字），テーマ英作文（80語）	⊘英文

（注）●印は全問，◑印は一部マークシート法採用であることを表す。
2024年度：〔1〕〔2〕は3学科共通問題，〔3〕は国際コミュニケーション学科独自問題。

01 出題形式は？

「論述・総合問題」として出題されている。マークシート法による選択式と記述式の併用で，試験時間は 70 分。

02 出題内容はどうか？

出題範囲は，2023 年度から「英文読解力と論理的思考力・表現力を問う問題」となっている。

2022・2023 年度は大問 2 題の出題であったが，2024 年度は大問 3 題で，〔1〕〔2〕が 3 学科共通問題となった。

3 学科共通問題：〔1〕は，3 つの短めの英文を読み，各文に 2 問ずつ用意された問いに答える形式であった。設問は英問英答の形で，主題や内容説明，内容真偽が問われた。それぞれの英文には部分的に難しい語句も含まれているが，言い換えが英文中に用意されていることもあり，全体として内容はつかみやすい。しかし，ジャンルの違う英文が用意されているため，試験時間との兼ね合いで効率よく内容を把握していくことが求められる。TOEIC の問題に近い設定ともいえるかもしれない。〔2〕は，比較的長めの英文を読んでの内容真偽 10 問のみの出題であった。

国際コミュニケーション学科独自問題：2024 年度〔3〕は 2023 年度までの〔2〕と同じパターンであり，比較的長めの英文を読み，3 つの設問に答える形式であった。出題内容も主題，要約（200 字），テーマ英作文（80 語）となっており，2022・2023 年度〔2〕と大きな変化はない。他学科に比べてシンプルな問題となっているが，解答する際の記述量が多くなっている。

03 難易度は？

解答する問題の数が増加しており，高度な記述力が求められる設問もあるので，試験時間 70 分に対して余裕があるとはいえない。語彙・熟語のレベルも高く，総合的な英語運用能力が求められる。また，学科での学習内容に合わせた問題が出題されるため，国際関係に関する基礎知識も求められている。

対策

01 論述力

論述問題では，日本語による要約問題と英語によるテーマ英作文が出題されている。いずれも，本文の内容を正確に読み取り，理解した内容をもとに適切に表現する力が問われているといえる。英語の入試問題など手頃な題材を用いて，200字程度に要約し，それに対して意見を作成する練習をしておくとよい。

02 英文読解

読解問題のテーマとして，専攻内容と関連する国際関係にかかわる英文が出題されており，専攻に関する教養や社会問題に対する意識の高さも問われているといえる。新聞や新書を用いて，国際的に問題になっている事柄について日頃から関心を広げておくことが必要だ。英文の語彙・熟語レベルも高いので，可能なかぎり語彙・熟語力の増強にも時間をかけておきたい。読解力をつけるためには，『大学入試 ぐんぐん読める英語長文』シリーズ（教学社）などがおすすめである。

03 テーマ英作文

反対論にも触れながら自説を論証することが求められることもあるので，立論の仕方，議論の展開方法などを学ぶ必要がある。与えられているテーマに対して語数が少ないため，語数を意識しながら簡潔に文章をまとめる練習が欠かせない。英作文の問題集としては，『大学入試 すぐ書ける自由英作文』（教学社）と『［自由英作文編］英作文のトレーニング』（Z会）を特にすすめたい。

2024年度

問題と解答

一般選抜（個別学部日程）：法学部

問題編

▶試験科目・配点

方式	テスト区分	教　科	科目（出題範囲）	配点
A方式	大学入学共通テスト	外国語	英語（リーディング，リスニング），ドイツ語，フランス語，中国語，韓国語のうち１科目選択	65点
A方式	大学入学共通テスト	国　語	国語	100点
A方式	大学入学共通テスト	地歴・公民・数学	日本史Ａ，日本史Ｂ，世界史Ａ，世界史Ｂ，地理Ａ，地理Ｂ，現代社会，倫理，政治・経済，「倫理，政治・経済」，数学Ⅰ，「数学Ⅰ・Ａ」，数学Ⅱ，「数学Ⅱ・Ｂ」のうち１科目選択	35点
A方式	独自問題	総合問題	国語総合（古文・漢文を除く）と，「日本史Ｂ」（17世紀以降），「世界史Ｂ」（17世紀以降），「政治・経済」との総合問題とする。	200点
B方式	大学入学共通テスト	外国語	英語（リーディング，リスニング），ドイツ語，フランス語，中国語，韓国語のうち１科目選択	100点
B方式	大学入学共通テスト	国　語	国語	65点
B方式	大学入学共通テスト	地歴・公民・数学	日本史Ａ，日本史Ｂ，世界史Ａ，世界史Ｂ，地理Ａ，地理Ｂ，現代社会，倫理，政治・経済，「倫理，政治・経済」，数学Ⅰ，「数学Ⅰ・Ａ」，数学Ⅱ，「数学Ⅱ・Ｂ」のうち１科目選択	35点
B方式	独自問題	総合問題	英語（コミュニケーション英語Ⅰ・Ⅱ・Ⅲ，英語表現Ⅰ・Ⅱ）と，「日本史Ｂ」（17世紀以降），「世界史Ｂ」（17世紀以降），「政治・経済」との総合問題とする。	200点

▶備　考

- 合否判定は総合点による。ただし，場合により特定科目の成績・調査書を考慮することもある。
- 大学入学共通テストの得点を上記の配点に換算する。英語の得点を扱う場合には，リーディング100点，リスニング100点の配点比率を変えずにそのまま合計して200点満点としたうえで，上記の配点に換算する。

- 大学入学共通テストの選択科目のうち複数を受験している場合は，高得点の1科目を合否判定に使用する。
- 試験日が異なる学部・学科・方式は併願ができ，さらに同一試験日であっても「AM」と「PM」で異なる試験時間帯に実施される学部・学科・方式は併願ができる。

試験日	試験時間帯	学　部	学科（方式）
2月18日	AM	法	法（A） ヒューマンライツ（A）
		地球社会共生	地球社会共生
	PM	法	法（B） ヒューマンライツ（B）

総合問題

◀A　方　式▶

(90分)

I　次の文章を読み，以下の設問(問1～問12)に答えなさい。

数字が重要な価値をもつ社会は，数字によって人間を序列化する。単に数値で測られるだけではない。たとえば会社では利益をどれだけ挙げたのかが基準になり，営業成績の良い会社員が評価される。数値が支配する社会では，人間は役に立つか立たないかで切り分けられる。ここでは社会の数値化が［(a)］を生み出し，さらには現代的な［(b)］を生み出すということを議論していきたい。

(中略)

イギリスの哲学者ジェレミー・ベンサム(1748－1832)は「最大多数の最大幸福」という［(c)］といわれる議論を展開した。この主張は，ジョン・スチュアート・ミル(1806－1873)からヘンリー・シジウィック(1838－1900)に受け継がれた。幸福が社会的な善の原理であると主張する前提として，幸福が数量化できるということ，最大多数の人(＝マジョリティの社会)にとって役に立つということが重要になる。［(c)］によって「多数」と「最大」という数の基準が価値に導入されたのである(①)。ミルはいう。

幸福が善であること，それぞれの人の幸福はそれぞれの人にとって善であること，それゆえ，社会全般の幸福がすべての人々からなる全体にとって善である(以下略)。

幸福が善でありうることは私も否定しない。しかし，「社会全体の幸福がすべての人々からなる全体にとって善」とミルがいうとき，［(d)］

社会福祉学者の藤井渉によると，日本の障害者政策は，第二次世界大戦中の傷痍(しょうい)軍人の支援制度の影響を受けているという。国家に奉仕して戦争で負傷した「役立った人」と，戦争の「役に立たなかった人」という切り分けが初めからあったというのだ。

戦争の役に立つかどうかという切り分けは，戦後になって「経済的に役に立つかどうか」に変化している。日本の主戦場は軍事から経済に移ったのだ。たとえば現在の障害者の支援制度は就労がゴールになっている。障害者がサポートを受ける場も「就労継続支援A型，B型」というように，名称自体に「就労して納税者になる」ことが目的であると明記されているのだ。このように，障害者も労働へと駆り出される。

経済的に役に立つかどうか，それは生産性という言葉に置き換えることができる。個人の生産「性」は，他の人との比較において決まる。自分のために作るのなら「生産性」は問われない。そして，その比較を誰がするのかというと，人ではなく組織や国家である。つまり人間の生産性が問われるときの主体は，あくまで組織・国家なのだ。お互いの顔が見えない巨大な社会では，組織の視点でものごとが決まる。たとえば，テストの点数や年収で他人と自分を比べているときも，自分が誰かと競っているように見えて，実は学校や国家といった顔②のない組織によって品定めされているのだ。

こうした組織や国家のパーツになるという問題は，生産性を問われる場面だけでなく日常にも潜む。たとえば，多くの人は体重や血糖値の値を気にし，ウェアラブル端末でさまざまな身体のデータをチェックしている。健康診断の結果に一喜一憂する。これらはすべて自分の身体を数値化する営みだ。

「自分で自分の健康指標をチェックしているのだし，健康に気を使っている限りでは，国家は関係ないのではないか」と思う人が多いだろう。ただ個人が健康を管理するような仕組みをつくることで，国家はそのような意識を利用して医療費を抑制している。

倫理学者の玉手慎太郎は，「高血圧や糖尿病の危険が高まるメタボリックシンドローム（内臓脂肪症候群）の患者や予備軍の人口を2020年度までに現在の1400万人程度から25％減らす」（日本経済新聞2015年11月30日朝刊）という政府の方針を報じた新聞を引用しながら次のように述べている。

(e)

自分では健康のために節制しているつもりでも，実はこれは国家の意志を内面化したものだというのだ。さらには，自ら健康でいることは，労働者として国家の役に立つという点でも，支配する側にとってとても都合がよいのである。つまり他の人との数値を競い合うのも自分の数値を気にするのも，国家の役に立つという基準があるのだ。

ここまで説明してきたように，数値化・競争主義は，人間を社会にとって役に立つかどうかで序列化する。その序列化は集団内の差別を生む。その最終的な帰結が優生思想と呼ばれるものである。優生思想とは，［(f)］だ。(中略)

チャールズ・ダーウィン(1809－1882)の［(g)］が受け入れられ，遺伝現象が発見されつつあった19世紀末に，優秀な家系と劣る家系があり，優秀な子孫を残し劣る種族を減らすことで国力が増すという思想が生まれた。これが「優生学 eugenetics」だ。この言葉は1883年，ダーウィンの従兄であるイギリスのフランシス・ゴルトン(1822－1911)によって作られ，19世紀末から20世紀前半に，とくにアメリカで拡がった。

人間を数値化する試みのなかで最も一般的に普及しているのは知能テストだろう。日本でもよく使われる田中ビネー知能テストはもともと，フランスの心理学者アルフレッド・ビネー(1857－1911)が1905年に世界で初めて開発した知能テストに由来する。

知能テストは，誕生するやいなや優生思想の道具となった。ビネー自身は優生思想を持っていたわけではないが，アメリカの優生主義者は，「劣った」とされる人種をあぶり出す技術として知能テストを利用した。黒人や移民に不利な設問を用いることで，「軽愚」というレッテルを貼ったのだ。教育がまだ普及していない当時，学校に通える恵まれた白人以外は，知能検査に答えることはできない。学校教育の権利が保障されていない黒人や英語が苦手な移民の検査結果は当然低くなる。

(中略)

アメリカの優生主義者は，断種によって「劣った」とされる人々の生殖能力を奪うことを計画した。その最初の標的となった知的障害を持つ白人女性であるキャリー・バックは，最高裁判所において1927年に断種が決定されている。その後，アメリカでは広範な断種手術が行われるようになり，1940年までには3万5878人の男女が断種または去勢されたという。

—— 村上靖彦『客観性の落とし穴』(筑摩書房，2023年)(一部改変)

問1　文章全体を読んで，［(a)］と［(b)］の組み合わせとして正しいもの(いずれも，［(a)］と［(b)］の順序による)を，次の選択肢の中から1つ選び，解答用紙(その1)の解答番号［1］にマークしなさい。

1　競争，人間関係　　2　能力主義，差別

3　AI化，支配構造　　4　生産性，弱肉強食文化

問2　［(c)］に入る語句として最も適当なものを，次の選択肢の中から1つ選び，解答用紙(その1)の解答番号［2］にマークしなさい。

1　観念論哲学　　2　全体主義　　3　功利主義　　4　社会契約論

問3　当時，イギリスに［(c)］のような思想が現れた時代的背景やその理論が果たした役割として最も適当なものを，次の選択肢の中から1つ選び，解答用紙(その1)の解答番号［3］にマークしなさい。

1　この時代は，科学革命の時代と呼ばれるほど，自然科学が発達し，それを支えた旺盛な探求心は，やがて人間社会や国家の考察にも向かった。専制君主の圧政に対する市民の抵抗権を根拠づけたことは，近代市民革命を経て近代民主政治の基本思想となった。

2　小国乱立の状況や外国勢力の侵攻による混乱状態を背景にして，強い君主の下での軍事力・政治力など力に訴える政治が主張されるとともに，政治を宗教・道徳から切り離す近代的な政治観が示された。

3　イギリス，アメリカ合衆国，ドイツなど主要国の資本主義が発展し，相互の競合が激しくなると，将来の発展のための資源供給地や輸出市場として，植民地の重要性が見直された。主要国は我先にアジア・アフリカに進出し，勢力圏を競って拡大した。

4　産業革命を経て，イギリスは資本主義発展の先頭に立つことができたが，近代社会を生きる市民に指針を与える思想が求められていた。この理論は，新興都市への議席割当て，産業資本家をはじめとする中産階層の参政権獲得などを実現した第1回選挙法改正など，現実社会の改革に理論的基礎付けを与えた。

問4　［(d)］では，下線部①のような多数決原理に対する筆者の危惧が述べられている。これに関連して，多数決原理に対して<u>一般に</u>指摘される欠点として<u>適当</u>

でないものを，次の選択肢の中から１つ選び，解答用紙(その１)の解答番号 4 にマークしなさい。

1　社会の多数人が，自分の個人的な幸福のみに関心をもつことになる。

2　排除されたり抑圧されたりする少数の人への配慮や少数者の権利の尊重がないがしろにされるおそれがある。

3　多数者の意見がつねに正しいとは限らない。

4　多数決が濫用されれば，民主主義の名のもとに，少数者に対する支配が正当・合法とされてしまう「多数者の専制」をもたらす危険がある。

問５　下線部②は，どのような意味を表しているか。最も適当な意味を，次の選択肢の中から１つ選び，解答用紙(その１)の解答番号 5 にマークしなさい。

1　組織の特徴

2　代表者

3　構成員一人一人の個性

4　他者への知名度

問６　(e) に入る最も適当な文章を，次の選択肢の中から１つ選び，解答用紙(その１)の解答番号 6 にマークしなさい。

1　これは，経済界，医療関係者，自治体が手を携え，民間主導で生活習慣病の予防・健康づくりの先進的な取り組みを全国に広げていく画期的な国民運動である。先進的な取り組みの広がりを加速させるのが政府の方針でもある。少子高齢化が進み，経済社会が変化する中で，わが国が活力を維持・増進するには，健康寿命の延伸が不可欠であり，この方針の成果に大いに期待したい。

2　メタボリックシンドローム対策の薬をドラッグストアで買えるようにするというのも，厚生労働省の案である。医療用医薬品を市販薬に切り替えることで，メタボリックシンドローム予備軍を救い，医療費も抑制するという一石二鳥の作戦ではある。しかしながら，手軽に市販薬が手に入れば，医師の診察を敬遠して病気の発見が遅れる可能性があるばかりか，本来最も大切な生活習慣の改善がおろそかになる。生活習慣病には市販薬はそぐわない。

3　この記事が伝えている政府の方針は，一見すると人々の健康への配慮からのものと思われるが，実はそうではない。というのもこれは，政府の経済財政諮問会議がまとめた，財政健全化に向けての改革行程表の原案についての記事だからである。ここから読み取れるのは，国全体の財政の健全化のために人々に健康になってもらわなければならない，という政府の態度であり，そしてここにあるのはまさしく，社会全体の利益のための健康増進という考え方である。

4　メタボリックシンドロームの発見を目的とする検診は，「メタボ健診」と呼ばれる。政府の方針によれば，健診は40～74歳を対象に，腹囲か体格指数が基準を超える「肥満」があり，さらに血圧，血糖値，血中脂質が基準値を上回る「危険因子」をもつ人に保健指導を実施する。しかし，肥満者だけに指導する健診は，導入時から課題を指摘されてきた。腹囲基準が男性より女性が大きく，計測者によって異なるなどあいまいであり，「科学的根拠に基づく政策」とは言い難い状況の公的健診が，このまま続くことは問題だ。

問7　［(f)］に入る，優生思想についての最も適当な意味を，次の選択肢の中から1つ選び，解答用紙(その1)の解答番号［7］にマークしなさい。

1　家柄の優れた人を重用しようとする思想

2　競争で勝つということは，勝った人の努力や活動の成果であるから，それらをしない劣った人が社会で不当な扱いを受けても当然で，その人自身に責任があるとする考え方

3　優れた人の能力発揮の程度に応じて報酬等を定める考え方

4　優れた子孫を残すことで社会集団を強化しようとする思想

問8　優生思想に基づく政策は，当時に限らず現代に至るまで，アメリカ以外にも世界の至るところで見いだすことができる。わけても優生思想の最悪の展開として，ある政権が，精神障害者などの大規模な安楽死を行ったことが知られている。1933年にこの政権の首相となり，極端な人種差別政策から多数のユダヤ人やスラヴ系の人々を殺害する施策を進めた政党の指導者の名前を，次の選択肢の中から1つ選び，解答用紙(その1)の解答番号［8］にマークしなさい。

1　ヒトラー

2　ビスマルク

3　ムッソリーニ

4　サッチャー

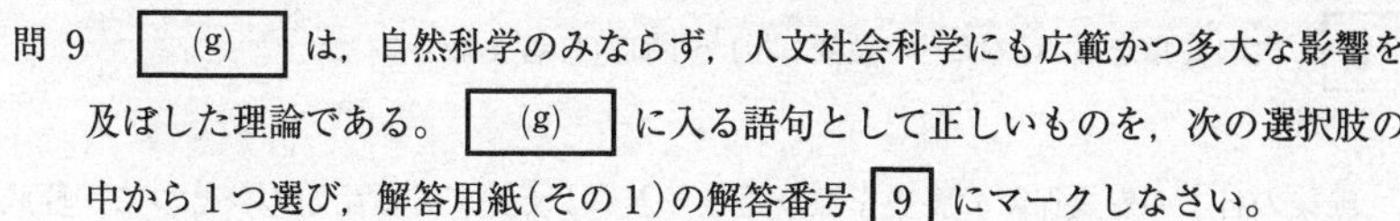

問 9 [(g)] は，自然科学のみならず，人文社会科学にも広範かつ多大な影響を及ぼした理論である。[(g)] に入る語句として正しいものを，次の選択肢の中から１つ選び，解答用紙(その１)の解答番号 [9] にマークしなさい。

1　量子力学

2　精神分析学

3　地動説

4　進化論

問10　筆者は，知能テストによる評価を取り入れたアメリカを例に，社会が障害者の生殖能力を奪うという産児制限につながっていくプロセスを述べているが，それはどのようなプロセスか。それを文中の語句を使って，解答用紙(その２)の解答番号 [Ⅰ－問10] に100字程度で記述しなさい。　〔解答欄〕125字

問11　問題文の文章は，村上靖彦『客観性の落とし穴』からの抜粋(一部改変)である。このタイトルに含まれる「客観性」を５字以内の他の言葉で言い換えると，どのような言葉になるか。問題文に即して考え，その言葉を解答用紙(その２)の解答番号 [Ⅰ－問11] に記入しなさい。

問12　筆者が，問題文の文章の後に行うと考えられる主張として**適当でないもの**はどれか。次の選択肢の中から１つ選び，解答用紙(その１)の解答番号 [10] にマークしなさい。

1　人に対する評価を，統治者の視点から行うことは，国家権力の論理に思考を乗っ取られることになるから，自らの生活実感その他の視点ももつべきである。

2　人間を客観的な基準によって評価することは，弊害ばかりが大きいので，客観的な基準はできるだけ用いるべきではない。

3　客観性だけでなく，当事者の経験の個別性やディテールを尊重すべきである。

4　多数のなかの共通項や平均値とは異なるタイプの真理があることを認めるべきである。

Ⅱ 次の文章を読み，以下の設問(問1～問12)に答えなさい。

戦後の日本の安全保障①の歴史を振り返るときによく出てくる話題のひとつに，軽武装vs自主防衛があります。GHQ(連合国軍総司令部)は当初，日本が再び刃向かってくることのないように非武装化させ②，憲法にも武力の放棄を書かせました。

ところが，ソ連や中国など共産勢力の伸長③を見て，日本を再軍備させることにしました。これを逆コース④*と言います。米陸軍のケネス・ロイヤル長官は1948年，「日本を極東における防壁にする」と宣言しました。

当時の吉田茂首相はいきなり再軍備するのは国民への負担が重すぎると考え，警察予備隊の創設にとどめました。2年後に保安隊，さらに2年後に自衛隊⑤に改組しますが，基本的には日本の防衛は在日米軍⑥に委ね，戦後復興に注力する。軽武装・経済重視の路線⑦です。

(中略)

自由党の投げかけに応じ，改進党憲法調査会は1954年9月に「現行憲法の問題点の概要」を作成しました。条文の形にはしていませんが，いまの憲法のほぼすべてを書き直すように促しました。

ただ，改進党は大日本帝国憲法(明治憲法)の事実上の復活を企図していると見られることが多かったので，「旧憲法の天皇主権⑧への復元は意図しない」とわざわざ注意書きを付記しています。

再軍備に向けては9条に「国家の独立と自由を防衛するため，陸海空軍その他の戦力を保持する」と明記するよう提唱しました。

注目すべきはそこで立ち止まらず，軍の最高指揮権⑨はどこにあるのかという問題に踏み込んでいることです。

(中略)

改進党からの投げ返しを踏まえ，自由党は1954年11月，「日本国憲法改正案要綱並びに説明書」⑩を発表しました。翌1955年の保守合同に先立ち，両党の基本的な意見集約がこれでなされました。(後略)

* 逆コース　「第二次世界大戦後の民主化政策を見直し改革に逆行しようとする政策路線」(『日本大百科全書』)。

── 大石格「保守合同で勢いづいた自主憲法制定論」日本経済新聞電子版(2023年3月1日付け)
(一部改変)

問1　下線部①に関する記述として**適当でないもの**を，次の選択肢の中から1つ選び，解答用紙(その1)の解答番号 [11] にマークしなさい。

1　改正された武力攻撃事態対処法によれば，日本の存立や国民の生命・自由・幸福追求の権利が根底から覆される明白な危険がある事態になったときは，日本が直接攻撃されていなくても，日本と密接な関係にある他国に対する武力攻撃に対して，日本も武力をもって他国に対する武力攻撃を阻止できることになった。

2　日本が武力攻撃を受けたり，武力攻撃が予想されたりする場合には，内閣に権限を集中させるとともに，地方公共団体や国民には，政府に協力して事態に対処することが求められることになった。

3　核兵器については，非核三原則が政府により宣言されているものの，米軍の核持ち込みの疑惑が指摘されてきた。核持ち込みに関する密約がアメリカとの間で結ばれていたことを，日本の外務省も認めた。

4　アメリカなどからの強い要請があったものの，日本国憲法の平和主義に反するとして，日本の国外へ自衛隊が派遣されたことはない。

問2　下線部②に関連して，GHQによる占領政策の記述として**適当でないもの**を，次の選択肢の中から1つ選び，解答用紙(その1)の解答番号 [12] にマークしなさい。

1　GHQは，日本経済の後進性を象徴する財閥が軍国主義の温床になったとみて，財閥の解体を進めた。

2　GHQは，農民層の窮乏が日本の対外侵略の重要な動機となったとみて，寄生地主制を除去し，安定した自作農経営を大量に創出する農地改革の実施を日本政府に要求した。

3　軍国主義的な教員の追放が行われたものの，占領期間中は引き続き，従来の国定教科書が内容を修正されずに使用された。

4　低賃金構造に基づく国内市場の狭さを解消して対外侵略の基盤を除去するという観点から，GHQの労働政策は，労働基本権の確立と労働組合の結成の支援に向けられた。

問 3　下線部③の内容として**適当でないもの**を，次の選択肢の中から1つ選び，解答用紙(その1)の解答番号 13 にマークしなさい。

1　東ヨーロッパやバルカン諸国には，第二次世界大戦中にソ連軍により解放された国が多く，ソ連は自国の安全保障を確立するため，ソ連に友好的な政権を樹立した。

2　北ベトナムと解放戦線は，サイゴン(現在のホーチミン)を占領し，南北を統一したベトナム社会主義共和国が成立した。

3　ポーランドなどの東欧諸国は，ソ連型の社会主義を採用し，土地改革と計画経済による工業化を進めた。

4　中国の内戦で，国民党軍は敗退をかさね，共産党軍が優勢になっていた。

問 4　下線部④に関する記述として**適当でないもの**を，次の選択肢の中から1つ選び，解答用紙(その1)の解答番号 14 にマークしなさい。

1　従来の国家地方警察と自治体警察を廃止し，警察庁指揮下の都道府県警察からなる国家警察に一本化して，警察の中央集権化を推進した。

2　朝鮮戦争前から日本共産党幹部の公職追放が行われていたところ，朝鮮戦争勃発後，共産主義者の追放は，マスコミから民間企業・官公庁に広がった。

3　暴力主義的破壊活動の規制を目的とする破壊活動防止法が成立し，その調査機関として公安調査庁が設置された。

4　都道府県・市町村ごとに，公選による教育委員会が設けられた。

問 5　下線部⑤に関連して，記述として**適当でないもの**を，次の選択肢の中から1つ選び，解答用紙(その1)の解答番号 15 にマークしなさい。

1　政府は，日本が主権国家である以上，憲法は国家による自衛権を否定していないとして，「自衛のための最小限度の実力」を持つことは禁止されないとの立場をとってきた。

2　自衛官である統合幕僚長が自衛隊の最高指揮権を持っている。

3　日本国憲法によれば，文民でなければ内閣総理大臣および国務大臣になることはできない。

4　自衛隊に対しては，その発足以来，日本国憲法の禁じている「戦力」にあたり，違憲であるとの見解が唱えられてきた。

問 6　下線部⑥に関する記述として**適当でないもの**を，次の選択肢の中から１つ選び，解答用紙(その１)の解答番号 16 にマークしなさい。

1　アメリカ軍は，日本を防衛する目的でのみ日本国内の基地に駐屯することができるとされており，アメリカ軍が，日本の防衛に直接関係のない任務のために日本国内の基地を利用することはできない。

2　日米地位協定は，アメリカ軍人の出入国，租税，刑事裁判権などについて規定しているところ，事実上，アメリカ軍人に対して治外法権に近いものを認めているなどとの批判がある。

3　日米相互協力及び安全保障条約では，日本に対する武力攻撃に対しては日米が共同行動をもって防衛することが定められている。

4　アメリカの要請に応じて，日本側は，アメリカ軍の駐留経費のうちかなりの部分を負担している。

問 7　下線部⑦の結果として，日本は急激な経済発展を遂げた。高度経済成長期に関する記述として**適当でないもの**を，次の選択肢の中から１つ選び，解答用紙(その１)の解答番号 17 にマークしなさい。

1　農村から大都市への人口流入が激しくなり，大都市では住宅問題が深刻となり，地価の安い郊外に向けて無秩序な宅地開発が行われた。

2　高度経済成長期には産業構造が変化し，産業の中心が，それまでの第一次産業や第二次産業から，第三次産業に移行した。

3　所得倍増をスローガンに，高度な経済成長をさらに促進する経済政策が展開された。

4　企業が長期間排出していた汚染物質によって環境が破壊され，多くの人々が公害病に苦しむ被害を受けた。その後，公害対策基本法が制定されて，７種の公害が規制され，事業者，国，地方自治体の責任が明らかにされた。

問 8　下線部⑧に関する記述として最も適当なものを，次の選択肢の中から１つ選び，解答用紙(その１)の解答番号 18 にマークしなさい。

1　天皇は，神聖不可侵とされ，統治権の総覧者とされていた。もっとも，立法権は帝国議会の協賛により，行政権は国務大臣の輔弼(ほひつ)により，行使されることとされていた。

2　政府が条約を締結するにあたって，帝国議会の承認を得ることが必要とされていた。

3　各国務大臣は，天皇に対してだけでなく，帝国議会に対しても責任を負うものとされていた。

4　天皇大権に属する事項についても，法律に基づいて執行される必要があったので，帝国議会は，法律を定めることを通じて天皇大権の行使に関与することができた。

問 9　下線部⑧に関連して，大日本帝国憲法(明治憲法)の下での天皇主権を改めて，日本国憲法では主権が国民に存するものとされた(国民主権・主権在民)。国民主権・主権在民に関する記述として最も適当なものを，次の選択肢の中から1つ選び，解答用紙(その1)の解答番号 [19] にマークしなさい。

1　日本国憲法のもとで，間接民主制だけでなく，国政の運営に国民が直接参加する直接民主制をとることもできるとの見解が一般的である。

2　日本国憲法は，内閣総理大臣を首班とする内閣を国権の最高機関としている。

3　司法にも国民の意思が反映されることが大事なので，最高裁判所の裁判官の任命には国会の同意を必要としている。

4　衆議院には解散が認められるため，国民の意向をより反映できることから，一定の事項については，参議院に対して衆議院の優越が認められている。

問10　下線部⑨に関連して，大日本帝国憲法(明治憲法)の下での軍の最高指揮権についての記述として**適当でないもの**を，次の選択肢の中から1つ選び，解答用紙(その1)の解答番号 [20] にマークしなさい。

1　ロンドン海軍軍縮条約を締結した際に，政府が，海軍軍令部長の反対を押し切って兵力量を決定したことに対して，野党，海軍軍令部，右翼などは，統帥(とうすい)権の干犯である，と批判した。

2　満州事変の際には，若槻礼次郎内閣は不拡大方針の声明を発したものの，関東軍は，全満州を軍事的制圧下におくべく戦線を拡大した。

3　内閣総理大臣は，内閣の構成員である陸軍大臣や海軍大臣を通じて，軍の作戦・用兵などに間接的に関与できた。

4　天皇による統帥(とうすい)権の行使には，陸軍の参謀総長や海軍軍令部長が直接に参与した。

問11　下線部⑩の改正案は，憲法改正の手続について，発議権を内閣に認めることとし，各議院の総議員の3分の2以上の特別多数決と国民投票による過半数の賛成とのどちらか一方による，と提案していた。これについて，日本国憲法96条1項は，「この憲法の改正は，各議院の総議員の3分の2以上の賛成で，国会が，これを発議し，国民に提案してその承認を経なければならない。この承認には，特別の国民投票又は国会の定める選挙の際行はれる投票において，その過半数の賛成を必要とする」と定めている。日本国憲法の規定は下線部⑩の改正案とどのような点で違っているか，また，日本国憲法がこのように定めているのはなぜか，解答用紙(その2)の［Ⅱ－問11］に100字程度で記述しなさい。

〔解答欄〕125字

問12　下線部⑩の改正案は，「地方公共団体の長を画一的に直接選挙する制度を改め」ることを提案している。これについて，日本国憲法93条2項は，「地方公共団体の長，その議会の議員及び法律の定めるその他の吏員は，その地方公共団体の住民が，直接これを選挙する」と定め，地方公共団体の長や議会の議員を住民の直接選挙により選出することを要求している。日本国憲法がこのように定めているのはなぜか，解答用紙(その2)の［Ⅱ－問12］に100字程度で記述しなさい。

〔解答欄〕125字

Ⅲ 次の文章を読み，以下の設問(問1～問12)に答えなさい。

なぜ平等には，同時に不平等や差別がつきまとうのだろうか。この問いに対しては，平等は一定の［ (a) ］があって可能となるものだから，と回答できる。たとえば税制のあり方を考えてみよう。税の徴収は平等であるべきだ，ということに誰も異論はないだろう。ではどのような徴収の仕方が平等といえるのか。

第一の方式としては，すべての国民から一律同額の金額を税として徴収するという方法である。第二の方式は，前年の所得に対して，一定の税率をかける所得税方式である。第一の，一律同額の方式は「人頭税」とよばれる方式で，歴史的には悪税の典型とされてきた。その不合理さは少し考えるだけで容易に理解できるだろう。昨年の所得が1億円の人からも，200万円の人からも，まったく同額の税を徴収するのは，富裕層にとっては軽すぎ，低所得層にとっては重すぎる。この方式を平等と考える人はいないだろう。つまりまったく同じ扱い(同額を徴収する)をすることが平等とはいえず，むしろ大きな不平等となる場合があることは，この例から容易に理解できる。

では同率による所得税なら平等と言えるのかと言えば，これにも問題はある。実際のところ，多くの国では，所得が少ない人には所得税を免除するか，税率を低くし，所得が高くなるほどに税率を上げるという累進税率方式を採用している。この方式が同率による所得税と比較して平等といえるかどうかは議論の余地があるものの，一般には後者の累進税率の方式が平等に近いと理解されている。同じ10％の所得税率であっても，所得が1億円の人から10％の税を徴収しても生活に響くことはないが，所得200万円の人から10％分の20万円を徴収することは，生活上，死活的な影響がある。これは［ (b) ］と言われる。生活への打撃度という［ (b) ］を考慮すると，同率の所得税方式は，低所得者に，より重い負担を負わせる不平等なものだと評価できるだろう。

しかし富裕層からすれば，［ (c) ］が平等であり，高所得者だからといって，高税率にするのは民主主義と多数者の勢いを頼んだ金持ちいじめであると批判される。平等な税制とは，平等な基準にしたがって税額を算定し，徴収することであって，生活への打撃度の平等というものは，平等な税制とは何の関係もなく，税務当局が取りやすいところから効率的に徴収したいという効率性の話ではないか，そもそも所得が低くなるほど，支出が生活に打撃となるのは当たり前の話で，だから誰もが所得を上げようと努力し，社会も発展するのであると。

このような反論が説得力をもつかどうか別として，累進税率方式を採用するとしても，高所得になるにつれて急傾斜で税率を上げていくか，緩やかなものにするかについても，多くの政策的な議論がありうる。最終的に，どのような税制を採用するかは，国家として，個人の財産権を強く擁護する自由主義的な価値観を採用するか，それとも高負担の税で，［(d)］をより是正しようとする価値観を採るかという問題に帰着する。

このように一言で「平等」と言っても，その具体的な基準の立て方は，個々人やその社会の支配的な価値観によって様々である。税制上の方式として，同額徴収の人頭税方式を平等と考える人はほとんどいないが，これが税制ではなく，たとえばパーティーのための会費徴収という状況であれば，人頭税方式に賛成する人は多くなるだろう。何が平等かの基準は，個々人の信念によって異なるだけでなく，同じ人でも状況によっても簡単に変わるのである。同率方式，累進税方式，同額の人頭税方式のいずれであっても，一定の形式的な基準に沿って税が徴収されるならば，どれも一応，形式上は平等な扱いをしているのであり，その意味で一定程度の正義を満たしていると言える。仮に人頭税方式を採る国家で，ある役人が，A氏からは100万円の税を徴収し，B氏は低所得であるのを哀れに思い，10万円に減額した，とすれば，それこそ不平等で不正な取り扱いと言える。［(e)］

平等とは，何の基準もない，［(f)］な判断を排除することを求める。ではそれぞれの基準をもつ，三つの方式のうちのいずれが実質的な意味で真の平等であり，正義なのかを論理的に導くことは難しい。［(g)］，正義という理念が厄介なのは，規則に沿った平等な扱いが，しばしば冷酷であり，不正義だと批判されることすらある点である。いくら形式的に平等なルールが存在しても，「実質的に不平等である」と非難される。同率の所得税に対する批判はこのような場合である。逆に法律の規定を無視し，貧困に苦しむ人への課税を軽減するような不平等な対応をする役人が，人情を知る立派な役人であり，正義の人と讃えられることもある。大金持ちから財産を奪えば，不正をおこなう盗賊として非難されるが，盗んだ金銀を貧民に分け与えれば義賊であり，正義の人として讃えられる。正義とは，じつに気まぐれで不可解な，様々な顔をもっている。このようないい加減な観念が，法の目的となることはできるのだろうか。

一定の基準にしたがい，平等な扱いをしているのに，それが不平等であり，不正義だと言われることがあるのはなぜなのだろうか。それは形式的な平等としての正義①

は，正義と名乗るための必要な条件ではあるけれども，それだけでは正義を名乗るにはまだ十分ではない，と私たちは考えていることによる。三つの徴税方式の例で言えば，求められている答えは，どの方式が正しいのか，どの税制を採用するべきなのか，という問いへの回答であるが，一定の基準に沿って平等な扱いをしている限り，どれも正義です，という答えでは，何も答えたことにはならない。こうした複数の形式的正義のうち，どれが正しいかを教えてくれる観念が実質的正義といわれるもので，それは特に［(h)］の場で求められる。それでは，実質的正義を知るための客観的な方法や基準は存在するのだろうか。

形式的正義とは，［(i)］の基準に沿って形式的に引き出される。これに対して実質的正義を教えてくれるための基準は［(i)］の形では存在せず，それを決め，教えてくれるのは［(h)］や世論という政治の現場である。つまり実質的正義とは何かについては，究極の次元にある問いとして，それを教えてくれる客観的な基準は存在せず，学問的にも答えを出すことはできない，とも考えられる。このような考え方を，価値相対主義という。つまり，①人頭税，②同率の所得税，③累進税率による所得税，という税制の問題について言えば，［(j)］と言えるが，どの税制を選択するかは，その国民が，どの国家観を選択するかによって決まる。しかし<u>どの国家観が正しいかについて，それぞれの人は，自分の立場が正しいと考えているだけで，客観的に答えを出すことはできない，あるいは仮に存在するとしても，学問的には分からない，と価値相対主義は考えるのである。</u>②だからこそ，［(h)］という政治の場においては，民主主義的多数決が必要なのだと考えられる。そもそも客観的に正しい結論が分かっているのであれば，行政官僚や裁判官が，その都度必要なルールを制定すればよいわけで，罵声の飛び交う国会や時間のかかる民主主義の過程ははじめから必要ない，ということになる。

―― 木原淳『入門法学読本』(晃洋書房，2021年)第9章「法と正義」(一部改変)

問1　［(a)］に入る語句として最も適当なものを，次の選択肢の中から1つ選び，解答用紙(その1)の解答番号［21］にマークしなさい。

1　直感的な判断

2　事実についての記述的な判断

3　価値的な評価を行う判断

4　帰納的な判断

問２　(b)　に入る語句として最も適当なものを，次の選択肢の中から１つ選び，解答用紙(その１)の解答番号 22 にマークしなさい。

1　普遍性

2　逆進性

3　比例性

4　一律性

問３　(c)　に入る語句として最も適当なものを，次の選択肢の中から１つ選び，解答用紙(その１)の解答番号 23 にマークしなさい。

1　各人の所得に応じた累進税率にすること

2　貧富の差を問わず税額を一律同額にすること

3　個人的な諸事情を考慮して税額を決定すること

4　貧富の差を問わず同じ税率にすること

問４　(d)　に入る語句として最も適当なものを，次の選択肢の中から１つ選び，解答用紙(その１)の解答番号 24 にマークしなさい。

1　身分による差別

2　法的な不平等

3　経済的な格差

4　社会的な地位

問５　(e)　に入る文章として最も適当なものを，次の選択肢の中から１つ選び，解答用紙(その１)の解答番号 25 にマークしなさい。

1　累進税方式は，富裕層にとっては受け入れがたい方式であるため，平等とはいえないのである。

2　原則として定められた基準にしたがうが，事情によっては，ある者には私的感情による対応をしたとしても，不平等とはいえないこともある。

3　同率方式は，一律に課すものであるから，低所得者に，より重い負担を負わせることとなるため，平等と呼ばれる資格はないのである。

4　定められた基準にしたがい，私的感情によることなく，規則的に対応するならば，どの方式でも一応は，平等と呼ばれる資格をもつのである。

問 6　[(f)] に入る語句として最も適当なものを，次の選択肢の中から1つ選び，解答用紙(その1)の解答番号 [26] にマークしなさい。

1　消極的

2　恣意的

3　画一的

4　意図的

問 7　[(g)] に入る接続詞として最も適当なものを，次の選択肢の中から1つ選び，解答用紙(その1)の解答番号 [27] にマークしなさい。

1　しかも

2　なぜならば

3　しかし

4　たとえば

問 8　下線部①の説明として，筆者の立場からすると<u>**適当でないもの**</u>を，次の選択肢の中から1つ選び，解答用紙(その1)の解答番号 [28] にマークしなさい。

1　所得の額にかかわらず，同率の所得税を課すことは，形式的な平等としての正義に反する。

2　定められた基準によらず，貧困に苦しむ人への課税を軽減することは，形式的な平等としての正義に反する。

3　所得の額にかかわらず，同額の税を徴収することは，形式的な平等としての正義に反しない。

4　定められた基準にしたがい，所得が高くなるほど高い税率を課すことは，形式的平等としての正義に反しない。

問 9　[(h)] に入る語句として最も適当なものを，次の選択肢の中から1つ選び，解答用紙(その1)の解答番号 [29] にマークしなさい。

1　裁判

2　行政

3　企業

4　立法

問10　[(i)] に入る語句として最も適当なものを，次の選択肢の中から1つ選び，解答用紙(その1)の解答番号 [30] にマークしなさい。

1　慣習

2　法律

3　社会通念

4　道徳

問11　[(j)] には，①人頭税，②同率の所得税，③累進税率による所得税，という税制の問題について説明した文章が入る。その文章を次の(ア)〜(ウ)を用いて完成させるとき，最も適当な組み合わせを，次の選択肢の中から1つ選び，解答用紙(その1)の解答番号 [31] にマークしなさい。

(ア)　富裕な人間から貧しい人間へ積極的に財を移転させるべきと考える福祉主義的な国家観

(イ)　経済活動と関係なく税収を得ようとする専制的国家を求める価値観

(ウ)　自由な経済活動と財産権をより保護しようとする自由主義的な国家観

1　①は(ア)であり，②は(ウ)であり，③は(イ)を反映している

2　①は(ウ)であり，②は(イ)であり，③は(ア)を反映している

3　①は(イ)であり，②は(ア)であり，③は(ウ)を反映している

4　①は(イ)であり，②は(ウ)であり，③は(ア)を反映している

問12　下線部②に関連して，「価値相対主義」についての記述として<u>**適当でないもの**</u>を，次の選択肢の中から1つ選び，解答用紙(その1)の解答番号 [32] にマークしなさい。

1　実質的正義とは何かについては，それを教えてくれる客観的な基準は存在せず，学問的にも答えを出すことはできない。

2　客観的に正しい結論が分かっているならば，国会や民主主義の過程ははじめから必要とされない。

3　実質的正義の内容を定め，その内容を評価する客観的基準があるため，正義を含む価値についての判断は，個人の主観的な判断を超える，何らかの客観的なものである。

4　正義を含む価値についての判断は個人によって異なっており，その価値の実質的な正しさは，個人が主観的に判断するしかない。

◀B　方　式▶

(90分)

I　(Questions 1〜5): Read the following text and answer the questions. Choose the best answer for each question, and mark the number on your answer sheet. (解答用紙(その1)を使用)

Joy Thomas remembers a lot about the Great Depression — about the day people came to repossess everything in the house: her old crib, the table, the drapes on the wall.

So when Ms. Thomas, now 80, answered a call to write about what it was like to live through those times, and offer some advice to Ohioans hammered by the current recession, she thought people who read her essay could use some lyricism: "I sing of the Great Depression: 'You made me what I am today...' and, I laugh while the tear drops fall."

"I wanted to give people a laugh," she says, eyes bright. "I felt I had to have a more humorous look at adversity, because it can be so crushing."

At the beginning of March, the Ohio Department of Aging, a state agency that facilitates programs for older residents, sent out a call for stories from Depression survivors. The idea was to glean advice on weathering tough economic times from a group that had survived far worse, says John Ratliff, the department's manager of public information. He says they didn't know what to expect when they sent the press release to local media.

More than 250 people responded with 500-word recollections by the mid-

April deadline.

"We wanted to try to tap into this shrinking older generation and their memories ... and tap into their knowledge and experiences to see if there are lessons we can use today, or coping mechanisms," he says.

The teaching took on different forms.

Some reported as though by ticker tape: "We canned our vegetables, fruit and meat. Slaughtered our chickens, hogs and goats. Made our own sausage primarily in the winter. We had no money and we had kerosene lamps. Our clothing was used hand-me-downs. My brother had no pants. He had to quit high school even though he was an honors student," writes Helen DeGifis of Warren.

Others lectured. "One evening when we went down to check on the bank, there were hundreds of people out front yelling and crying and fighting and beating on the locked doors and windows. They had fires built in the street to keep warm and there were people milling around all over the downtown. Anybody that thinks what we are going through now is a depression doesn't have a clue of what a real depression is," notes Vane Scott of Newcomerstown.

In some cases, the children of Depression-era parents wrote in with filtered memories of stories used to put them in their place: "My dad, Thomas J. Comes, died last year at the age of 80, and he always used to tell me that during the Depression, his family raised pigeons in their backyard to supplement the food they did have. And when the time came, he would say he would go out and break the pigeons' necks, so they could eat them. He said they tasted pretty good," writes Marty Comes.

For Louis Mamula, a slim, former steelworker, those years bring memories of the Marines, which he joined as a path out of poverty.

"People were complaining. Holy smokes, I was having a ball. I got clothes, I got shoes, people were cooking for me ... except that people were trying to kill me, but I understand that." It was, after all, World War Ⅱ.

He lost jobs continually during the Depression and once sold expensive Bibles door to door to make ends meet. But his customers really couldn't afford the hefty Bible prices, so he quit: "My conscience got ahold of me."

"My brother Melvin had the attitude [after the Depression]: 'I'll show them,' " Mr. Mamula says. He admires his brother, and thinks his choices made him happy. "He became an advertising executive and a professor at a university because that drove him, that 'I'll show them.' "

Mamula took the opposite tack. The Depression "killed, truthfully, my ambition. It was enough to enjoy the day." His father was an alcoholic and his mother abandoned them, but he's over that now. "I love life. I'd live it over again. I don't care how it was."

Mr. Ratliff of the Ohio Department of Aging says he's been surprised by a few things. First, the large number of 80- and 90-year-olds who sent their stories via e-mail. Second, how children growing up during the Depression seem not to have been affected by it all. They just lived.

Compiling the collective wisdom of hundreds of Ohio survivors has been an exercise in tragedy and joy, Ratliff says. His co-workers cry sometimes. "In a lot of the stories, people were not as affected because they were mainly self-sufficient anyway. There wasn't a supermarket on every corner," he says.

Ratliff says the staff is still overwhelmed by the response, and hasn't quite figured out what to do with all of the stories. Most are going to be released on the agency's website and in newsletters, but a tight budget means publication is still a ways off.

1. Why did the Ohio Department of Aging seek out real stories from the Great Depression?
   ① Because more than 250 people had already volunteered their stories.
   ② To help people who are now suffering worse conditions than the Great Depression.
   ③ To raise money for people who survived the Great Depression.
   ④ To see if history could teach us something about our present circumstances.

2. What is the difference between Helen DeGifis's and Vane Scott's reports?
   ① DeGifis describes only positive events while Scott describes only negative ones.
   ② DeGifis's report is on audio-tape while Scott's report is written down.
   ③ Scott's report is opinionated while DeGifis's report concentrates more on bare facts.
   ④ Scott wrote about what he heard while DeGifis wrote about what she actually saw.

3. What is true about Louis Mamula's experience of the Great Depression?
   ① He feels lucky as he became a university professor during the depression.

出典追記：Those who lived through the Great Depression tell their stories, The Christian Science Monitor on May 12, 2009 by Jeremy Kutner

② His neighbors were trying to kill him to rob him of his clothes and shoes.

③ The Great Depression caused him to develop a short term approach to life.

④ The Great Depression gave him the drive to be successful in life.

4. What has Mr Ratliff of the Ohio Department of Aging learnt through this project?

① That 80- and 90-year-olds have not adapted to modern technology.

② That children are not as tough as he thought.

③ That publications about the Great Depression achieve very high sales.

④ That the Great Depression did not trouble everybody to the same extent.

5. Which historical event was most directly a cause of the Great Depression?

① The First World War.

② The collapse of Lehmann Brothers.

③ The Second World War.

④ The Stock Market Crash.

II (Questions 6～11): Choose the most appropriate words from the selection below (①～⑦) to fill the gaps in the text (6～11), and mark the number on your answer sheet. One of the words (①～⑦) will not be used. (解答用紙(その1)を使用)

On the face of it Japan's system of criminal justice looks as if it gets a lot right. Crime rates are lower in Japan than almost anywhere else — the murder rate is less than a tenth of America's. Those arrested for minor wrongdoing are treated with exceptional leniency. Less than one in 20 Japanese deemed to have committed a penal offence go to prison, compared with one in three of those arrested in America, where the average jail term is much longer. In Japan the emphasis is on rehabilitation, especially of young offenders. The rates of (6) are admirably low, partly because the state is adept at involving families in reforming those who stray.

Yet the state's benign paternalism has a dark side. The chief reason the system looks good is that Japan is a remarkably safe society. And where once police worked closely with local communities to solve crimes, now they struggle to catch criminals. The system relies on confessions, which form the basis of nine-tenths of criminal (7). Many confessions are extracted under duress. Some of those who admit guilt are plainly innocent, as recent exonerations have shown. The extraordinary lack of safeguards for suspects in Japanese interrogation cells is a stain on the whole system, failing victims as well as those wrongly convicted.

In a country more inclined than the West to think of itself as a big family collective, (8) of guilt is often seen as the first step to reintegration into society. It is also the surest route to a conviction. Prosecutors and police are thus under immense pressure to make suspects talk and have powerful tools to encourage them to do so.

Common criminal suspects may be held in detention for 23 days without charge. Many have only minimal contact with a lawyer. Few interrogations are recorded, and then not in their entirety, so there is not much to stop interrogators piling in. Physical torture is rare, but sleep (9), which is just as effective, is common. So are various other forms of psychological coercion. A few, if they are convinced that the suspect is guilty, simply fabricate a confession and press the suspect into signing it.

In a court system without an adversarial approach to establish innocence and guilt, judges too rarely question whether confessions really are voluntary. Yet time and again innocent people have been shown to confess to crimes in the hope of a more lenient sentence — or simply to make the interrogation stop. One lawyer estimates that a tenth of all convictions leading to prison are based on false confessions. It is impossible to know the true figure, but when 99.8% of prosecutions end in a guilty verdict, it is clear that the scales of (10) are out of balance.

As a step towards restoring due process, all interrogations should be filmed from start to finish. Suspects should have ready access to defence counsel, to whom prosecutors should also disclose all evidence. Interrogations should be much shorter; suspects should be properly rested. Investigators who fabricate evidence should be put in the dock themselves. Prosecution cases should rely more on detective work, and less on self-incrimination. Such reforms would not improve conditions in Japan's psychologically brutal prisons, but they would give the innocent a better chance of keeping their (11).

① admission ② deprivation
③ justice ④ liberty
⑤ prosecutions ⑥ recidivism
⑦ shame

III (Questions 12~21): Choose the word or phrase that best fills the blank ( ) and write the number (①~④) on your answer sheet. (解答用紙(その1)を使用)

12. Don't get me ( ), I appreciate everything you've done for me—it's just time to move on.

① alright ② mistaken ③ right ④ wrong

13. Rather than ( ) about graduating from university, Mary seems to be a little worried.

① being excited ② exciting
③ to be excited ④ to excite

14. Amanda really didn't seem to be angry at you, it's all in your ( ).

① actions ② heart ③ mind ④ take

15. The boss says he doesn't care who writes the report ( ) it's finished by Tuesday.

① as far as ② as long as ③ whoever ④ whenever

16. ( ) has it that this year's exam is going to be way more difficult than last year's.

① Gossip ② Rumor ③ Story ④ Theory

17. The Airbnb that they rented for their vacation was very nice but it was in the middle of ( ).

① anywhere ② everywhere
③ nowhere ④ wherever

18. Under no circumstances ( ) ever try that.

① he can ② I would ③ they can ④ would I

19. The news ( ) Russia had invaded Ukraine shocked most of the world.

① about ② of ③ on ④ that

20. ( ) was she ever thinking?

① How ② What ③ Who ④ Why

21. He rarely likes to play computer games but his sister ( ).

① does ② likes ③ makes ④ wants

IV Write a short essay (about 50 words) about the topic below. Give reasons for your opinion. (解答用紙(その2)を使用)

・The average minimum wage in Japan is now around ¥1000. Is that sufficient?

V 内田貴『法学の誕生 —— 近代日本にとって「法」とは何であったか』(筑摩書房，2018年)から抜粋されたいくつかの文章を読んで以下の設問それぞれに答えなさい(解答用紙(その1)を使用)。

※　元の文章の註は省略し，漢数字はアラビア数字に改めた。

※　[]内の語および下線は出題者が追加した。

問1　日本が出会ったのが19世紀後半の欧米であったということは，法学の受容にも大きな意味を持っている。このことについて論じた民法学者の星野英一は，それを「悲劇」と呼んだ。星野は，[穂積]陳重の世代のあとを継いだ鳩山秀夫，そして我妻榮(わがつまさかえ)と連なる東京大学法学部の民法講座担当者である。なぜ「悲劇」なのだろうか。

確かに，ヨーロッパの19世紀(a)については好意的に見ない知識人は少なくない。イギリスを代表する歴史学者のひとりエリック・ホブズボームは，19世紀について，「ここで扱う時代に対する多少の嫌悪 —— むしろ多少の軽蔑かもしれない —— を隠すことができない」と吐露している。また，一時日本に亡命していたユダヤ系ドイツ人哲学者のカール・レーヴィットは，19世紀のヨーロッパはもはや真の使命を信じて生きていたのではない。ただ到るところにその商品と科学的技術的文明(b)を拡げていたにすぎない」という。要するに，ヨーロッパがその本来の輝きを保っていた時代とは異なる，というのだ。そんなヨーロッパを，これこそが西洋文明だと信じたことが，日本にとっては悲劇だというのだろう。[69-70頁]

22. 下線部(a)について，次の記述のうち内容の誤ったものを1つ選びなさい。

① ヨーロッパの各地で起こったいわゆる1848年革命で，ロシアは，オーストリアを支援してハンガリーの民族運動に対抗し，ヨーロッパの憲兵と呼ばれた。

② ナポレオン1世の甥ルイ＝ナポレオンは，1848年のフランス大統

領選挙で当選した後に独裁権をにぎり，1852年の国民投票により皇帝となって，ナポレオン2世と称した。

③　1834年に，オーストリア以外の大多数のドイツ諸邦からなるドイツ関税同盟が，プロイセンを中心に発足した。

④　1861年にイタリア王国が成立し，その後，ヴェネツィアの併合およびローマ教皇領の占領によって，イタリアの国家統一が実現した。

23. 下線部(b)について，次の記述のうち内容の誤ったものを1つ選びなさい。

①　ドイツ産業革命は，重化学工業が中心であり，英国への対抗から，国家による保護の下で発展した。

②　自由貿易主義にもとづきフランスと英国が1860年に締結した英仏通商条約は，フランスの産業界から反対された。

③　英国の技術者スティーヴンソンにより1814年に製作された電気機関車は，1825年に実用化され，1830年にはマンチェスターとリヴァプールとの間で旅客鉄道が開通した。

④　世界初の万国博覧会が1851年に英国のロンドンで開催された。

問2　1885(明治18)年，第1次伊藤内閣のもとで［　A　］大臣に就任した井上[馨]は，翌1886年，［　A　］省に法律取調委員会を設置した。それまで，法典編纂は［　B　］が担当し，お雇い外国人ボワソナードを中心とする民法典編纂の作業が進行していた。しかし，これをいったん中断し，その作業を［　A　］省に引き取る形で法律取調委員会が設置されたのである。［　A　］省が法典編纂を所管するという不自然な動きの背後には，［　A　］省で進行していた条約改正交渉の進展があった。当時，条約改正会議で交渉の対象となっていたのは「英独案」と呼ばれる改正案だったが，これを軸に交渉を進展させるためには，ドイツ人［　C　］が起草しすでに草案ができていた商法典もあわせ，列強の意向に沿った形で，西洋式の基本法典の編纂を井上が統括することが欠かせないと考えられたのである。翌

1887年には，「泰西の主義(Western Principles)」による諸法典の制定が条約改正の前提条件であることが欧米との間で明文で確認され，できあがった法典をただちに英訳して列強政府に通知し，泰西の主義に合致しているかどうかの検証を求めることまで合意された。また，外国人裁判官(法官)の採用も盛り込まれた。こうして列強の強硬姿勢の前に譲歩を重ねざるを得なかったのである。[139頁]

24. [A] にあてはまるものを1つ選びなさい。
① 逓信
② 大蔵
③ 司法
④ 文部
⑤ 外務

25. [B] にあてはまるものを1つ選びなさい。
① 大審院
② 法制局
③ 元老院
④ 地方官会議
⑤ 弾正台

26. [C] にあてはまるものを1つ選びなさい。
① ロエスレル
② クラーク
③ ジェーンズ
④ フルベッキ
⑤ ナウマン

問 3　日英通商航海条約は 1894 (明治 27)年 8 月 24 日に批准書を交換し 27 日に公布された。治外法権はこれにより撤廃されたのである。このとき，新条約の有効期間は 12 年とされ，調印の 5 年後に実施されるものと定められた。そしてその際，公表はされなかったが，日本は条約の発効の 1 年前までに西洋式の法典を整備し施行することを約束した。西洋法文化の受容が対等な国際関係の条件だったのである。米・伊・露・独・仏・墺とも次々と新条約が調印され，条約発効は 1899 年 7，8 月だった。その 1 年前が民法典を含む法典整備の事実上のデッドラインとなった。このため，[穂積]陳重らによる民法典および，それに続く商法典の起草作業は凄まじいスピードで進められることになった。[149 頁]

27. 不平等条約改正交渉の日本側の対応に関して，次の出来事を起こった順序で並べなさい。

A　大隈重信は，不平等条約の改正交渉で，大審院における外国人の裁判官の任用を提案した。

B　青木周蔵は，不平等条約の改正交渉で，条約改正委員に任命され，英国との交渉を進めた。

C　岩倉使節団は，最初の訪問国アメリカで不平等条約の改正交渉に臨んだものの，天皇の委任状がないという手続上の瑕疵を交渉の相手方から指摘された。

D　井上馨は，不平等条約の改正交渉で，大審院のほか控訴院ならびに横浜および神戸の始審裁判所における外国人の裁判官および検察官の任用を提案した。

① A→B→D→C
② A→C→B→D
③ B→C→D→A
④ C→B→A→D
⑤ C→D→A→B
⑥ D→A→C→B

28. 不平等条約改正交渉の相手国に関して，次の出来事を起こった順序で並べなさい。

A　アメリカ国内で最初の大陸横断鉄道が完成した。

B　ドイツとオーストリア，ロシアは三帝同盟を結んだ。

C　ロシアは，オスマン帝国と開戦して勝利した後に，サン＝ステファノ講和条約を締結した。

D　オスマン帝国以外のヨーロッパ中の支配者の参加する国際会議がメッテルニヒを議長としてウィーンで開催された。

① A→B→C→D
② B→A→C→D
③ B→D→C→A
④ C→D→A→B
⑤ D→A→B→C
⑥ D→B→C→A

VI 次の文章は，イギリスを中心に活動するジャーナリストのキャロライン・クリアド＝ペレスによる『存在しない女たち　男性優位の世界にひそむ見せかけのファクトを暴く』(神崎朗子訳，河出書房新社，2020年)からの抜粋である。読んだうえで，下線部に関する問いに答えなさい。

※　元の文章の註は省略した。
※　下線は出題者が追加した。

労働衛生に関するデータにおけるジェンダー・ギャップ(1)が生じるのは，労災関連死は女性よりも男性のほうが多いことが原因とされる場合もある。たしかに重大事故は男性労働者に圧倒的に多いが，それだけでは全貌は見えてこない。労災関連死は，現場で起こる事故だけが原因ではないし，長期的に見た場合，労災関連死の最も多い原因でもない。

毎年，8000人が業務関連のがんによって死亡している。この分野におけるほとんどの研究は男性を対象に行われてきたが，男性のほうが影響を受けやすいという確かな証拠はない。この50年あまりで，先進諸国では乳がんの罹患率が有意に上昇している。しかし，女性特有の体の問題や，職業や，環境についての研究が不足しているため，乳がん罹患率が上昇した原因を示すデータも不足しているのだ。

「鉱山労働者の塵肺症(じんぱいしょう)のことなら，すべて明らかになっています」。スコットランドのスターリング大学で労働環境政策を研究している，ローリー・オニール教授は私に言った。

「ところが，女性の物理的暴露や化学物質への暴露に関しては，とてもそうは言えません」

これは歴史的な問題でもある。オニールはこう語った。

「がんのように潜伏期の長い多くの疾病に関して結論を出すためには，膨大な数の症例が必要です」

これまでの研究では，鉱山労働者や建設労働者など，典型的な男性の業種における症例が数世代にわたって蓄積されてきた。具体的に言えば，男性のみだ。当然ながら，鉱山や建設現場には女性労働者もいたし，男性と同じように暴露していた場合もあったが，「研究からは『交絡因子』として除外されるケースが多かった」。いっぽう，女性労働者が主となる業種については，研究はいっさい行われてこなかった。したがって，いまから研究を始めたとしても，使用可能なデータ量が蓄積されるまでに数十年はかかる，とオニールは語っている。

しかも，研究はいまだに始まっていない。男性対象の研究のデータが女性にも当てはまるかのごとく，使用し続けているのだ。もっと具体的に言えば，25〜30歳で体重70キロの白人男性のデータだ。それが「標準人」で，人類全体を代表する万能な存在として扱われている。だが当然，そんなわけがない。

男性と女性では免疫系もホルモンも異なり，ホルモンの吸収のされ方も異なる。女性は一般的に男性よりも体が小さく，皮膚も薄いため，毒物に対する安全な暴露量も低くなる。このように耐性閾値（いきち）が低いうえに，女性は体脂肪率が高い。なかには脂肪に蓄積しやすい化学物質もあるため，状況はさらに悪くなる。

その結果，「標準人」には安全とされる放射線量も，女性にとっては安全どころではないことが明らかになった。一般的に使用されている多くの化学物質についても，同じことが言える。にもかかわらず，[2]男性の基準をすべてに当てはめる方法が，いまだにまかりとおっているのだ。化学物質の使用方法によっては，状況はさらにひどくなる。そもそも化学物質は個別に検査され，暴露回数も基本的に1回と決まっている。しかし，女性たちが家庭(清掃用品や化粧品にも化学物質が含まれている)や職場で化学物質に暴露するときは，そんな具合ではない。

たとえば，ネイルサロンの従業員はほとんど女性で(移民も多い)，毎日のように，「マニキュア液，リムーバー，ジェル，ニス，消毒剤，接着剤など，仕事の必需品に含まれている」さまざまな化学物質に暴露している。こうした化学物質の多くは，がん，流産，肺病との関連性が指摘されている。なかには体の通常のホルモン機能を狂わせてしまうものもある。業務を終えて帰宅してからも，ほとんどの女性は無償労働に追われ，一般的な清掃用品に含まれているさまざまな化学物質に暴露する。このような化学物質が混ざったときの効果はほとんど不明だが，混合化学物質への暴露は，単体の化学物質に暴露した場合よりもはるかに毒性が高いことが，研究によって指摘されている。

化学物質の研究の大半は，経皮吸収による暴露に着目したものだ。①男性は女性よりも皮膚が厚いため，吸収率が異なるかもしれないという問題はあるが，ネイルサロンで働く女性たちが化学物質に暴露する方法は，経皮吸収しかない。②なかでも揮発性が高い化学物質は，室温でも空気中に蒸発してしまう。それを，アクリルネイルをやすりで削った際に出る大量の塵芥（じんかい）もろとも，③吸気と一緒に吸い込んでしまう可能性があるのだ。そのことが従業員に及ぼす影響についての研究は，ほぼ皆無と言っていい。④［136－138頁］

問１　下線部１の「労働衛生に関するデータにおけるジェンダー・ギャップ」という言葉で筆者が問題にしている社会状況について，抜粋文の中で主張されていないことを，以下の選択肢から一つ選びなさい(解答用紙(その１)を使用)。

29. ①　ネイルサロンの従業員のような女性が多数を占める職種に関して，業務が従業員の健康に及ぼす影響についての研究がほとんど行われていない。

②　これまで鉱山や建設現場など男性労働者が大多数であった職場においても女性労働者は存在したが，そうした女性労働者の疾病に関するデータは研究対象から外されることが多かった。

③　男性と女性の体格や身体機能の違いに注目して労働衛生の調査・研究が行われてきたために，職場において性差に基づく差別的な処遇が助長されている。

④　職場における化学物質暴露の限度量の基準を定める際，労働者が家事労働や日常生活を通じても化学物質に暴露していることが考慮されていない。

問２　下線部２の「男性の基準をすべてに当てはめる方法が，いまだにまかりとおっている」とは，どのような事態を指しているか。文中の言葉を用いて，解答欄に合うように55字以上75字以内で説明しなさい。その際，「標準人」という言葉を必ず入れ，その語の説明も含んだ記述とすること。なお，数字や記号類はすべて１つ１字と数え，それぞれ１マス使用すること(解答用紙(その３)を使用)。

〔解答欄〕　(75字分)　ている事態。

問３　(設問省略)

Ⅶ　以下の文章【A】および【B】を読んで，問いに答えなさい。

※　元の文章の註は省略し，漢数字はアラビア数字に改めた。

※　下線は出題者が追加した。

【A】

ヘレン・マクマーティンの人生は，朝鮮戦争時代にピークに達したマッカーシズムの嵐のなかでほとんど台無しになってしまったかのようだった。バーモント州の小都市バーリントン(1950年当時・人口3万3155人)で，進歩党メンバーだった当時59歳のヘレン。彼女は地元の町で，５つのステップからなる典型的な草の根「反共」攻勢にさらされていた。

最初のステップは，地元の地域コミュニティーにおける人間関係の変化だった。地元日刊紙『バーリントン・デイリー・ニュース』が1950年７月，ヘレンの投稿「朝鮮における米国軍事行動に反対する」という小文を掲載してからほんの数日後のことだ。突然，旧友たちから手紙を受け取るようになったのだ。その１つはこのように書かれていた。

　君が共産主義に寝返ったなんて信じられないな。君の書いたものすべてはそれを示しているのだが……。僕がこうして書いているのは，君がまだ僕の言うことを聞いてくれると信じているから，そして君も信じているであろう平和と民主主義のためにも，まだ君を救い出す望みが残っていると思うからだ。そして何よりも私はあなたが迫害されるのを見たくないからだ。

ヘレンはすぐに返信を書いている。

いいえ，私は共産主義者ではありません，あなたが言うように「寝返った」こともありません。ファシズム，独占資本主義，そして米国の帝国主義が，これまで過去何十年にもわたって，そして今日なお私たちの時代の脅威であり続けているということについて，私が確信を持っているとしても，それ自体は私が共産主義を信奉するようになったと意味しているわけではありません。私や，私のような多くの人びとにとって不幸なことに，共産主義者たちがこの点を信じているということだけで，私たちは共産主義者と呼ばれています(…)。あなたとお話しできたらいいのですが。でもあなたが再び私と昼食をご一緒してくださることはなさそうですね。

この友人からそれ以上の返信はなかった。

次のステップは，公開吊し上げとでも呼べるような地元紙による名指しの批判という形で現れた。同紙は8月上旬，社説全てを割いて次のように書いたものだ。

マクマーティン夫人の「アメリカ帝国主義」に対するわめきごとには吐き気すら催すほどだ。米軍の兵士たちがまさに朝鮮半島の戦場で命を落としているというのに。(…)。マクマーティン夫人のとんでもない戯言は，彼女がその政治的思考においてあまりに行き過ぎた女性であること，そして観念的錯乱状態のなか，我を忘れて正常な判断ができない者であることを示している。マクマーティン夫人の政治的意図と野心は，この容易ならぬ危機的状況のなか，まさに嫌悪すべきものである。

この一例からも見られるように，この時期の多くの事例で市町村レベルの小規模ローカル新聞が，草の根レベルでの反共感情を率先して煽っていた。

3番目のステップは，地元コミュニティーからの全面的な排斥，いわば村八分だった。実は1950年の秋ごろ，ヘレンは反撃を試みている。先の地元紙に何度も手紙を書いた。旧友たちにも手紙を書いた。同紙が彼女の反論を掲載してくれるかもしれないと思っていたし，友人たちが彼女のために立ち上がってくれるかもしれないと願っていたのだ。しかし，これらすべての手紙は単に無視されただけだった。4番目のステップは，家族との仲たがいだった。まずは，自らの妹からも「殉教者の冠」をかぶりたがる「愚か」で「騙されやすい人」だと激しく罵られた。語気荒い押し問答ののち，ヘレンはもはや彼女とも話すことができなくなっていた。さらには，自らの娘ですら，なんともよそよそしい冷ややかな手紙を送ってきたものだ。「あなたが現実的に自分の将来を見つめることを願っています」——と。最後に5つ目のステップとして，ヘレンは1951年初めごろ，近所の老人の身の回りを世話するという自らの仕事すら失うことになった。

ここで簡単な問いを立てるべきだろう。どうしてヘレンは，彼女自身のコミュニティーにおいて，こうまで爪弾きにされたのか，と。

出典：益田肇『人びとのなかの冷戦世界——想像が現実となるとき』(岩波書店，2021年) 225－227頁。

【B】

冷戦は，政治的にも，文化的にも，心理的にも，さまざまな形でアメリカ人の生活のあり方に変化をもたらした。国内の政治エリートたちの多くがイデオロギー的に同調することを求めたため，容認される政治的なレトリックの幅は狭められることになった。そのため，多くの改革運動が守勢に立たされ，リベラリストの中には過激主義者だとか，アメリカに対する背信だとかいったレッテルを貼られて，不利な立場に置かれた者もいた。嘆かわしいことに，共産主義者とみなして他人を攻撃する「赤狩り」や，共産主義者とみなされた人々の関係者までも有罪とする連座などが，地方選挙や連邦選挙における選挙戦術や労働組合の内部における政治，また政府職員や教師，映画産業の関係者などに対する警察や司法による調査などにおいて，まかり通った。歴史家スティーヴン・J・ホイットフィールドは，とくに1950年代のアメリカにおいて，冷戦が「自由の抑圧と文化そのものの堕落」をもたらしたと批判する。ホイットフィールドによれば，冷戦は，「市民の自由という先人の遺産を弱体化させ，寛容と公明正大という社会規範を攻撃し，民主主義のイメージそのものを汚した」のである。また，ピーター・J・カズニックとジェームズ・ギルバートは，冷戦は，広範な社会心理の領域に最も大きな影響を与えたとの見方を提示して，次のように論じている。「核兵器その他の手段を用いた壊滅的な破壊によって彼らを脅かそうとする，狡猾な敵が国内外に存在している。冷戦は，こうした観点から世界を理解するよう，数百万人のアメリカ人を仕向けたのだ」。要するに，国内外の敵に対する恐怖心の広がりこそが，冷戦の主要な遺産だったのである。

出典：ロバート・マクマン『冷戦史』(青野利彦監訳，平井和也訳，勁草書房，2018年) 156－157頁。

問い　【A】で示された「爪弾き」は，具体的にどのような過程を経て行われたか。また，それはいかなる背景から生じたものであるか。【B】の内容にも触れながら，300字以内で説明しなさい(解答用紙(その3)を使用)。

解答編

総合問題

◀A 方 式▶

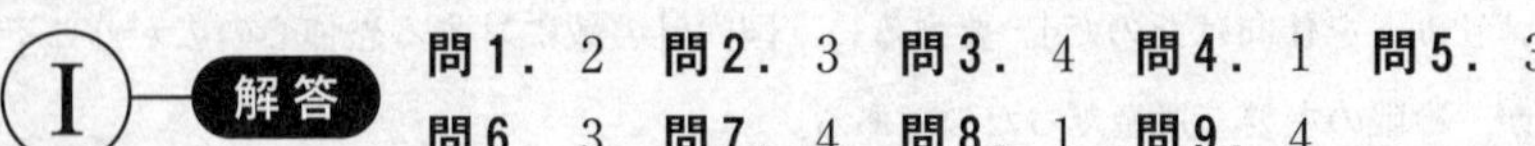
I 解答 **問1.** 2 **問2.** 3 **問3.** 4 **問4.** 1 **問5.** 3
問6. 3 **問7.** 4 **問8.** 1 **問9.** 4

問10. 人を数値で判断し，社会にとって役に立つかという視点から判断する序列化の考えから，優秀な遺伝子を残して国力を増すという優生思想が生まれ，劣っていると判断する人々への差別が生じて，産児制限を行うというプロセス。(100 字程度)

問11. 数値化〔数値データ〕 **問12.** 2

解説

《数値による人間の序列化と差別》

問1. 空欄(a)直前の文脈を確認すると，「数字によって人間を序列化」し，「人間は役に立つか立たないかで切り分けられる」とあり，社会の数値化が「能力主義」による序列を生み出し，現代的な「差別」を生み出すという2の展開が最適。

1．競争は生み出すが，現代的な「人間関係」は生み出さない。

3．文脈から数値化がAI化を生み出すという展開は誤り。

4．「弱肉強食文化」を生み出すというのは，文脈から見て飛躍しすぎ。

問2. 1つ目の空欄の前にベンサムの名前が挙がり，「最大多数の最大幸福」という言葉があることから，功利主義と判断する。功利主義とは，行為の善悪の判断基準を人間の幸福に求める倫理観である。ベンサムは，人間の幸福を快楽に還元して量的に算出できると考えた。

問3. 4が適切。ベンサムが現れた19世紀前半のイギリスに関する説明である。

1．不適。17 世紀イギリスに関する説明である。

2．不適。ルネサンス期イタリアに関する説明である。

3．不適。19 世紀後半の帝国主義に関する説明である。

問4． 筆者は，社会全体の幸福が全ての人々にとっての善だという考えを否定する。それは空欄の後の文脈からわかるように，社会に役立つかどうかで人を判断するからである。この展開から，空欄には，少数者への配慮が欠落しているという批判が想定される。少数者への配慮の内容である2，3，4は多数決原理に対して指摘される欠点として適する説明。1の，多数人が個人的な幸福のみに関心をもつという内容は，多数決による欠点の説明ではないので，これが正解選択肢。

問5．「学校や国家といった顔のない組織」の「顔」がどのような意味かを読み取る問題。傍線部前の文脈から，組織・国家というお互いの顔が見えない，自分が誰かと競っているように見えてわからないという意味の「顔」であり，「一人一人の個性」という3が最適。代表者のいない組織によって品定めという展開は当てはまらないので，2は不適。1の組織の特徴，4の知名度のない組織によって品定めされているという展開は，役に立つかどうか自分を評価する組織として当てはまらない。

問6． 玉手慎太郎の論の方向性を読み取り，空欄部分に入る内容として最適なものを選ぶ問題。内臓脂肪症候群の患者を減らす政府の方針を「実はこれは国家の意志を内面化したものだというのだ」と説明しており，空欄には健康への配慮に見えて政府にとって都合のよい政策だという展開の内容が入るはず。この想定から3が最適。

1・2．結論が政府の意志の内容ではない。

4．科学的根拠が薄いことへの批判であり，当てはまらない。

問9． 4が適切。空欄の前にダーウィンの名前が挙がっていることから判断する。ダーウィンは『種の起源』を著して，より環境に適応した生物が生存競争に勝利して子を残すという進化論を唱えた。

問10． 社会が障害者の生殖能力を奪うという産児制限につながるプロセスを説明する問題。まず根本にあるのは，「社会にとって役に立つかどうか」という，数値化・競争主義による序列化の考えであり，ここから優秀な子孫を残し劣る種族を減らすことで国力が増すという優生思想が生まれ，その思想を背景に，劣っていると社会にレッテルを貼られた人々が子孫を残せないようにするために，生殖能力を奪って産児制限を行う，という一連のプロセスを読み取り字数内で説明する。

問11. 文章冒頭にあるように，数字が重要な価値をもつ社会は，数字によって人間を序列化し，社会の数値化が序列や競争，差別を生み，優生思想に至って劣ったものを抹殺しようというところまで行き着くというのが，本文で論じられている内容。「客観性の落とし穴」は「数値化することの落とし穴」と言い換えることができるだろう。5字以内の言葉でという問題であるので，「数値化」「数値判断」「数値データ」などの書き方ができるだろう。

問12. 数値化の序列による問題点を指摘した文章であり，1の自らの生活実感その他の視点をもつべき，3の当事者の経験の個別性を尊重，4の共通項や平均値と異なるタイプの真理を認めるべき，という説明はこの後の展開として妥当。2の客観的な基準によって評価することは「弊害ばかりが大きいので…用いるべきではない」という展開はあまりに極端な内容であり，この後の主張として適当ではない。

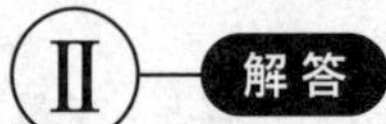

問1. 4　**問2.** 3　**問3.** 2　**問4.** 4　**問5.** 2
問6. 1　**問7.** 2　**問8.** 1　**問9.** 4　**問10.** 3

問11. 日本国憲法では，憲法改正の発議権を国民の代表である国会に認め，さらに衆参両院の総議員の3分の2以上の賛成と国民投票による過半数の賛成の両方を必要とする。この規定は，国民が国の最高権力者であるという国民主権の原則に基づく。(100字程度)

問12. 議会の議員だけでなく，首長も住民の直接選挙によって選出する二元代表制を採用することで，住民により密接にかかわる地方公共団体の政治において，国政以上に民主主義の原理を体現するためである。(100字程度)

解説

《戦後日本の安全保障》

問1. 4が不適。湾岸戦争後の1991年の海上自衛隊ペルシャ湾派遣以来，自衛隊は様々な国際貢献のために国外に派遣されている。

問2. 3が不適。「修正されずに」という記述が誤り。第二次世界大戦の敗戦直後は教科書の改訂が間に合わず，軍国主義を肯定するような記述を墨で塗りつぶして使用された。

問3． 2が不適。北ベトナムと解放戦線によるサイゴン占領と，それに伴うベトナム南北統一は1975年のことであり，GHQの日本占領期（1945～1952年）とは時期が異なる。

問4． 4が不適。1956年に従来の公選制が廃止され，地方自治体の首長が議会の同意を得て決定する現行の制度へと変更された。

問5． 2が不適。自衛隊の最高指揮権は内閣総理大臣が有している。

問6． 1が不適。1960年の新日米安全保障条約では，日本の防衛のためだけでなく，極東の平和・安全の維持を目的とするアメリカ軍の基地使用を認めている。

問7． 2が不適。高度経済成長期には，産業の中心がそれまでの第一次産業から第二次産業と第三次産業に移行した。

問10． 3が不適。大日本帝国憲法下では，軍隊を指揮し統括する権限は天皇が有しており，内閣からは独立していた（統帥権の独立）。

問11． 1954年11月に自由党が発表した「日本国憲法改正案要綱並びに説明書」における憲法改正の手続に関する改正案と，日本国憲法第96条1項における憲法改正の手続の規定との違い，及び日本国憲法におけるその規定の理由について論述する。

改正案と日本国憲法の規定は2点において異なる。第一に，改正案は憲法改正の発議権を内閣に認めているのに対して，日本国憲法は発議権を国会に認めている。第二に，改正案は憲法改正には各議院の総議員の3分の2以上の賛成と国民投票による過半数の賛成のいずれか一方が必要であると提案しているのに対して，日本国憲法は各議院の総議員の3分の2以上の賛成と，国民投票による過半数の賛成の両方が必要と規定している。

日本国憲法における憲法改正手続の規定の理由については，改正案と憲法の規定との2つの相違から推論する。つまり，日本国憲法の規定は，発議案を国民の代表である国会にのみ認め，国民投票における過半数の賛成を必要としていることから，改正案よりも国民主権の原理に強く基づいていると推論できる。

問12． 地方公共団体の長や議会の議員を住民の直接選挙によって選出するという日本国憲法第93条2項の規定の理由を論述する。議会の議員だけでなく首長も住民の直接選挙によって選出する制度は，二元代表制と呼ばれる。住民にとって地方政治は国政以上に身近であることから，二元代表制を採用することで民主主義の原理に強く基づいていることを説明する。

III 解答

問1． 3　**問2．** 2　**問3．** 4　**問4．** 3　**問5．** 4
問6． 2　**問7．** 1　**問8．** 1　**問9．** 4　**問10．** 2
問11． 4　**問12．** 3

解説

《平等につきまとう不平等や差別の問題》

問1． 平等が可能になるためには何が必要かを読み取る問題。この説明のために税の徴収の平等が例に挙げられている。この税の説明のまとめである第6段落（空欄(d)の直後の段落）の冒頭に，「このように一言で『平等』と言っても，その具体的な基準の立て方は，個々人やその社会の支配的な価値観によって様々である」とある。つまり，平等には価値の判断が必要であることが読み取れ，3の選択肢が正しい。大問のはじめの問題だが，文章全体の読み取りが不可欠。

問2． 所得が多い人と少ない人では，税率が同じであると所得の少ない人ほど食料など生活必需品購入費の割合が高くなって，生活に与える打撃が大きくなり高負担となる。このことを「逆進性」という。

問3． 空欄前後の文脈を読み取る問題。富裕層からすれば，「高所得者だからといって，高税率にする」のは不公平であり，「平等な基準にしたがって税額を算定し，徴収すること」が「平等な税制」なのであって，生活への打撃度というのは平等とは別問題である。この内容に合うのは4である。2は「税額を一律同額」となっているところに注意が必要。一律同額は「第一の方式」（人頭税）であり，空欄(c)は「第二の方式」の説明をしている文脈である。

問4． 空欄前の内容への理解が必要な問い。「個人の財産権を強く擁護する自由主義的な価値観」の場合は，税率を低くして，逆に福祉などへの支出はせず，再配分を行わない。富めるか貧しいかは個人の問題であるとして貧富の差を容認する社会といえる。それに対し「高負担の税」の場合，社会福祉など低所得者への再配分を厚くして格差を是正することを目指す。この理解があれば，空欄には3の「経済的な格差」が最適なことがわかるだろう。

問5． 空欄(e)を含む第6段落のまとめの部分。この段落では，三つの税徴収の方式のどれも，「一定の形式的な基準に沿って税が徴収されるならば，どれも一応，形式上は平等な扱い」であり，そこに役人個人の感情で特定の人の税額を変えたら不平等であるとの説明がされている。この展開を説明したのは4。三つとも形式的には平等であり，私的感情による対応は不平等であるので，他の選択肢は外れる。

問6． 平等とは，何の基準もない判断を排除する。基準のない「その人個人の判断」であるので，「恣意的」が最適。

問7． 空欄前後の展開を読み取る問題。直前に「三つの方式のうちのいずれが実質的な意味で真の平等であり，正義なのかを論理的に導くことは難しい」，直後に「正義という理念が厄介なのは，規則に沿った平等な扱いが，しばしば冷酷であり，不正義だと批判されることすらある点である」とある。平等の判断は困難で，さらに付け加えて規則による平等が不正義だと言われることもあるという展開であり，1の「しかも」が最適。

問8．「筆者の立場からすると」という立脚点がポイント。空欄(e)の前で，筆者は「一定の形式的な基準に沿って税が徴収されるならば，どれも一応，形式上は平等な扱いをしている」と述べる。ただ正義は気まぐれであり，下線部後の文脈で，実質的正義は国民の国家観の選択によるとしている。この筆者の立場から判断する。

2．基準なしに軽減することは形式的な平等ではないので適当。

3・4．同額の税徴収，基準による累進課税は正義に反しないので，適当である。

1．同率の所得税は正義に反しないので，これを「反する」とするのは適当でない。

問9． 4が適切。3つ目の空欄部分の「[(h)]という政治の場においては，民主主義的多数決が必要なのだと考えられる」という記述がヒント。選択肢の中で民主主義的多数決が採用されている政治の場は，国会における「立法」である。

問11． 4が適切。

①人頭税とは，各個人に対して同額を課する租税のことである。したがって，(イ)と結びつく。

②同率の所得税とは，各個人の所得に対して一律の税を課する租税のことであり，自由な経済活動を保障しようとする課税の仕方である。したがって，(ウ)と結びつく。

③累進税率による所得税とは，所得が多いほど高い税率が課される租税のことであり，所得の再配分につながる課税の仕方である。したがって，(ア)と結びつく。

問12.　3が不適。下線部②では，価値相対主義とは実質的正義の内容を定め，その内容を評価する客観的基準は存在しないか，少なくとも学問的にはわからないとする考え方であることが示されている。よって「客観的基準がある」が誤りとなる。

◀B 方 式▶

I　解答　1―④　2―③　3―③　4―④　5―④

全訳

《オハイオ州の高齢者たちが振り返る大恐慌》

1　ジョイ＝トーマスは大恐慌について多くのことを記憶している。人々が家にあるもの全て，彼女の古いベビーベッド，テーブル，壁にかかっていたカーテンといったものを回収するためにやってきた日のことを。

2　そのため現在80歳になるトーマスさんがその当時を生き抜くことがどのようなものであったのかを記し，現在の不景気で打撃をこうむっているオハイオ州の住民たちに助言を与えることについての依頼に応じた際，彼女は自身のエッセイを読む人々が何らかのリリシズムを用いることができると考えた。「私は大恐慌を讃えます。『あなたのおかげで今の私がある…』そして私は涙がこぼれている間も笑います」

3　「私は人々に笑いを届けたかったのです」と彼女は目を輝かせて言う。「逆境について，よりユーモアをもって考える必要があると感じたのです。なぜならそれはあまりにも壊滅的でありうるから」

4　3月の初旬，高齢の居住者のためのプログラムを促進する州の機関であるオハイオ州高齢者福祉課は，大恐慌の生存者からの話を募集した。はるかにひどい時期を生き延びてきた集団から，不況期をどう乗り越えるかについての助言を収集することが狙いだった，と課の広報担当マネージャーであるジョン＝ラトリフは語っている。彼は地元メディアにプレスリリースを送った際，その後どうなるのかわからなかったと述べている。

5　4月中旬の締め切りまでに，250人以上から500語の回想記が返ってきた。

6　「私たちは減少しつつある高齢世代とその思い出をうまく活用してみたかった…そして今日私たちが使うことができる教訓，あるいは対処メカニズムがあるかどうかを確かめるため，彼らの知識と経験をうまく活用したいと思ったのです」と彼は述べている。

7　その教えはさまざまな形をとった。

8 まるでティッカーテープによって報告をするような人もいた。「私たちは野菜，果物，それからお肉を缶詰にしました。鶏，豚，ヤギを食肉処理しました。主に冬に自分たちのソーセージを作りました。お金がなく，灯油のランプがありました。服は中古のおさがりでした。兄にはズボンがありませんでした。彼は特待生だったのですが，高校を中退しなければなりませんでした」とウォーレンのヘレン＝デジフィスは記している。

9 小言を言う人もいた。「ある晩，私たちが銀行へ様子を見に行ったときに，何百人もの人々が建物の前で叫んだり，泣いたり，争ったり，カギのかけられたドアや窓を叩いたりしていました。彼らは暖を取るために通りでたき火をし，ダウンタウン中にさまよい歩いている人がいました。現在自分たちが経験しているものが不況だと考えている誰もが，本当の不況とは何なのか見当もついていないのです」とニューカマーズタウンのヴェーン＝スコットは記している。

10 場合によっては，大恐慌時代の親を持つ子供たちが，彼らを両親の立場に置くために使われた物語のフィルターのかかった思い出を記している。「私の父親であるトーマス＝J. コムズは，昨年 80 歳で息を引き取りましたが，大恐慌の間，実際に手に入れていた食料を補うため，彼の家族は裏庭でハトを育てたといつも私に話してくれたものでした。そしてその時が来ると，彼は裏庭に出て家族が食べられるようにハトの首を折ったと話していました。ハトはとても美味しかったんだと言っていました」とマーティ＝コムズは書いている。

11 痩身で以前は製鋼所の工員であったルイス＝マムラにとっては，その時代は海兵隊の記憶を思い出させる。彼は貧困を抜け出す道として従軍していたのだ。

12 「人々は不平を言っていました。なんてこったってね。私は楽しんでいました。服がもらえて，靴がもらえて，私のために料理を作ってもらえて…私を殺そうとしている人がいたってことを除けばね。でもそれはわかってるんです」 結局のところ，それが第二次世界大戦だった。

13 彼は大恐慌の間，ずっと失職しており，かつては生計を立てるために一軒一軒回りながら高価な聖書を売っていた。しかし実際のところ顧客たちに高価な聖書を買う余裕はなく，彼は売るのをやめた。「良心がとがめたんです」

14 「(大恐慌後) 兄のメルヴィンには『目にもの見せてやる』という心構えがありました」とマムラさんは語る。彼は兄を称賛しており，兄の選択のおかげで兄は幸せになれたと思っている。「彼は広告担当の重役，そして大学教授になりました。そのことが彼を駆り立てたからです。『目にもの見せてやる』ってね」

15 マムラさんは反対の方針をとった。大恐慌が「正直言って，私の野心を殺してしまったんです。その日が楽しめれば十分でした」 彼の父はアルコール依存症で，母は彼らを捨てた。しかし現在では彼はもう乗り越えている。「私は自分の人生が好きです。また自分の人生を生きると思います。それがどんなものだったかは気にしていません」

16 オハイオ州高齢者福祉課のラトリフ氏はいくつかのことに驚いていると語っている。第一に，80 代，90 代の人たちの多くが彼らの物語をEメールで送ってきたこと。次に，大恐慌の時代に成長した子供たちが，いかに大恐慌の影響をまったく受けていないように思えるかということである。彼らはただ生き延びてきたのだ。

17 何百人ものオハイオ州の生存者たちから集められた知恵をまとめることは，悲劇と喜びに満ちた作業である，とラトリフ氏は述べている。彼の同僚たちは涙することもある。「多くの物語において，大部分がとにかく自給自足をしていたためにさほど影響を受けていなかったのです。あらゆるところにスーパーはなかったのです」と彼は述べている。

18 ラトリフ氏は，職員たちがこうした反響にまだ圧倒されており，全ての物語をどう取り扱えばいいのか全く見当がついていないと述べている。ほとんどが機関のウェブサイトとニューズレターに掲載される予定だが，予算不足により出版はまだまだ先のこととなっている。

解説

1. 「オハイオ州高齢者福祉課はなぜ大恐慌の実話を探し求めたのか」

第6段（“We wanted to…）と④「歴史から現在の状況について何か教えられるものがあるのかどうかを確かめるため」が一致する。①「250人以上がすでに自分たちの話を提供することを申し出ていたから」は，第5段（More than 250 people…）に「250 人以上から返ってきた」とあるが，これは高齢者福祉課が物語を募集したことに対する反応であるため一致しない。②「現在，大恐慌よりもひどい状況に苦しんでいる人々を助けるため」，③「大恐慌を生き延びた人々のためにお金を集めるため」はいずれも本文に記述がない。

2.「ヘレン＝デジフィスとヴェーン＝スコットの報告の違いは何か」

③「スコットの報告は意見を主張するものである一方，デジフィスの報告はよりありのままの事実に基づいたものである」は，第8段（Some reported…）および第9段最終文（Anybody that thinks…）の内容と一致する。①「デジフィスが肯定的な出来事のみを述べている一方，スコットは否定的なもののみを述べている」は第8段最終文（He had to quit…）などと矛盾。デジフィスも否定的な出来事を述べている。②「デジフィスの報告はオーディオテープによるものである一方，スコットの報告は紙に記されている」は本文に記述がない。第8段第1文（Some reported…）に登場するticker tapeとは「株価が書かれていた紙テープ」であり，デジフィスが事実を列挙していることを象徴的に表している。④「スコットは自分が聞いたことについて記している一方，デジフィスは自分が実際に見たことについて記している」は第9段第2文（"One evening…）などと矛盾。スコットも自身が体験したことについて記している。

3.「ルイス＝マムラの大恐慌の経験について何が正しいか」

③「大恐慌のために彼は人生に対して短期的なアプローチを取り始めた」が第15段第2・3文（The Depression "killed, … enjoy the day."）と一致する。①「彼は恐慌の間，大学教授になったため幸運だと感じている」，④「大恐慌は彼に人生で成功するための原動力を与えた」はいずれも第14段最終文（"He became…）と矛盾する。大学教授となったのも大恐慌から原動力を得たのもルイス＝マムラの兄である。②「彼の隣人は服や靴を奪うために彼を殺そうとしていた」は本文に記述がない。第12段第3文（I got clothes, …）の「人々が私を殺そうしていた」という記述は，彼が第二次世界大戦中に従軍していたためである。

4.「オハイオ州高齢者福祉課のラトリフ氏はこのプロジェクトを通じて何を学んでいるか」

④「大恐慌は皆を同じ程度に苦しめたというわけではない」が第17段第1文（Compiling the collective…）や第8段から第15段までの内容と一致する。紹介されている各人が肯定的，否定的な内容をそれぞれ語っている。①「80代や90代の人は現代のテクノロジーに適応していない」は

第16段第2文（First, the large …）と矛盾。80代，90代の多くがEメールで送付している。②「彼が思っていたほどには子供たちは強くない」は第16段最終2文（Second, how children … just lived.）と矛盾する。子供たちは影響を受けていないように思えるとある。③「大恐慌についての出版は非常によい売上を記録している」は最終段最終文（Most are going …）の後半部分と矛盾する。予算不足により出版は先の話である。

5.「どの歴史的な出来事が大恐慌の最も直接的な要因であったか」

大恐慌の要因については本文に直接の記述はなく，一般知識を問う問題に近い。あえて挙げるとすれば第9段第2文（“One evening …）で，銀行の前で人々が叫び，泣き，争い，カギのかけられた銀行の窓やドアを叩いていた，と述べられていることから，④「株価市場の暴落」を導き出すしかない。この文章における大恐慌は1929年にウォール街の株価大暴落に端を発し，1930年代半ばに回復するまでの期間を指している。なお，①「第一次世界大戦」は1914年から1918年まで，②「リーマンブラザースの崩壊」は2008年，③「第二次世界大戦」は1939年から1945年までの出来事である。

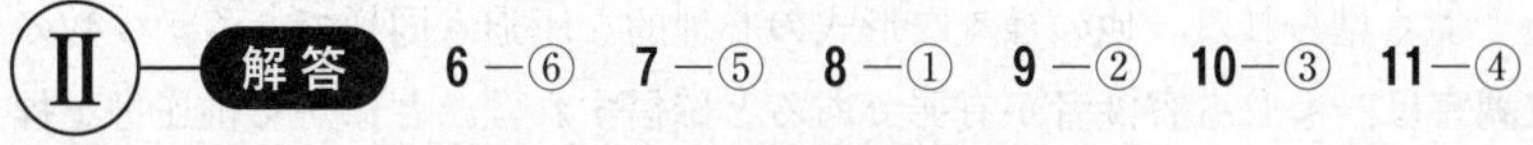

Ⅱ　解答　**6**—⑥　**7**—⑤　**8**—①　**9**—②　**10**—③　**11**—④

全訳

《強制的な自白》

1　一見したところ，日本の刑事司法制度は非常に正しく行われているように見える。日本における犯罪率は，たいてい他のあらゆるところよりも低い。殺人率はアメリカの10分の1以下である。軽罪で逮捕された者たちは非常に寛容な扱いを受ける。刑事犯罪を犯したと考えられる日本人のうち投獄されるのは20人に1人以下であるのに対し，平均的な服役期間がはるかに長いアメリカでは逮捕された3人に1人である。日本においては，とりわけ若年犯罪者に対しては社会復帰に重点が置かれている。再犯率は見事なまでに低い。その理由の一部は国が道を踏み外した者たちを改心させる上で家族を巻き込んでいくことに長けているからである。

2　しかし，国家の父親のような温情主義には影の側面もある。この制度がよく見える主な理由は，日本が際立って安全な社会だからである。また，かつては犯罪を解決するために警察が地域社会と密接に連携していたが，現在は犯罪者を捕まえることに苦闘している。この制度は自白に頼っており，それは刑事起訴の9割の根幹を成している。多くの自白は強制的に引き出されている。近年の冤罪の判明が示しているように，罪を認めた者たちの中には明白に無罪である者もいる。日本の取調室における容疑者に対する保護が異常なほどに欠けていることは制度全体の汚点であり，誤って有罪とされた者のみならず被害者も見捨ててしまっている。

3　西洋よりも自国を大きな家族の集合体であるとみなす傾向が強い国において，罪を認めることは，しばしば社会に再び組み込まれていく最初のステップであるとみなされる。それはまた有罪判決への最も確実な道でもある。それゆえ，検察と警察は容疑者に自白させる強い必要に迫られており，それを促すための強力な手段を手にしている。

4　一般的な犯罪容疑者は，起訴なしで23日間拘留される可能性がある。多くは弁護士と最小限の接触しか持たない。取り調べが記録されることはほぼなく，その上そっくりそのまま記録されるというわけではないため，取調官が詰めかけてくることを止める術はあまりない。身体的な拷問はめったにないが，睡眠を奪うことは，ちょうど同じくらい効果的なものであり，よく見られる。他の様々な形式の心理的な圧迫も同様である。少数の取調官は，もしも容疑者が有罪であると確信すれば，とにかく供述書を捏造し，容疑者にサインするよう圧力をかける。

5　無罪，有罪を立証するための対審的方法のない裁判制度においては，裁判官たちは自白が実際に自発的なものなのかどうかに疑問を持つことは非常にまれである。しかし，何度も無実の人々がより寛大な判決を願って，あるいは単純に尋問をやめてもらうために，罪を告白したことが知られている。ある弁護士は，投獄となった全ての有罪判決の10分の1が誤った自白に基づいていると見積もっている。正しい数値を知ることは不可能であるが，起訴のうち99.8%で有罪の判決が出る場合，正義の秤がバランスを欠いていることは明らかである。

6　法の適正な手続きを修復するためのステップとして，全ての尋問は最初から最後まで記録されるべきである。容疑者は弁護人にすぐに連絡が取れるようにすべきであり，検察官もまた全ての証拠を弁護人に開示すべきである。尋問はもっと短時間であるべきであり，容疑者は適切に休息が与えられるべきである。証拠をでっち上げる取調官は自分たちが被告席に座るべきである。起訴の根拠は，自己を有罪に至らしめる証言ではなく，もっと捜査に頼るべきである。そのような改革は日本の心理的に残忍な刑務所の状況を改善するものではないが，無実の人に自由を守るよりよい機会を与えることになる。

解説

6． 空所後の because 以下には，国が道を外れた人たちを改心させる際に家族を巻き込むことに長けているため，という理由が述べられている。このことから何の率が非常に低いのかを考えればよい。⑥の recidivism「再犯」が正解となる。非常に難度の高い単語なので，先に他の空所を埋めた上で消去法的に判断すればよいだろう。

7． 直前に「日本の刑事司法制度が自白に頼っている」と述べられており，空所はそれに続く文の一部である。何の9割が自白に頼っているのか，から判断する。⑤の prosecution「起訴」が正解として適切である。

8． 直後の文に「それはまた有罪判決への最も確実な道でもある」と続いていることがヒントになる。罪をどうすることが有罪判決につながるのかを考える。①の admission「認めること」が正解となる。

9． 直前に「身体的な拷問はめったにない」とあるが，睡眠をどうすることが身体的な拷問と同じくらい効果的なのかを考えればよい。②の deprivation「奪うこと」が正解として適切である。

10． 空所を含む部分が「起訴されたうち 99.8％が有罪判決になっている」という文に続いていることから判断する。何が「釣り合いが取れていない」のかを考えればよい。③の justice「正義」が正解となる。the scales of justice は「正義の秤，正義」という意味の定型表現。直前文で「服役につながる有罪判決の 10 分の 1 は間違った自白に基づいている」とあることもヒントになるだろう。

11． 改革により the innocent「無実の人」は何を保っておくチャンスが与えられるのかを考えればよい。④の liberty「自由」が最も適切である。

Ⅲ　解答

12―④　**13**―①　**14**―③　**15**―②　**16**―②　**17**―③
18―④　**19**―④　**20**―②　**21**―①

解説

12.「誤解しないでね，私はあなたが私のためにしてくれた全てのことに感謝しているの。ただ次へ進む時期なのよ」

get *A* wrong で「*A* を誤解する」という意味の表現である。③の get *A* right とすると「*A* を正しく行う」といった意味を表すが，この文では意味が通らない。また①の alright や②の mistaken にはこのような用法はない。

13.「大学を卒業することに興奮しているというよりはむしろ，メアリーは少しばかり心配しているように見える」

excite は「わくわくさせる」といった意味を持つ他動詞である。人に対しては「わくわくさせられている」=「わくわくしている」といった意味になる過去分詞を，物に対しては「わくわくさせるような」といった意味になる現在分詞を用いることが多い。ここでの rather than は前置詞として用いられているので不定詞の③は不可。①が正解となる。

14.「アマンダは本当に君に怒っているように見えなかったよ。君の思い過ごしだよ」

all in *one's* mind で「思い過ごし」といった意味のイディオムである。①の actions や④の take にこのような意味はない。②の heart は in *one's* heart「内心は」というイディオムはあるが，この文では意味が通らない。

15.「火曜日までに仕上がっている限り，誰が報告書を書くかは気にしないと上司は言っている」

①の as far as と②の as long as のそれぞれが「～する限り」という意味を表すが，迷った場合は条件を表す「もし～なら」と置き換えて考えてみればよい。この文のように「もし火曜日までに仕上がっているなら」と言い換えることができるのであれば，条件を表す as long as を正解として選べばよい。

16.「噂によれば，今年の試験は去年の試験よりもはるかにずっと難しくなるそうだ」

Rumor has it that SV で「噂によればSはVだ」という意味を表す構文である。it は that 節の内容を指している。

17.「彼らが休暇のために借りたエアビーアンドビーは非常に素敵だったが，辺鄙な場所にあった」

middle of nowhere で「辺鄙な場所，何もない場所」といった意味を表す。その他の選択肢では文が成立しない。

18.「どのような状況下においても，私はそれに挑戦しません」

否定語が文頭に置かれていることに注目する。否定語が文頭にくることにより倒置が起こり，疑問文の語順を続けることになる。

19.「ロシアがウクライナを侵略したというニュースは，世界のほとんどに衝撃を与えた」

空所の後に SV が続いているので，前置詞である①の about，②の of，③の on は使用できない。④の that が正解。ここでの that は同格である。

20.「彼女はいったい何を考えていたんだ？」

「どう思う」は頻出であるが，原則として what に対しては think，how に対しては feel を用いると覚えておけばよい。How was she thinking? とすると「どのような方法を使って考えていたのか」といったニュアンスとなってしまうので注意が必要である。

21.「彼はコンピュータゲームをすることを稀にしか好まないが，彼の妹はすることを好む」

主語の his sister の後が空所になっているので動詞が必要になるが，ここでは直前の likes to play を代用するものが必要となる。既出の一般動詞を言いかえる場合は主語，時制に応じて do，does，did を用いて表現する。

Ⅳ ― **解答例** I do not believe that a minimum wage of 1,000 yen is sufficient. Ideally, economic growth should be based on gradual inflation, but prices and wages in Japan have barely increased in the past 30 years. Prices are currently rising due to the weak yen and rising costs, and wages must also rise similarly. (about 50 words)

解説

《日本の平均的最低賃金は十分な額か》

日本の平均的な最低賃金は1000円前後であるが，これが十分な額かどうかについて理由とともに書くという問題である。〔解答例〕では，日本では物価と賃金が過去30年間ほとんど上昇していなかったが，現在物価が上昇していることから賃金も上昇しなければならないとして，最低賃金1000円では十分ではないとした。

「50語程度」という語数は理由を含めた意見の記述としては少ない。日頃からシンプルな表現で語数を意識した練習が必要である。

問1．22―②　23―③
問2．24―⑤　25―③　26―①
問3．27―⑤　28―⑤

解説

《近代日本における法》

問1．22． ②誤文。ルイ＝ナポレオンは，1852年の国民投票により皇帝となって，ナポレオン3世と称した。

23． ③誤文。スティーヴンソンは蒸気機関車を製作した。

問2．26． やや難。①が適切。不平等条約の改正交渉において，商法典の草案を起草したのは，ドイツ人ロエスレルである。

問3．27． やや難。⑤が適切。

A．1888年に外務大臣に就任した大隈重信は，不平等条約の改正交渉で外国人の裁判官の任用を提案した。この提案に世論の批判は高まり，1889年に大隈の暗殺未遂事件が発生し，同年に大隈は外務大臣を辞任した。

B．1889年に外務大臣に就任した青木周蔵は，英国と不平等条約の改正交渉を進め，1894年に条約改正に成功した。

C．岩倉使節団は1871年にアメリカを訪問した。

D．井上馨は1879年に外務卿に就任し，1885年に外務卿に代わって置かれた外務大臣にも引き続き就任した。井上は外務卿・外務大臣として不平等条約の改正交渉に臨んだものの，外国人判事の任用を提案したことに対して反対運動が起こり，1887年に外務大臣を辞任した。

28． やや難。⑤が適切。

A．アメリカで最初の大陸横断鉄道は1869年に完成した。

B．三帝同盟は1873年に締結された。

C．サン＝ステファノ講和条約は1878年に締結された。

D．メッテルニヒを議長とするウィーン会議は1814年に開催された。

Ⅵ　解答

問1．③

問2．25～30歳で体重70キロの白人男性を「標準人」とみなす放射線量の研究データを，女性を含む人類全体に当てはまるかのように使用し続け（ている事態。）(75字以内)

問3．（設問省略）

解説

《労働衛生に関するデータにおけるジェンダー・ギャップ》

問1．③誤文。筆者は，男性と女性の体格や身体機能の違いを無視して労働衛生の調査・研究が行われてきたと主張している。

Ⅶ　解答

進歩党メンバーであったヘレンは，朝鮮戦争時代にピークに達したマッカーシズムの中，以下の5つの過程を経て彼女自身のコミュニティーから排斥された。最初に地元の地域コミュニティーにおける人間関係の変化，次に地元紙による名指しの批判，3番目に地元コミュニティーからの全面的な排斥，4番目に家族との仲たがい，5番目に仕事の喪失である。これは，国内外の共産主義者に対する恐怖心が冷戦期のアメリカ人に広がった結果，国内の政治エリートたちがイデオロギー的に同調することを求めたため，容認される政治的なレトリックの幅が狭められることになり，多くの改革運動が守勢に立たされるようになったという背景から生じている。(300字以内)

解説

《冷戦期のアメリカ社会》

文章【A】【B】を読み，【A】で示された「爪弾き」が行われた具体的な過程を説明するとともに，その「爪弾き」が発生した背景を【B】に基づいて説明する，内容説明問題である。

まず【A】において「爪弾き」とは，進歩党メンバーのヘレン＝マクマーティンが彼女自身のコミュニティーから排斥されたことを意味する。ヘレンのコミュニティーからの排斥の過程は，「5つのステップ」として示されている。すなわち第2段落1行目の「地元の地域コミュニティーにおける人間関係の変化」，第3段落1行目の「地元紙による名指しの批判」，第4段落1行目の「地元コミュニティーからの全面的排斥」，第4段落6行目の「家族との仲たがい」，第4段落12行目の「自らの仕事すら失う」

である。

次に【B】から，ヘレンがコミュニティーから排斥された背景を読み取る。具体例や引用を除けば，「国内の政治エリートたちの多くがイデオロギー的に同調することを求めたため，容認される政治的レトリックの幅は狭められることになった」こと，「多くの改革運動が守勢に立たされ」たこと，「国内外の敵に対する恐怖心の広がりこそが，冷戦の主要な遺産だった」こと，以上の3点が背景を説明する際に必要な記述である。

一般選抜（個別学部日程）：国際政治経済学部

問題編

▶試験科目・配点

〔国際政治学科〕

方式	テスト区分	教　科	科目（出題範囲）	配点
A方式	大学入学共通テスト	外国語	英語（リーディング，リスニング）	50点
		国　語	国語（近代以降の文章）	25点
		地歴・公民・数学	日本史Ｂ，世界史Ｂ，地理Ｂ，現代社会，倫理，政治・経済，「倫理，政治・経済」，「数学Ⅰ・Ａ」，「数学Ⅱ・Ｂ」のうち１科目選択	25点
	独自問題	論述・総合問題	国際政治分野に関する日本語・英語の文章および資料を読解した上で論理的な思考を通じて解答する問題（解答を英語で表現する問題を含む），ならびに英語読解力を問う問題	100点
B方式	英語資格・検定試験		指定する英語資格・検定試験のスコア・級を「出願資格」とする。	―
	大学入学共通テスト	外国語	英語（リーディング，リスニング）	60点
		国　語	国語（近代以降の文章）	40点
	独自問題	論述・総合問題	国際政治分野に関する日本語・英語の文章および資料を読解した上で論理的な思考を通じて解答する問題（解答を英語で表現する問題を含む），ならびに英語読解力を問う問題	100点

〔国際経済学科〕

テスト区分	教　科	科目（出題範囲）	配点
大学入学共通テスト	外国語	英語（リーディング，リスニング）	50 点
	国　語	国語（近代以降の文章）	25 点
	地歴・公民・数学	日本史Ｂ，世界史Ｂ，地理Ｂ，現代社会，倫理，政治・経済，「倫理，政治・経済」，「数学Ⅰ・Ａ」，「数学Ⅱ・Ｂ」のうち１科目選択	25 点
独自問題	論述・総合問題	数量的理解（グラフや表などからデータの意味を読み解く力）および読解力・論理的思考力を問う問題（問題に英文を含む），ならびに英語読解力を問う問題	100 点

〔国際コミュニケーション学科〕

方式	テスト区分	教　科	科目（出題範囲）	配点
Ａ方式	大学入学共通テスト	外国語	英語（リーディング，リスニング）	50 点
		国　語	国語（近代以降の文章）	25 点
		地歴・公民・数学	日本史Ｂ，世界史Ｂ，地理Ｂ，現代社会，倫理，政治・経済，「倫理，政治・経済」，「数学Ⅰ・Ａ」，「数学Ⅱ・Ｂ」のうち１科目選択	25 点
	独自問題	論述・総合問題	英文読解力と論理的思考力・表現力を問う問題	100 点
Ｂ方式	英語資格・検定試験		指定する英語資格・検定試験のスコア・級を「出願資格」とする。	—
	大学入学共通テスト	外国語	英語（リーディング，リスニング）	60 点
		国　語	国語（近代以降の文章）	40 点
	独自問題	論述・総合問題	英文読解力と論理的思考力・表現力を問う問題	100 点

▶備　考

- 合否判定は総合点による。ただし，場合により特定科目の成績・調査書を考慮することもある。
- 大学入学共通テストの得点を上記の配点に換算する。英語の得点を扱う場合には，リーディング100点，リスニング100点の配点比率を変えずにそのまま合計して200点満点としたうえで，上記の配点に換算する。
- 大学入学共通テストの選択科目のうち複数を受験している場合は，高得点の1科目を合否判定に使用する。
- 国際政治経済学部国際政治・国際コミュニケーション学科B方式の受験を希望する者は，指定された英語資格・検定試験のスコア・証明書等の提出が必要。
- 試験日が異なる学部・学科・方式は併願ができ，さらに同一試験日であっても「AM」と「PM」で異なる試験時間帯に実施される学部・学科・方式は併願ができる。

試験日	試験時間帯	学　部	学科（方式）
2月17日	AM	国際政治経済	国際政治（A・B） 国際経済 国際コミュニケーション（A・B）

論述・総合問題

(70分)

(注) I・IIは3学科共通問題である。解答の際は3学科共通問題と各学科の独自問題のすべての問題に解答すること。

◀3学科共通問題▶

I 次の3つのパラグラフ(A，B，C)を読んで，下記の設問の答えとして最も適切なものをそれぞれ①～③の中から一つ選び，解答用紙(その1)にマークしなさい。(解答番号 1 ～ 6)

A. Women's participation in politics helps advance gender equality and affects both the range of policy issues that get considered and the types of solutions that are proposed. Research indicates that whether a legislator is male or female has a distinct impact on their policy priorities. There is also strong evidence that as more women are elected to office, there is a corollary [corresponding] increase in policy making that emphasizes quality of life and reflects the priorities of families, women, and ethnic and racial minorities. Further, in NDI's [National Democratic Institute] 35 years of work in over 100 countries around the world, we have found that, more than men, women tend to: work across party lines, be highly responsive to constituent concerns, help secure lasting peace, encourage citizen confidence in democracy through their own participation, and prioritize health, education, and other key development indicators. Women's engagement is crucial — and it is important to recognize that women are not a homogeneous group. Depending on whether women are young or older, educated or uneducated, live in rural or urban areas, they have very different life experiences that lead to different priorities and needs. Moreover, not every woman elected to parliament or another legislative body will place women's issues or rights at the forefront of her own agenda. Clearly, women's representation is not the only factor, but it is a critical factor for the development of inclusive, responsive, and transparent democracies.

1. What is the best title for this passage? 解答番号 1

① Impacts of Women's Participation in Politics

② Historical Changes in the Relation Between Women and Politics

③ Political Influences on Women

2. What is NOT implied by the passage? 解答番号 2

① Generally speaking, the priorities and needs of women tend to be similar regardless of their backgrounds.

② Women are a heterogeneous group, and their life experiences vary.

③ Women are more likely than men to promote democracy and social and individual well-being through their participation in politics.

B. Prospect theory assumes that losses and gains are valued differently, and thus individuals make decisions based on perceived gains instead of perceived losses. The general concept is that if two choices are put before an individual, both equal, with one presented in terms of potential gains and the other in terms of possible losses, the former option will be chosen. Prospect theory belongs to the behavioral economics subgroup, describing how individuals make a choice between probabilistic alternatives where risk is involved and the probability of different outcomes is unknown. This theory was formulated in 1979 and further developed in 1992 by Amos Tversky and Daniel Kahneman. The underlying explanation for an individual's behavior, under prospect theory, is that because the choices are independent and singular, the probability of a gain or a loss is reasonably assumed as being 50/50 instead of the probability that is actually presented. Essentially, the probability of a gain is generally perceived as greater. Tversky and Kahneman proposed that losses cause a greater emotional impact on an individual than does an equivalent amount of gain, so given choices presented two ways — with both offering the same result — an individual will pick the option offering perceived gains. Prospect theory suggests that humans tend to prefer certainties over probabilities. For example, suppose that you have a choice between being given $50, and a 50% chance of winning $100. Most people will take the $50, even though the expected value of the two options is exactly the same. Prospect theory also asserts that people underestimate (or even ignore) outcomes with a low probability. Consequently, they also tend to overestimate the probability of likely events, resulting in a bias that neglects improbable outcomes.

3. Which of the following is NOT true about prospect theory? 解答番号 [3]

① It is a theory of behavioral economics elaborated on by Amos Tversky and Daniel Kahneman.

② People's decisions are influenced by their attitudes toward risk.

③ Gains and losses are perceived by most people as being equally probable.

4. Which of the following is NOT an example of what prospect theory claims? 解答番号 [4]

① A person with huge debts is offered $100, and rejects it.

② A man decides not to buy a health insurance policy because he does not want to pay extra for an illness which he might not get in the future.

③ A traveler buys a cheaper airline ticket which does not permit her to cancel the flight or change the itinerary.

出典追記：Prospect Theory: What It Is and How It Works, With Examples, Investopedia on September 29, 2023 by James Chen

C. How do we build or maintain a sense of national identity when we live in a world of migrants? How can we define our culture when "others" keep entering the picture? At one stage, our answer was assimilation — throwing migrants into the "melting pot" until we ended up with a homogeneous brew [blend]. But as Jesse Jackson, the black civil rights activist, once said: "I hear that melting-pot stuff a lot, and all I can say is that we haven't melted." Jane Elliott, a famous diversity trainer, agrees. She says: "We don't need a melting pot. We need a salad bowl. In a salad bowl you want the vegetables — the lettuce, the cucumbers, the onions, the green peppers — to maintain their identity. You appreciate differences." And it's not a bad analogy. Multiculturalism is an approach to managing cultural diversity that stresses acceptance and mutual respect for cultural difference.

5. According to the passage, what is necessary in order to build and maintain a sense of national identity as migrants enter a country? 解答番号 5

① To discuss the definition of culture and negotiate a healthier and simpler form of culture which everyone can agree on as a national identity.

② To examine the cultures of new arrivals and pursue an approach which allows for cultural differences while acknowledging that everyone must learn to get along with each other in the same country.

③ To encourage migrants to adopt the national identity of the country they are moving to by finding commonalities between their own and the new culture.

6. Which of the following sentences best illustrates the phrase "it's not a bad analogy" underlined in the passage? 解答番号 6

① A melting pot and a salad bowl are metaphors for imagining two equally good ways of maintaining a sense of national identity while continuing to appreciate cultural differences in an age of mobility.

② Given the constant influx of new migrants, the model of a salad bowl

出典追記：The Social Science Jargon Buster by Zina O'Leary, Sage Publications indicates that as long as cultural differences are appreciated there is no need to build a sense of national identity.

③ A salad bowl, in which distinct ingredients are tossed together, is a good model for integrating new arrivals with different cultural backgrounds into one nation.

Ⅱ 次の文章を読んで，下記の文（1～10）が本文の内容と合致している場合には①，合致していない場合には⓪を，解答用紙（その1）にマークしなさい。（解答番号 7 ～ 16 ）

Climate change is considered to be the greatest threat to public health in the coming decades, as ensuing environmental variations [ongoing changes in the environment] lead to population shifts.

In June 2022, the number of displaced people [people who have been forced to move away from their homes] worldwide reached an all-time high at over 100 million. Although they are temporary, weather-related disasters are increasingly becoming a major cause of displacements globally; according to the UN High Commissioner for Refugees (UNHCR), they have caused approximately 21 million displacements annually since 2008. The number of weather-related disasters almost tripled in the past 40 years, with their frequency and intensity exacerbated [worsened] by climate change. According to the "Preparing for Internal Climate Migration" World Bank report, without urgent national and global climate action, South Asia, sub-Saharan Africa, and Latin America could witness more than 140 million people move within their countries' borders by 2050. Such figures are expected to surge [increase dramatically] in coming decades and the Institute for Economics & Peace (IEP) predicts that around 1.2 billion people could be displaced by 2050 due to natural disasters and climate change.

Climate refugees are defined as "forgotten victims of climate change" for several reasons, first due to the lack of any data. The information we do have indicates, for instance, that the number of people living in coastal areas at high risk of rising sea levels has increased from 160 million to 260 million over the past 30 years. Additionally, nine out of ten of those people are from poor developing countries and small island states. Bangladesh is a striking example of this, where 20 million people are predicted to lose their homes by 2050, as 17% of the country will be submerged [underwater] due to rising sea levels.

The climate crisis is affecting individuals and global public health systems in almost every region of the world. This is particularly evident in the rising cases of malnutrition due to droughts [long periods when there is no rain] and the increasing incidence of water-borne diseases such as cholera due to floods, which negatively affects already weakened and overstretched health systems, particularly in low- and middle-income countries.

Refugees and migrants have specific physical and mental health needs linked to their exposure to climate and environmental conditions. They have a relevant number of health risks before, during, and after their journeys, with access to primary care and continuity of health care often disrupted due to migration, weak health system capacity, barriers (e.g., gender, cultural, financial, social, and linguistic), and several other stressors, including abuse and exploitation.

Since 1985, experts from the UN Environment Programme (UNEP) have been using the term *climate refugees* for people who have been "forced to leave their traditional habitat, temporarily or permanently, because of marked environmental disruption." However, unlike war or persecution [the ill-treatment of people because of their background or beliefs], people typically cannot claim asylum [the right to live in another country after leaving one's own country] based on climate change reasons alone.

The Global Compact on Safe, Orderly and Regular Migration, adopted by most UN Member States in 2018, states that governments in receiving countries should work to protect climate refugees by devising planned relocation and visa options if adaptation and return to their countries of origin is not possible. During the same year, the UN Human Rights Council found that many people forced from their homes due to the effects of climate change do not fit the definition of refugees, i.e., a person who has crossed an international border "owing to well-founded fear of being persecuted for reasons of race, religion, nationality, membership of a particular social group or political opinion," labeling them "the world's forgotten victims." This was problematic, as a declined refugee status means that, for example, such individuals have only limited access to legal protections of their human rights and face risks like deportation [a government forcing a person to leave the country].

In 2020, UNHCR updated its guidance, making a broader case for the protection of those facing environmental risks. In 2022, Argentina created a special visa for persons displaced by natural disasters; similarly, Finland is exploring the option to accept refugees on climate grounds. Also, Australia is introducing a scheme that will make it easier for Pacific Islanders (one of the populations most vulnerable to climate change) to move there for seasonal work. Similar measures are being discussed elsewhere, and their spread and the intense discussions around them indicate an increasing awareness of climate refugees and visa opportunities.

While it is too early to assess the outcomes of these initiatives, their recent spread and the discussions evolving around them highlight the growing awareness and need to formally recognize the status of climate refugees by developing structured pathways for regular migration, as well as mitigation [methods for reducing the severity of a problem] and adaptation strategies. All relevant stakeholders, especially countries of the Global North [developed countries located mainly in the northern hemisphere], should uphold human rights by supporting adaptation and mitigation strategies and by harnessing [making good use of] the potential of climate mobility. The rationale for this is simple: climate change, largely driven by the Global North, is forcing people to flee [leave their countries], thus limiting their access to human rights like the right to health. It is therefore the responsibility of the Global North to make sure access to those rights is upheld or restored.

1. A majority of the people listed as "displaced" in the record-breaking month of June 2022 were forced to move from their homes due to weather-related disasters. 解答番号 [7]

2. The World Bank and IEP have contradictory opinions about the number of people who will be displaced by 2050. 解答番号 [8]

3. People living in coastal areas and developing countries such as Bangladesh are more likely to suffer from the effects of rising sea levels than other countries. 解答番号 [9]

4. Low- and middle-income countries are especially vulnerable to climate change because their health systems may be unable to cope with decreases in food production caused by a lack of rain and increases in diseases caused by too much rain. 解答番号 [10]

5. The physical and mental health needs of refugees and migrants are typically taken care of in a much better way after they move to new locations, which almost always have better health care systems, fewer obstacles, and less injustice than the countries the refugees are originally from. 解答番号 [11]

6. It is unlikely that refugees will be permitted to live in the country they flee to unless there are other factors, such as war or persecution, which have forced them to leave.　解答番号 [12]

7. According to the Global Compact on Safe, Orderly and Regular Migration, if it is impossible for refugees to go back to their home countries and adapt themselves to conditions there, then the country the refugees have escaped to should make efforts to take in those refugees and give them opportunities to continue staying there legally.　解答番号 [13]

8. One of the reasons why climate refugees are called "the world's forgotten victims" is because they do not meet the formal conditions for being classified as refugees, and, hence, have no guarantees that their human rights will be fully respected and that they will be able to continue living indefinitely in the country they have fled to.　解答番号 [14]

9. Despite their differences, the measures being advanced by Argentina, Finland, and Australia to deal with people who are the victims of environmental change are similar in that they allow such people to legally reside in these countries, at least temporarily.　解答番号 [15]

10. Because the developed countries of the Global North already protect human rights and have clear policies that enable people to adjust to climate change, it is advantageous for them to limit the amount of responsibility they take for people in less developed countries who become climate refugees.
解答番号 [16]

◀国際政治学科独自問題▶

Ⅲ 次の２つの資料を読んで，問いに答えなさい。

資料１

Looking at the circumstances on the eve of World War Ⅰ, many historians argue that the way in which the major European countries competed against one another created an environment leading to an armed conflict. The powerful countries' military buildup efforts before the war, as well as their alliances*, created a dynamic that [α] European countries toward the war that began in 1914.

This explanation concentrates on the nineteenth century, when Britain dominated world politics. Britain was an island country isolated from the continental Europe. Britain's naval power gave it command of the world's shipping lanes and its vast empire stretching from the Mediterranean to Southeast Asia. This dominance helped to prevent aggression. (a) <u>Germany, however, presented a challenge to British power.</u>

After becoming a unified country in 1871, Germany prospered and used its growing wealth to create a strong army and navy. This strength resulted in greater ambition and resentment of British dominant status. As the dominant military and industrial power on the European continent, Germany sought to compete for international position and status.

Furthermore, Germany was not the only new rising power at the turn of the century. Russia was also expanding and becoming a threat to Germany. The decline of the Austria-Hungary Empire, Germany's only ally**, heightened Germany's fear of Russia, which can be seen in Germany's strong reaction to the killing of Austria-Hungary's prince by Serbian nationalists. Fearing that a long war might result in an unfavorable change in the balance of power, Germany sought a short, localized war with a more favorable outcome.

Germany thus supported Austria-Hungary's attack against Serbia.

Although the logic behind Germany's calculation was clear — a victorious war would help Austria-Hungary and reduce Russian influence — it turned out to be a serious miscalculation. France and Russia joined forces to defend Serbia, and Britain soon joined them in an effort to oppose Germany and to defend Belgian neutrality. In April 1917, the war became truly global in scope when the United States, reacting to Germany's attacks against U.S. commercial shipping to Britain and other European nations, entered the conflict.

出典：S. Blanton and C. Kegley, *World Politics: Trend and Transformation*, 17th Ed., pp. 90-91.　原文の一部を省略および修正。

*　alliance　同盟　　　**　ally　同盟国

資料２

（前略）私たちがこの戦争に参加したのは，権利の侵害が起きたからです。このことにより私たちは深く傷つきました。侵害が正されて再び同じことが繰り返されない世界が戻ってくることなしには，アメリカ国民は日々の生活をおくることはできません。それは，世界を住みやすく安全にすることです。（中略）世界を平和にする唯一可能な構想は，以下のようなものです。

第１項　情報公開の下で達成される和平の協定。どのような形でも秘密裏の国際合意はあってはならず，外交は常に公正に人々の監視の下で進めること。

第２項　領海外の外洋における航海の完全な自由。平時も戦時も同様であるが，国際協定の執行によって海洋が全面的，または部分的に閉鎖されている場合は例外とする。

第３項　和平に同意し，その維持にかかわるすべての諸国間においては，すべての経済障壁を可能な限り取り除き，平等な貿易条件を確立する。

第４項　国家の軍備を，国内の安全が保障される最小限に縮小することによる適切な相互保障。

第５項　植民地に関するすべての要求に対して自由で柔軟，そして完全に公正な調整。…

（中略）

第14項　国家間の総合的な連盟が結成されなければならない。…

以上述べた不正の根本的是正と正義を主張することに関しては，わたしたちは帝国主義者に対抗して団結したすべての政府と国民とともにあると心から信じています。（後略）

出典：井上泰浩『世界を変えたアメリカ大統領の演説』講談社，2017年，35-43頁。原文の一部を省略および修正。

問1　空欄 [α] に入れる英単語として最も適切なものを①～④の中から1つ選んでマークしなさい。解答番号 [17]

① behaved
② caused
③ brought
④ prolonged

問2　下線部(a)に関して，このような状況が生まれた背景を21字以上30字以内の日本語で解答用紙（その2）に記述しなさい。

問3　次のうち，第一次世界大戦初期に同じ側で参戦した国の組み合わせとして最も適切なものを，①～④の中から1つ選んでマークしなさい。解答番号 [18]

① ドイツとベルギー
② ロシアとオーストリア＝ハンガリー帝国
③ フランスとアメリカ合衆国
④ イギリスとセルビア

問4　資料1にタイトルをつけるとすれば，どのようなものが考えられるか。World War I（3ワード）を含む英語を5～8ワードで解答用紙（その2）に記述しなさい。

問 5　資料 2 は，あるアメリカ大統領による第一次世界大戦の終結をめざして講和条件を示した演説の一部である。1918 年に日本と歩調をあわせてシベリア出兵を決定したこの大統領の名前（名字）をカタカナで解答用紙（その 2 ）に記述しなさい。

問 6　資料 2 の演説に示される各条項のうち，資料 1 に示されるアメリカ参戦の直接的原因を除去しようとする条項として最も適切なものは何か。①～⑤の中から 1 つ選んでマークしなさい。解答番号 19

① 第 1 項
② 第 2 項
③ 第 3 項
④ 第 4 項
⑤ 第 5 項

問 7　資料 2 の第 14 項は，第一次世界大戦の経験を踏まえて国際政治の仕組みを変革しようと意図したものと理解されている。どのような仕組みを導入することで，どんな目的を達成しようとしたのか。21 字以上 30 字以内の日本語で解答用紙（その 2 ）に記述しなさい。

IV 次の文章，グラフ，資料を読んで，問いに答えなさい。

The UN(a) Framework Convention on Climate Change (UNFCCC) was adopted in 1992. Ratified by 197 countries, including the United States, the landmark accord was the first global treaty to explicitly address climate change. It established an annual forum, known as the Conference of the Parties, or COP, for international discussions aimed at stabilizing the concentration of greenhouse gases in the atmosphere.（中略）

The Kyoto Protocol, adopted in 1997 and entered into force in 2005, was the first legally binding climate treaty. It required developed countries to reduce emissions by an average of 5 percent below 1990 levels, and established a system to monitor countries' progress. But the treaty did not compel developing countries, including major carbon emitters China and India, to take action. The United States signed the agreement in 1998 but never ratified it and later withdrew its signature.

The most significant global climate agreement to date, the Paris Agreement requires all countries to set emissions-reduction pledges. Governments set targets, known as nationally determined contributions, with the goals of preventing the global average temperature from rising 2 ℃ above preindustrial levels and pursuing efforts to keep it below 1.5 ℃. It also aims to reach global net-zero emissions, where the amount of greenhouse gases emitted equals(b) the amount removed from the atmosphere, in the second half of the 21st century. This is also known as being climate neutral or carbon neutral.（中略）

Ever since the first climate talks in the 1990s, officials have debated which countries — developed or developing — are more to blame for climate change and should therefore curb their emissions. Developing countries argue that developed countries have emitted more greenhouse gases over time. They say these developed countries should now carry more of the burden because they were able to grow their economies without restraint. Indeed, the United States has emitted CO_2 the most of all time, followed by the EU. However, China and India are now among the world's top annual CO_2 emitters, along with the United States. Developed countries have argued that those countries must do more now to address climate change.（以下略）

出典：Lindsay Maizland (2023) "Global Climate Agreements: Successes and Failures," Council on Foreign Relations. 原文の一部を省略および修正。

グラフ1

CO_2 の累積排出量

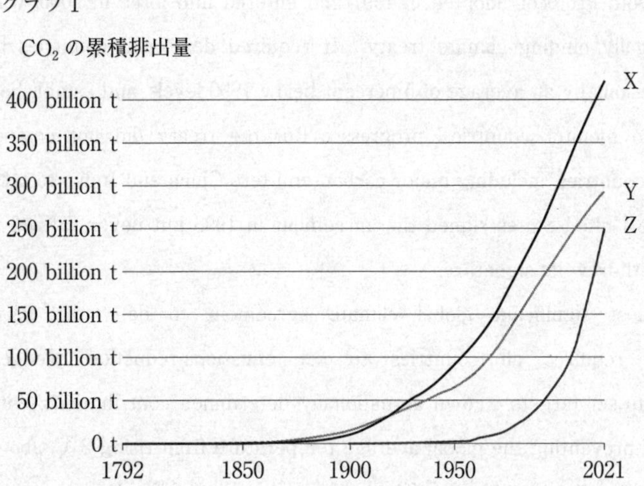

出典データ： Our World in Data（Global Carbon Project にもとづく）

グラフ2

CO_2の1年間での排出量の推移

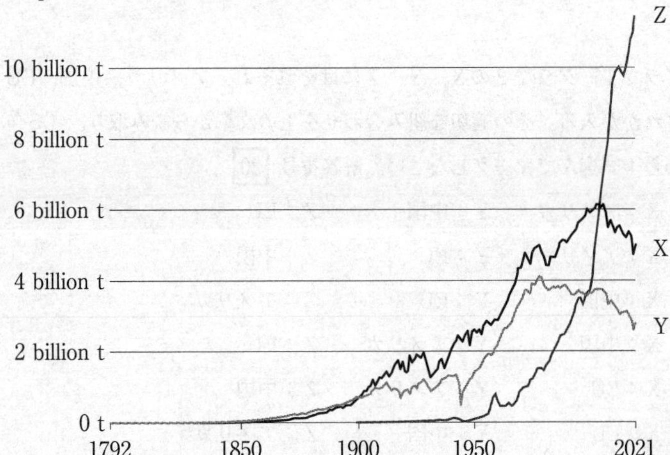

出典データ： Our World in Data（Global Carbon Project にもとづく）

資料：気候変動に関する国際連合枠組条約（UNFCCC）

【第3条】

第4項：締約国は，持続可能な開発(c)を促進する権利及び責務を有する。（以下略）

第5項：締約国は，すべての締約国（特に開発途上締約国）において持続可能な経(c)済成長及び開発をもたらし，もって締約国が一層気候変動の問題に対処することを可能にするような協力的かつ開放的な国際経済体制の確立に向けて協力すべきである。（以下略）

問1　下線部(a)の“UN”の正式名称を2ワードの英語で解答用紙（その2）に記述しなさい（冠詞はのぞく）。

問2　京都議定書は先進国に対して何を求めたのか。上の文章から読み取って，11字以上20字以内の日本語で解答用紙（その2）に記述しなさい。

問 3　下線部(b)に関して，パリ協定が等しくなるように目指しているのは何と何か。21 字以上 30 字以内の日本語で解答用紙(その 2)に記述しなさい。

問 4　グラフ 1，グラフ 2 の X，Y，Z にはそれぞれ，アメリカ，中国，EU のいずれかが入る。その適切な組み合わせを上の文章から読み取り，①〜⑥の中から 1 つ選んでマークしなさい。解答番号 [20]

① X：アメリカ　Y：中国　Z：EU

② X：アメリカ　Y：EU　Z：中国

③ X：中国　Y：EU　Z：アメリカ

④ X：中国　Y：アメリカ　Z：EU

⑤ X：EU　Y：アメリカ　Z：中国

⑥ X：EU　Y：中国　Z：アメリカ

問 5　この文章から読み取ることのできる内容として，**正しいものには①**，**誤っているものには⓪**をマークしなさい。

〔a〕気候変動に関する国際連合枠組条約は，「締約国会議(COP)」という温暖化問題について話し合う会議体の設置を決定した。解答番号 [21]

〔b〕京都議定書は中国とインドに対して，二酸化炭素の排出削減の数値目標を課した。解答番号 [22]

〔c〕アメリカは京都議定書に署名したが，最終的に離脱した。解答番号 [23]

〔d〕パリ協定は，産業革命以前と比較して，温度の上昇が 2℃に達しないことを目標としている。解答番号 [24]

問 6　資料の下線部(c)の「持続可能な」という言葉を英単語(1 ワード)で解答用紙(その 2)に記述しなさい。

◀国際経済学科独自問題▶

（注）　論述問題の解答に際しては，句読点，記号，アルファベットは１マスに１文字，アラビア数字は１マスに２文字までとする。

Ⅲ　次の問に答えなさい。

(1)　GDP(国内総生産)とは，国内において１年間に新たに生産された財とサービスの合計のことで，物価変動の影響を取り除いて得られるGDPのことを実質GDPという。図１は1990年の日米それぞれの実質GDPを100とおいたときの2022年までの実質GDPの推移をあらわしたものである。2022年の日本と米国の実質GDPは，1990年に比べてそれぞれ何％上昇したか，最も適切なものを次の選択肢の中から一つ選びなさい。(解答番号 17)。

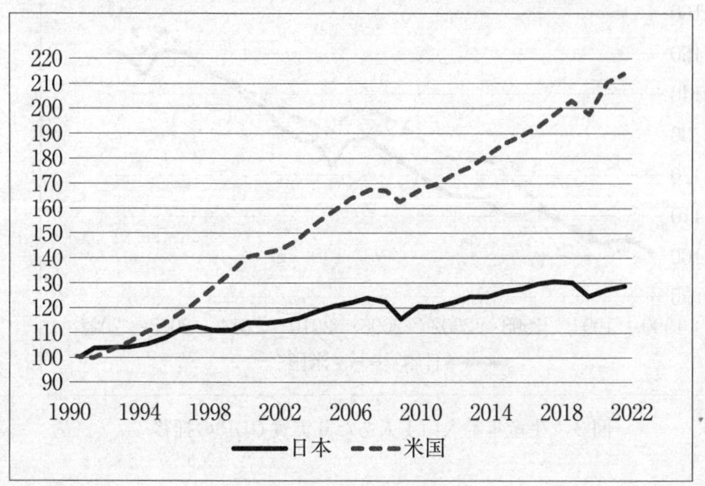

図１：実質GDPの推移

① 日本の実質 GDP が約 130 %増加，米国の実質 GDP が約 210 %増加
② 日本の実質 GDP が約 13 %増加，米国の実質 GDP が約 21 %増加
③ 日本の実質 GDP が約 30 %増加，米国の実質 GDP が約 110 %増加
④ 日本の実質 GDP が約 3 %増加，米国の実質 GDP が約 11 %増加

(2) 生産年齢人口とは国内の生産活動を中心となって支える人々の数のことであり，具体的には満 15 歳以上 65 歳未満の人口を指す。実質 GDP を生産年齢人口で割ったものを生産年齢人口 1 人あたり実質 GDP と呼ぶ。図 2 は 1990 年の日米それぞれの生産年齢人口 1 人あたり実質 GDP を 100 とおいたときの 2022 年までの生産年齢人口 1 人あたり実質 GDP の推移をあらわしたものである。

2022 年の日本の生産年齢人口は 1990 年に比べて増えたと考えられるか，それとも減ったと考えられるか。図 1 および図 2 における日本のグラフを参照し，150 字以内で答えなさい。解答用紙(その 2)を使用すること。

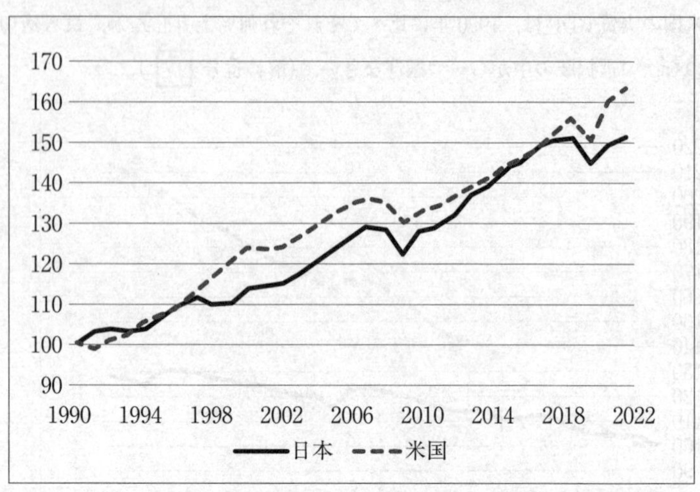

図 2 ：生産年齢人口 1 人あたり実質 GDP の推移

(3) 図 1 によると1990年から2022年までの実質 GDP の増加率は日米間で大きく異なる。一方，図 2 によると，同時期の生産年齢人口 1 人あたり実質 GDP の増加率には日米間でそれほど大きな差は見られない。この一見相反する結果が生じる理由について，生産年齢人口に言及しながら150字以内で答えなさい。解答用紙(その 2)を使用すること。

Ⅳ 情報技術の発達によって，従来人間によって行われてきた仕事の一部がAI(人工知能)に代替される可能性が指摘されている。このことに関連する3つの変量A，B，Cについて，世界20か国のデータがある。変量Aは仕事における「書く」能力の使用頻度をあらわす指標，変量Cは仕事における「話す」能力の使用頻度をあらわす指標で，それぞれの数値が大きいほど，当該能力の使用頻度が高いことを意味する。変量Bは，雇用がAIに代替される可能性を表しており，これはAIによって代替される可能性の高い労働者が全労働者に占める割合に等しい。

以下の図は，変量Aと変量Bの散布図をパネル1，変量Cと変量Bの散布図をパネル2としてまとめたものである。各パネル中の直線は，縦軸(y)および横軸(x)に示される2変量の相関関係を近似的に直線であらわしたもの(y = ax + b)である(ただし，aは直線の傾き，bは切片をあらわす)。また，各パネルにはそれぞれの相関係数rが付記されている。

この図から読み取れる情報のみから判断する場合，「書く」能力や「話す」能力の使用頻度が高い仕事ほど将来AIに代替される可能性は高くなると言えるか。その理由を含めて100字以内で答えなさい。解答用紙(その3)を使用すること。

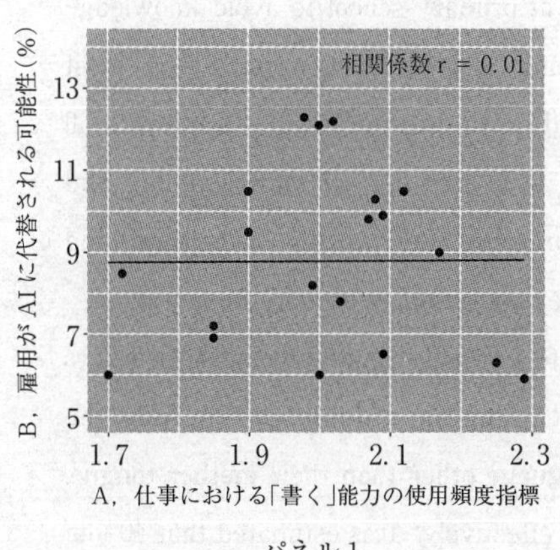

パネル1

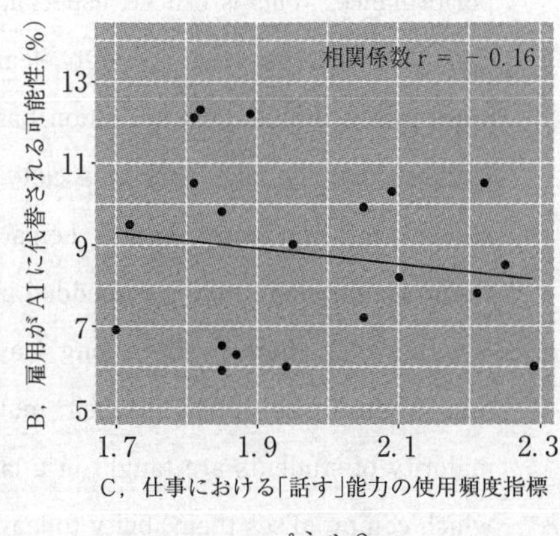

パネル2

図　変量A，B，Cに関する散布図

◀国際コミュニケーション学科独自問題▶

III 次の文章を読んで，下記の3つの設問に答えなさい。解答は，解答用紙(その2)に記入しなさい。

Every year on 21 February, the world celebrates International Mother Language Day, which was established at the initiative of Bangladesh by UNESCO's General Conference in 1999. The Day is an essential platform to promote the importance of cultural and linguistic diversity, and multilingualism for peaceful and sustainable societies.

UNESCO has been leading the way and advocating for multilingual education based on the mother tongue from the earliest years of schooling. Research shows that education in the mother tongue [education in which each student is taught in their own first language] is a key factor for inclusion and quality learning, and it also improves learning outcomes and academic performance. This is crucial, especially in primary school to avoid knowledge gaps and increase the speed of learning and comprehension. And most importantly, multilingual education based on the mother tongue empowers all learners to fully take part in society. It fosters mutual understanding and respect for one another and helps preserve the wealth of cultural and traditional heritage that is embedded in every language around the world.

However, there is still a long way to go before guaranteeing all learners their right to education in their mother language. In most countries, the majority of students are taught in a language other than their mother tongue, which compromises their ability to learn effectively. It is estimated that 40% of the world's population does not have access to an education in a language they speak or understand. There are about 7,000 languages spoken around the world today. But linguistic diversity is increasingly threatened as more and more languages disappear at an alarming rate. And when a language disappears, it takes with it an entire cultural and intellectual heritage.

Globally, progress is being made in multilingual education based on mother tongue with growing understanding of its importance, particularly in early schooling, and more commitment to its development in public life.

Through its normative frameworks for language policy and education, UNESCO shares good practices in bilingual and multilingual education and mother tongue instruction. It works with Member States to integrate multilingual education into curriculums and education systems. Recent successful initiatives to promote mother language-based education have taken place in Djibouti, Gabon, Guinea, Haiti and Kenya.

The findings from UNESCO's new report, "From rights to country level action," show national efforts made by different countries to foster cultural and linguistic diversity.

In addition, UNESCO recently unveiled the *World Atlas of Languages*, an unprecedented initiative [completely new attempt] to preserve, revitalize and promote global linguistic diversity and multilingualism.

Impact of COVID-19 on mother language education

School closures due to the COVID-19 pandemic have exposed and deepened pre-existing education inequalities around the world. The closures ranged from a global average of 20 weeks to above 70 in some cases, more than a full school year. As always, it has impacted vulnerable and marginalized learners the hardest, which includes speakers of languages from indigenous peoples and minority groups. According to UN estimates, nearly 500 million students from pre-primary to upper-secondary school were unable to access any remote learning opportunities during the lockdowns.

In many countries, distance teaching and learning tools, programmes and content were not always able to reflect linguistic diversity: They were largely provided in dominant national or international languages. When remote learning content is not available in students' mother tongues, it increases the risk of learning loss, dropouts and exclusion. Many learners lacked the necessary equipment, Internet access, accessible materials, content relevant to contexts and needs, and human support that would have allowed them to follow distance learning. Many teachers also didn't have the skills and readiness for using distance teaching. They also struggled with digital tools in languages that they didn't always master.

The massive digital divide shows how connectivity has become a key factor to guarantee the right to education. The lack of access to digital learning content is deepening inequalities, marginalization and exclusion. Another element that exacerbates [worsens] the digital divide is the fact that many languages are not present on the Internet: There is a major linguistic divide in cyberspace today. The inclusion of languages in the digital world and the creation of inclusive learning content is vital. Remote learning based on the mother tongue should be incorporated into education systems in order for all learners, especially those from linguistic minorities, to access education during school closures and beyond.

This year's International Mother Language Day theme, "Using technology for multilingual learning," is an opportunity to take stock of the experience of the past two years, to move forward differently and better.

1. Write a title for this passage in English which clearly indicates its main topic.

2. 上記の文章の要旨を150字以上200字以内(句読点を含む)の日本語でまとめなさい。

3. Can you think of any arguments *against* the ideas expressed in this

article? Write a short essay of not more than 80 words in English in which you point out some potential criticisms of multilingual education based on each student's mother tongue.

解答編

論述・総合問題

◀3学科共通問題▶

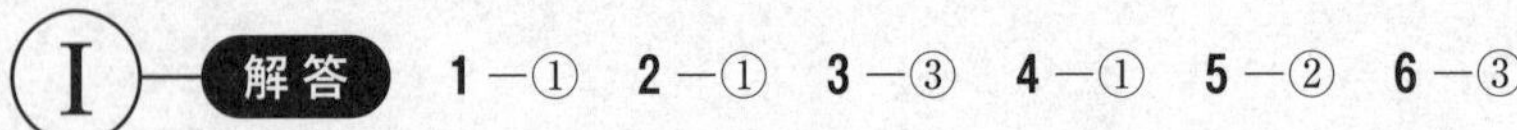

I　解答　1—①　2—①　3—③　4—①　5—②　6—③

全訳

A.《女性の政治参加が与える影響》

　女性の政治参加はジェンダーの平等の推進に役立ち，考慮される政治的な問題の幅と提案される解決策の種類の双方に影響を与える。議員が男性であるか女性であるかは，彼らの政治的な優先事項に明確な影響を与えることを調査が示している。より多くの女性が選挙で公職に就くにつれ，生活の質に力を入れ，家族，女性，そして民族や人種的な少数派の優先事項を反映させる政策決定が付随して増加するという強力な証拠も存在する。さらに，NDI（米国民主党国際研究所）の世界100カ国以上における35年間の取り組みによれば，男性よりも女性は，党の路線を超えて働き，有権者の懸念にしっかりと対応し，永続的な平和の確保に役立ち，自分たち自身の参加を通じて民主主義における市民の自信を促し，健康や教育，そして他の重要な開発指標を優先させる傾向がある。女性の関与は非常に重要であり，また女性が均質な集団ではないということを認識することが重要である。女性が若いのか年配であるのか，教育を受けているのかいないのか，田園部で暮らしているのか都市部で暮らしているのかによって，非常に異なる人生経験を積んでおり，そのことが異なった優先事項や必要なものへとつながっている。さらに，議会や別の立法府に選ばれている全ての女性が，女性に関する問題や権利を自身の議題の中心に置くというわけではない。明らかに，女性の代表というのは唯一の要素ではなく，包括的で反応が速く，そして透明性の高い民主主義の発達にとって非常に重要な要素である。

出典追記：Why Women in Politics?, Women Deliver on February 28, 2018 by Sandra Pepera

B.《**プロスペクト理論とは**》

プロスペクト理論は損失と利得が違った形で評価されることを想定しており，それゆえ個人個人が認識されている損失の代わりに認識されている利得に基づいて決定を行う。その一般概念は，もしも二つの選択肢がある個人の前に置かれた場合，双方が同等であり，一つが潜在的な利得の観点から，もう一方が損失の可能性の観点から提示されると，前者の選択肢が選ばれるだろうというものである。プロスペクト理論は行動経済学の下位分野に属しており，リスクが関わり，異なる結果の可能性がわからないという確率的な選択肢のうち，人がどのように一方を選ぶかを説明している。この理論は 1979 年に定式化され，1992 年にエイモス＝トヴェルスキーとダニエル＝カーネマンによってさらに発展した。プロスペクト理論において，個人の行動の根底にある説明としては，選択肢は独立した単一のものであるため，利得か損失かの確率は，実際に提示されている確率の代わりに五分五分だと合理的に想定される。基本的に利得の可能性は，一般的により大きなものとして認識される。トヴェルスキーとカーネマンの提案では，損失は同額の利得よりも大きな感情的影響を個人に与えるため，双方が同じ結果を示している選択肢が二通りに提示されると，人は認識されている利得を示しているほうを選ぶ。プロスペクト理論は，人間は可能性よりも確実さを好む傾向にあることを示唆している。例えば，50 ドルを与えられるか 50％の可能性で 100 ドルを手に入れられるかどちらかを選べるとしよう。二つの選択肢の期待値は全く同じであるが，ほとんどの人が 50 ドルを取るだろう。プロスペクト理論はまた，人は確率が低い結果を過小評価する（あるいは無視しさえする）ことを主張している。結果として，彼らはまた有力な出来事の可能性を過大評価する傾向にあり，起こりそうにないと思われる結果を無視するという先入観につながるのである。

C.《**移民の世界におけるナショナル・アイデンティティ**》

移民の世界に暮らしている私たちは，ナショナル・アイデンティティをどのように築き，維持しているのだろうか？「他者」が常に入り込んでくる状況において，私たちの文化をどのように定義することができるだろうか？　ある段階において，私たちの解答は同化，つまり私たちが均質な混合物という結果になるまで，移民たちを「るつぼ」に投げ込むことであった。しかし，黒人公民権運動家であるジェシー＝ジャクソンがかつて述べているように，「私はるつぼが云々という話を多く耳にしているが，私に言えるのは，私たちはまだ溶け込んではいないということだ」。有名な多様性トレーナーであるジェーン＝エリオットは同意している。彼女は次のように言う。「るつぼは必要ありません。私たちに必要なのはサラダボウルなのです。サラダボウルの中で，レタスやキュウリ，玉ねぎやピーマンといった野菜にアイデンティティを維持しておいてほしいですよね。その違いを楽しむのです」　そしてそれは悪い比喩ではない。多文化主義は，文化的差異に対する受容と互いに対する敬意を重視する文化的多様性をなんとか成し遂げていくアプローチの一つなのである。

解説

1.「この文章に最もよい題名は何か」

第1文（Women's participation in …），第3文（There is also …），第4文（Further, in NDI's …）などから判断する。女性が政治参加をした場合に役立つこと，女性議員が多い場合に政策決定において増加することなどが記されている。よって①の「女性の政治参加が与える影響」が適切である。③「女性に対する政治的な影響」は上述の文章と矛盾する。「女性に対する」影響ではなく，「政治に対する」影響の文章である。②「女性と政治との関係の歴史的な変化」については直接の記述がない。

2.「この文章によってほのめかされていないことは何か」

第5・6文（Women's engagement is … priorities and needs.）に注目する。この内容と②「女性は異なる種類の人々から成る集団であり，彼女たちの人生経験も多様である」が一致するが，①「一般的に言って，女性の優先事項や必要なものは彼女たちの背景に関係なく類似している傾向がある」は明らかに矛盾する。③「女性は男性よりも政治への参加を通じて民主主義や社会的，個人的な幸福を促進する傾向が強い」は第4文（Further, in NDI's …）と一致する。

3.「以下のどれがプロスペクト理論にあてはまらないか」

①の「エイモス＝トヴェルスキーとダニエル＝カーネマンによって詳述

された行動経済学の理論である」は第4文（This theory was…）の後半部と一致する。②の「人々の決定はリスクに対する態度によって影響を受ける」は第7文（Tversky and Kahneman…）などと一致する。③「利得と損失はほとんどの人に等しく起こりそうなものとして認識されている」は第6文（Essentially, the probability…）の内容と矛盾する。

4.「以下のどれがプロスペクト理論が述べている事柄の例ではないか」

①の「巨額の負債がある人が100ドルの申し出を受け，それを断る」は本文に記述がない。本文ではプロスペクト理論における意思決定について，損失から受ける感情的なリスクや確実性などについての説明があるが，この選択肢は利得のみにしか触れられておらず，プロスペクト理論の説明とはいえない。②の「ある人が将来かからないかもしれない疾病のために余分な費用を払いたくないため，健康保険に加入しないことを決める」や，③の「ある旅行者が飛行機の便をキャンセルしたり日程の変更をしたりすることができない格安の航空チケットを購入する」は，最終2文（Prospect theory also… neglects improbable outcomes.）の具体例といえる。

5.「この文章によれば，移民が入国しながら，ナショナル・アイデンティティを築き維持するためには何が必要であるか」

第3文（At one stage,…）から第9文（You appreciate…）で，様々なものが溶け込むるつぼではなく，それぞれが個性を維持し，違いを理解するサラダボウルを例に挙げ，最終文（Multiculturalism is…）にまとめが記されている。この内容に最も当てはまるのは，②の「誰もが同じ国で互いに仲よく付き合っていくようにしなければならないということを認める一方で，新しく到着した者たちの文化を吟味し，文化的差異を考慮するアプローチを追求すること」である。①の「文化の定義を話し合い，誰もがナショナル・アイデンティティとして同意可能な，より健全で単純な文化の形式の折り合いをつけること」や，③の「自分たち自身と新しい文化との間の共通点を見つけることにより，移民たちに自分たちが移住している国のナショナル・アイデンティティを取り入れるように促す」は，どちらかといえばるつぼに近い内容である。

6.「以下のどの文章が本文中に下線を引かれた『それは悪い比喩ではない』という表現を最もよく表しているか」

問題5と同様に，第3文（At one stage, …）から第9文（You appreciate …）および最終文（Multiculturalism is …）から判断する。③の「はっきりと異なる素材が一緒に投げ込まれているサラダボウルは，異なる文化的背景を持っている新しくやってきた者たちを，一つの国に統合するためのよいモデルである」が，最終文の「文化的差異に対する受容と互いに対する敬意を重視する文化的多様性をなんとか成し遂げていくアプローチ」といった表現と合致する。①の「るつぼとサラダボウルは，流動化時代の文化的な差異を理解し続ける一方で，ナショナル・アイデンティティを維持する二つの等しくよい方法を思い描くためのたとえである」は，明らかに上述のジェーン＝エリオットの発言と矛盾。②の「新しい移民が一定して流入しているということを考慮すると，サラダボウルというモデルは文化的差異が理解されている限り，ナショナル・アイデンティティを築く必要はないということを示している」は，本文にナショナル・アイデンティティを築く必要はないといった記述がないため不適である。

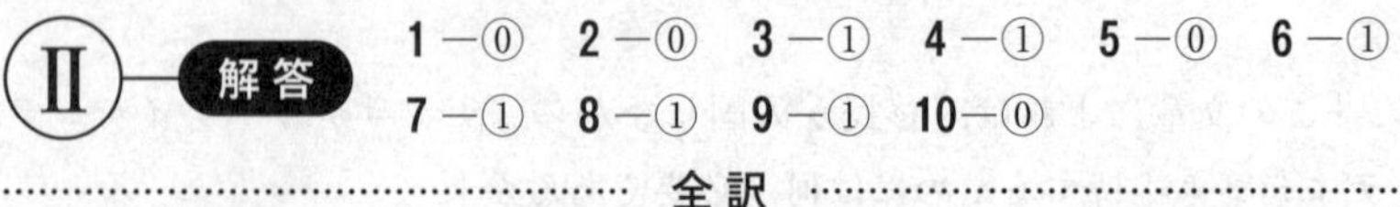
Ⅱ 解答 **1**—⓪ **2**—⓪ **3**—① **4**—① **5**—⓪ **6**—① **7**—① **8**—① **9**—① **10**—⓪

全訳

《忘れられた犠牲者，気候難民》

1 気候変動は今後の数十年間における公衆衛生に対する最も大きな脅威だと考えられいる。継続している環境の変化が人口の変動へとつながっているからである。

2 2022年6月，世界中で住む場所を追われた人々（自分たちの家から離れるよう強いられた人々）の数は1億人を超え，過去最悪を記録した。一時的なものではあるが，天候に関連する災害はますます地球規模で住む場所が奪われる主要な要因となっている。国連難民高等弁務官事務所（UNHCR）によれば，2008年以来，それは毎年およそ2100万人が住む場所を追われる原因となっている。気候に関連する災害の数は過去40年でおよそ3倍になっており，その頻度と激しさは気候変動により悪化している。世界銀行の報告書である「気候変動による国内移住者への備え」によれば，国家的，地球規模的に気候に対する緊急行動を起こさなければ，南アジア，アフリカのサハラ以南およびラテンアメリカにおいては，2050

年までに，1億4千万人以上の人々が国内で移動する可能性がある。この数値はこれからの数十年間で急増することが予測されており，経済平和研究所（IEP）は，2050年までにおよそ12億人が自然災害と気候変動のために住処を奪われる可能性があると予測している。

3　気候難民はいくつかの理由により「気候変動の忘れられている犠牲者」と定義されている。まずはデータの不足によるものである。例えば私たちが実際に得ているデータは，海面上昇による高い危険がある沿岸区域で暮らしている人々の数が過去30年間で1億6千万人から2億6千万人へと増加していることを示している。加えて，そのような人々の10人に9人が貧しい発展途上国や小さな島国の人々である。バングラデシュはこのことの顕著な例であり，海面上昇により国土の17%が水没するため，2050年までに2千万人もの人々が家を失うことが予測されている。

4　気候危機は世界のほぼすべての地域における個人および地球規模での公衆衛生システムに影響を与えている。これはとりわけ干ばつ（長期間雨が降らないこと）による栄養失調の増加，および洪水によるコレラのような水系感染症の発生の増加において明白である。このことはすでに弱体化し無理を強いられている医療制度に，とりわけ低・中所得の国々において悪影響を与えている。

5　難民と移民には，気候および環境的な状況にさらされたことに関連した，特定の身体的精神的な健康上のニーズがある。彼らは移動前，移動中，そして移動後に関連性のある健康上のリスクを数多く抱えており，移住，脆弱な医療システムの収容力，様々な障壁（例：ジェンダー，文化，財政，社会，そして言語に関するもの），それから虐待や搾取といった他のいくつかのストレス要因のため，初期診療へのアクセスや継続的な医療がしばしば妨げられている。

6　1985年以来，国連環境計画（UNEP）は「著しい環境破壊のために，一時的であれ恒久的であれ，自分たちの伝統的な居住地を去らざるをえなくなった」人々に対して「気候難民」という用語を用いている。しかしながら，戦争や迫害（素性や信念を理由として，人々に対して虐待を行うこと）とは異なり，気候変動という理由のみに基づくだけでは，通常，亡命（自身の国を離れた後，他国で暮らす権利）の申請をすることができない。

7　2018年にほとんどの国連加盟国によって採択された，安全で秩序ある正規移住のためのグローバル・コンパクトでは，受け入れ国の政府は，順応や祖国への帰国が可能でない場合，計画的な移住やビザの選択肢を考案することにより，気候難民を保護するための取り組みを行うべきであるということが明記されている。同年中に，国連人権理事会は，気候変動の影響により祖国を追われた多くの人々は，難民の定義，すなわち「人種，宗教，国籍，特定の社会集団の構成員であること，あるいは政治的見解を理由に迫害を受けるおそれがあるというはっきりとした根拠のある恐怖のために」国境を越える人，に当てはまっていないと判断し，こういった人々を「世界の忘れられている犠牲者」と分類している。これには問題がある。難民という地位を拒絶されるということは，例えばそのような人々が自分たちの人権の法的な保護に限られたアクセスしか持たず，国外追放（政府がある人を強制的に国から去らせること）のような危険に直面するということを意味するからである。

8　2020年，UNHCRはそのガイダンスを改訂し，環境的なリスクに直面している人々の保護に対し，より幅広い要請を行っている。2022年，アルゼンチンは自然災害で住む場所を奪われた人のための特別なビザを創設した。同様に，フィンランドは気候を原因とする移民を受け入れるための選択肢を探っている。またオーストラリアは太平洋諸島の住民（気候変動に対して最も脆弱な地域住民の一つ）が季節労働のためにオーストラリアへ移動しやすくする計画を導入している。同様の方策が他の場所で話し合われており，その広がりとそれを巡る熱心な議論は気候難民とビザの機会に対する認識の高まりを示している。

9　これらの取り組みの結果を評価するには時期尚早であるが，それらの最近の広がりとそれらを中心に展開されている議論は，正規移住への道筋の構造化および緩和（問題の厳しさを減らす方法）と適応戦略を発展させることによって，公式に気候難民の地位を認める認識と必要性の高まりを際立たせている。全ての関係する利害関係者，とりわけグローバル・ノースの国々（おもに北半球に位置する先進国）は適応と緩和戦略を支持し，潜在的な気候変動による人口移動をうまく利用することにより，人権を擁護すべきである。この根拠は単純なものである。気候変動は，主にグローバル・ノースによって引き起こされているものであるが，人々を強制的に避難（自分の国を離れ）させており，結果として健康権のような人権への彼らのアクセスを制限している。それゆえに，それらの権利に対するアクセスを支持すること，あるいは元の状態へと戻すことを確実にするのがグローバル・ノースの責任なのである。

解説

1.「記録破りの月である2022年6月に『住むところを追われた』と見なされている人々の大部分は，気候に関係する災害のために祖国を追われた」

第2段第1文（In June 2022, …）に「2022年6月，世界中で住む場所を追われた人々の数は1億人を超え，過去最悪を記録した」とあるが，この人々の大部分が気候難民であることを示す記述はない。気候難民については同段第2文（Although they are …）に，2008年以来，気候難民の数は毎年およそ2100万人であることが述べられているのみである。

2.「世界銀行とIEPは2050年までに住む場所を失うであろう人々の数について矛盾した意見を抱いている」

第2段最終2文（According to the … and climate change.）と矛盾する。それぞれ異なる数値が挙げられているが，世界銀行は南アジア，アフリカのサハラ以南およびラテンアメリカに限った数値であり，気候難民が今後も増加するという点ではどちらも一致している。

3.「沿岸地域やバングラデシュのような発展途上国で暮らしている人々は，他の国々よりも海面上昇の影響を受ける可能性が高い」

第3段第2文（The information we …）から最終文（Bangladesh is a …）の内容と一致する。

4.「雨量不足と多雨によって引き起こされる疾病の増加を原因とする食糧生産の減少に医療制度が対処できない可能性があるため，低・中所得の国々はとりわけ気候変動に対して脆弱である」

第4段第2文（This is particularly …）の内容と一致する。

5.「難民および移民の身体的および精神的衛生のニーズは，通常，彼らが新しい場所へ移動した後には以前よりもはるかに優れた方法で対応されている。そこでは難民たちが元々いた国よりもほぼ必ずといっていいほどよりよい医療システムがあり，障害となるものや不正はより少ない」

第5段第2文（They have a …）と矛盾する。（移住のための）移動前，移動中だけでなく，移動後にも問題があると記されている。

6.「戦争や迫害のような難民たちを強制的に立ち退かせる他の要因がなければ，難民たちが逃げこんだ国で暮らすという許可は得られそうにない」

第6段第2文（However, unlike war…）の内容と一致する。

7.「安全で秩序ある正規移住のためのグローバル・コンパクトによれば，もしも難民たちが母国に戻ったり，そこでの状況に順応したりすることが不可能であれば，難民が避難してきた国はそれらの難民を受け入れ，そこに合法的に滞在し続ける機会を与える努力をすべきである」

第7段第1文（The Global Compact…）の内容と一致する。

8.「気候難民が『世界の忘れられている犠牲者』と呼ばれる理由の一つは，彼らが難民に分類される公式な条件を満たしていないからであり，それゆえ，人権が完全に尊重され，避難した国でいつまでも暮らし続けることができるという保証がないためである」

第7段第2・3文（During the same…leave the country].）の内容と一致する。

9.「違いがあるにもかかわらず，アルゼンチンやフィンランド，そしてオーストラリアが環境変化による犠牲者である人々に対処するために進めている方策は，少なくとも一時的にはそのような人々が合法的にこれらの国々に住むことができるようにするという点において類似している」

第8段第2・3文（In 2022, Argentina…for seasonal work.）の内容と一致する。

10.「グローバル・ノースの先進国はすでに人権を保護しており，人々が気候変動に適応できるようにする明確な政策があるので，それほど発展していない国々において気候難民となっている人々に対して負う責任の大きさを制限することは，そのような国々にとっては好都合である」

最終段最終2文（The rationale for…upheld or restored.）と矛盾する。気候難民の原因を作っているのはグローバル・ノースの国々であり，責任を負うべきだと記されている。

◀国際政治学科独自問題▶

III 解答

問1． ③

問2． ドイツが繁栄し，欧州大陸で圧倒的な軍事・工業力をつけたこと。(21字以上30字以内)

問3． ④

問4． The Rise of Germany and World War I（5～8ワード）

問5． ウィルソン　**問6．** ②

問7． 集団安全保障体制を導入し，国際協調により平和を維持すること。(21字以上30字以内)

解説

《ドイツの台頭と第一次世界大戦》

問1． 空欄 α に入る単語を選ぶ。空欄 α の3語後ろにある toward に注目する。bring A toward〔to〕B で「A を B に持ってくる（A を B の状態にする)」の意味。

問2． 下線部(a)「ドイツがイギリスに挑む」に至った背景を記述する。第3段第2文に This strength resulted in … of British dominant status. とあり，この This が指す同段第1文（After becoming …）の内容をまとめればよい。また，続く第3文の後半 Germany sought to compete for … も，下線部(a)のほぼ言い換えであり，同文の前半 As … continent の部分も背景と考えられる。限られた字数で過不足なく記述できるよう工夫する。

問3． 第一次世界大戦初期に同じ側で参戦した国の組み合わせを選ぶ。最終段第2文（France and Russia …）の … Serbia, and Britain soon joined という部分から，④が適当。

問4． 資料1にタイトルをつける問題。The Rise of Germany and World War I などと書ける。またドイツに限定せず，The Causes of World War I などとしてもよい。

問5． 資料2はアメリカのウィルソン大統領が1918年に発表した講和原則「14カ条（の平和原則)」である。民族自決，国際連盟の設立などが提唱された。

問6． 資料2の条項の中から，資料1に示されるアメリカ参戦の原因を除去するための条項を選ぶ。アメリカ参戦理由については，資料１の最終段最終文（In April 1917, …）に the United States, reacting to … attacks against … commercial shipping to … entered the conflict とあり，こうした事態を防ぐ狙いから資料２で提示された条項としては，第２項が適当。

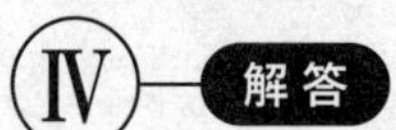

問１． United Nations（２ワード）

問２． 1990 年比５％の温室効果ガス排出量削減（11 字以上 20 字以内）

問３． 世界全体における温室効果ガスの排出量と大気からの除去量（21 字以上 30 字以内）

問４． ②

問５．〔a〕―①〔b〕―⓪〔c〕―①〔d〕―①

問６． sustainable

解説

《気候変動に関する国際枠組み》

問２． 京都議定書が先進国に求めた内容を記述する。第２段第２文 It required … to reduce … 1990 levels の部分が該当する。

問３． 下線部(b)に関して，パリ協定では何と何が等しくなることを目指しているのかを記述する。第３段第３文（It also aims …）の関係副詞節 where 以下の構造をみると，動詞は equals であり，*A* equal *B*「*A* が *B* に等しい」という形が取れることから，equals の前後をまとめる。

問４． グラフ１・グラフ２のX，Y，Zに当てはまるアメリカ，中国，EU の組み合わせを，文章から読み取る。最終段第４文に Indeed, the United States … the most of all time, followed by the EU. とあり，of all time での排出量を示すグラフ１のXがアメリカ，Yが EU と判断できる。続く第５文には，However, China … the world's top annual CO_2 emitters とあり，annual での排出量に関するグラフ２のZが中国と読み取れる。以上から，②が適当。なお，中国の排出量が（経済発展に伴い）2000 年頃から急増したことや，それまでは米国の排出量が最多であったことは，環境分野の知識として押さえておきたい。

問５．〔a〕 正文。第１段第３文（It established …）と整合する。

〔b〕 誤文。第２段第３文（But the treaty …）と整合しない。

〔c〕 正文。第2段最終文（The United States…）と整合する。

〔d〕 正文。第3段第2文（Governments set targets, …）の the goals of preventing … rising 2℃ above preindustrial levels と整合する。

◀国際経済学科独自問題▶

Ⅲ　解答

(1)—③

(2)　1990〜2022年における日本の実質GDP増加率は，図1より約30%である。これに対し，同期間の日本の生産年齢人口1人あたり実質GDP増加率は，図2より約50%である。生産年齢人口1人あたりGDPの方が大幅に増加していることから，2022年の日本の生産年齢人口は1990年比で減ったと考えられる。(150字以内)

(3)　1990〜2022年，米国では，図1の実質GDP増加率が約110%，図2の生産年齢人口1人あたりGDP増加率が約65%であることから，生産年齢人口は増加したといえる。一方，同時期の日本の生産年齢人口は減っている。日米の生産年齢人口が正反対の推移をたどったことで，相反する結果が生じたと考えられる。(150字以内)

解説

《日米の実質GDP》

(2)　1990〜2022年の日本の生産年齢人口の変化について，増えているか，減っているかを図1・図2のグラフを参照して述べる問題。

仮に1990〜2022年の生産年齢人口が変わらなければ，図1の実質GDP増加率と図2の生産年齢人口1人あたり実質GDP増加率が一致するはずである。図2の増加率の方が高いことから，実質GDPを分子とした場合の分母である生産年齢人口は，この期間に減ったと考えられる。

(3)　図1の実質GDP増加率は日米間で大きな差がある一方，図2の生産年齢人口1人あたりの実質GDP増加率には大きな差がない理由を述べる。

米国についても，(2)と同様に考えると，実質GDP増加率＞増加生産年齢人口1人あたりの実質GDP増加率，であるので生産年齢人口が増加したと考えられる。図2から生産年齢人口の増減を示したうえで，日米間で生産年齢人口が正反対に推移したことが関係している旨を記述する。

Ⅳ　解答

相関係数をみると，パネル1はほぼ相関関係がなく，パネル2は負の非常に弱い相関関係と考えられる。よって「書く」能力や「話す」能力の使用頻度が高い仕事ほど将来のAI代

替可能性が高いとは言えない。(100 字以内)

解説

《仕事の AI 代替可能性に関する相関分析》

パネル 1・パネル 2 の情報のみに基づき,「書く」能力や「話す」能力の使用頻度が高い仕事ほど AI（人工知能）に代替される可能性が高くなると言えるかどうかを述べる。相関係数 r については $-1 \leqq r \leqq 1$ が成立し，0 に近いほど相関関係が弱いと解釈する。図の相関係数をみると，パネル 1 は +0.01 で，パネル 2 では −0.16 である。よって，パネル 1 はほぼ相関関係が認められず，パネル 2 はごく弱い負の相関関係と推察できる。パネル 2 については,「話す」能力の使用頻度が高い仕事ほど AI 代替可能性は若干低い傾向にあるとは言えるが，AI 代替可能性が高いとは明らかに言えない。

◀国際コミュニケーション学科独自問題▶

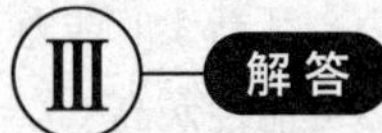

1.〈解答例〉 Why education based on the mother tongue is important

2. 国際母語デーは文化的，言語的多様性，多言語主義の促進のために制定された。母語による教育は多様性の受入れと質の高い教育のために重要であるが，実現できていない国も多い。さらにCOVID-19による学校閉鎖は，遠隔学習を受けられない生徒や母語で提供されていない教材などの情報格差や言語格差の問題を生じさせ，教育の不平等を深めた。こうした格差是正のためのテクノロジーの使用が今年の国際母語デーのテーマである。(150字以上200字以内)

3.〈解答例〉 It is important to protect speakers of languages of minority groups. However, it is also necessary to help them acquire education in the dominant national or international language, especially when we live in the same country. How can we communicate with each other without speaking the same language? Lack of communication prevents them from participating in the society. Of course, we must be serious about linguistic diversity, but we must not forget what teaching in the same language can do. (80語以内)

全訳

《なぜ母語に基づく教育が重要なのか》

1　毎年2月21日に，世界が国際母語デーを祝う。これは1999年にユネスコ総会により，バングラデシュの主導で制定されたものである。この記念日は文化的，言語的多様性の大切さ，平和で持続可能な社会のための多言語主義を促進するための重要な基盤である。

2　ユネスコは，学校教育の最初期から母語に基づいた多言語教育を先導し，支持している。調査によれば，母語による教育（それぞれの生徒が自身の第一言語で教えられる教育）は多様性の受入れと質の高い教育の重要な要素であり，また学習成果，学業成績を向上させる。このことはとりわけ小学校において，知識格差が生じることを避け，学習および理解の速度を上げるために非常に重要である。そして最も大切なことに，母語に基づく多言語教育は全ての学習者が完全に社会に参加できるようにする。それは相互理解とお互いに対する敬意を育み，世界中の全ての言語に深く根付いている豊かな文化的，伝統的遺産を保存することに役立つのである。

3　しかしながら，全ての学習者に自分たちの母語で教育を受ける権利を保障するまでには長い道のりが残されている。ほとんどの国において，大多数の生徒が自身の母語ではない言語で教育を受けており，それは効果的に学習する能力を損なうものである。世界の人口の40%は，自分たちが話す，あるいは理解する言語での教育に対するアクセスがないと見積もられている。今日，世界中でおよそ7000の言語が話されている。しかし，ますます多くの言語が憂慮すべき速さで消滅しているため，言語的多様性はだんだんと脅かされている。また，ある言語が消滅すると，文化的，知的遺産全体も道連れになってしまう。

4　世界的に，母語に基づいた多言語教育は，とりわけ早期学校教育におけるその重要性の理解の高まり，そして一般の生活におけるその発達に対するより大きな関心と共に進展している。

5　言語ポリシーと教育の規範的な枠組みを通じて，ユネスコは二言語および多言語教育と母語教育における優れた取り組みを共有している。ユネスコはその加盟国と共に，多言語教育をカリキュラムや教育制度に組み込む取り組みを行っている。最近成功を収めている母語に基づく教育を促進する取り組みは，ジブチ，ガボン，ギニア，ハイチそれからケニアで実践されている。

6　ユネスコの新しい報告書である「権利から国レベルでの行動へ」の調査結果には，文化的，言語的多様性を育むための様々な国々によって行われた国家的努力が示されている。

7　加えて，ユネスコは最近，地球規模での言語的多様性と多言語主義を保存し，復興させ，促進するための前例のない取り組み（全く新しい試み）である，「言語の世界地図」を明らかにした。

新型コロナウイルス感染症（COVID-19）による母語教育への影響

8　新型コロナウイルス感染症の大流行による学校閉鎖は，世界中で以前より存在していた教育の不平等を顕在化させ，より深めている。閉鎖は世界的な平均である20週間から，場合によっては1学年分以上にあたる70週間超にまで及んだ。いつものことであるが，それは脆弱で社会から取り残された学習者に対して最も深刻な影響を与えており，その中には先住民族や社会的少数者の言語の話し手が含まれている。国連の予測によれば，小学校入学前から高等学校までの5億人近い生徒が，ロックダウン期間中，遠隔学習の機会にアクセスできなかった。

9　多くの国々において，遠隔教育ツール，プログラム，コンテンツは必ずしも言語的多様性を反映できているわけではなかった。それらは主として主要な国語あるいは国際的言語で提供された。遠隔学習のコンテンツが生徒の母語で利用できない場合，学習ロス，中退そして排除といった危険が増加する。遠隔学習を行えるようにするために必要な機器，インターネットアクセス，手に入れられる教材，背景やニーズに関連するコンテンツ，そして人的サポートといったものが多くの学習者に不足していた。多くの教師も遠隔授業を用いるためのスキルがなく，用意もできていなかった。彼らはまた，自分たちが必ずしも習得しているわけではない言語でのデジタルツールに悪戦苦闘もしていた。

10　巨大な情報格差は，どのように接続性というものが教育を受ける権利を保障するための重要な要素になっているかを示している。デジタル学習コンテンツへのアクセスが欠けているということが，不平等，疎外化，そして排除を深刻化させている。情報格差を悪化させている別の要素は，多くの言語がインターネット上に存在しないという事実である。今日，サイバースペースには大きな言語格差が存在する。デジタル世界における言語の包摂と包括的な学習コンテンツを作り出すことが不可欠である。全ての学習者，とりわけ言語的少数派の学習者が，学校閉鎖期間およびそれ以降も教育にアクセスできるようにするために，母語に基づく遠隔学習を教育制度に組み込むべきである。

11　今年の国際母語デーのテーマである「多言語学習のためのテクノロジーの使用」は，過去2年間の経験を振り返り，これまでとは異なるやり方でよりよく前進するための機会である。

解説

1. 第1段第2文（The Day is …）では「文化的，言語的多様性」と「多言語主義」の促進について触れ，このために「母語による教育」が重要であると第2段第2文（Research shows that …）に述べられている。

第３段第１～３文（However, there is … or understand.）においては母語に基づく教育が実践されていない事実が説明されるなど，「母語に基づく教育の重要性」が繰り返し述べられている。また「新型コロナウイルス感染症による母語教育への影響」においても，第９段第１・２文（In many countries, … dropouts and exclusion.）において「母語に基づく遠隔教育が欠けている」という事実が述べられていることから，この文章のテーマは「母語に基づく教育の重要性」であることがわかる。

２．要約を行う際は，抽象的な内容（パラグラフの冒頭で示されることが多い），その内容を説明する具体例（パラグラフが展開するにつれて述べられていくことが多い）のうち，抽象的な内容をピックアップし，具体例を字数調整に使っていけばよい。この文章において抜き出すべきポイントとしては，「母語に基づく教育が言語的多様性，多言語教育において重要であること，およびその現状や問題点」，「新型コロナウイルス感染症による学校閉鎖がもたらした影響およびその対応策」が挙げられる。〔解答〕では，この２点に文章の冒頭および文末で紹介されている世界母語デーとの関連を含めて作成している。

３．英文で述べられている母語に基づく多言語教育に反対する意見を，可能性のある批判とともに書くという問題である。〔解答例〕では「言語的多様性を保護することは重要であるが，同じ言語を話すことができなければコミュニケーションをとることができず，社会に参加することもできない。言語的少数派の人たちが同一言語を学ぶ手助けも行う必要がある」という要旨でまとめた。〔解答例〕では譲歩構文を用いて言語的多様性の保護の重要性にも触れたが，もちろん批判のみで文章を構成してもよい。

//////////////////// ·memo· ////////////////////

2023年度

問題と解答

■一般選抜（個別学部日程）：法学部

問題編

▶試験科目・配点

方式	テスト区分	教　科	科目（出題範囲）	配点
A方式	大学入学共通テスト	外国語	英語（リーディング，リスニング），ドイツ語，フランス語，中国語，韓国語のうち１科目選択	65点
		国　語	国語	100点
		地歴・公民・数学	日本史A，日本史B，世界史A，世界史B，地理A，地理B，現代社会，倫理，政治・経済，「倫理，政治・経済」，数学Ⅰ，「数学Ⅰ・A」，数学Ⅱ，「数学Ⅱ・B」のうち１科目選択	35点
	独自問題	総合問題	国語総合（古文・漢文を除く）と，「日本史B」（17世紀以降），「世界史B」（17世紀以降），「政治・経済」との総合問題とする。	200点
B方式	大学入学共通テスト	外国語	英語（リーディング，リスニング），ドイツ語，フランス語，中国語，韓国語のうち１科目選択	100点
		国　語	国語	65点
		地歴・公民・数学	日本史A，日本史B，世界史A，世界史B，地理A，地理B，現代社会，倫理，政治・経済，「倫理，政治・経済」，数学Ⅰ，「数学Ⅰ・A」，数学Ⅱ，「数学Ⅱ・B」のうち１科目選択	35点
	独自問題	総合問題	英語（コミュニケーション英語Ⅰ・Ⅱ・Ⅲ，英語表現Ⅰ・Ⅱ）と，「日本史B」（17世紀以降），「世界史B」（17世紀以降），「政治・経済」との総合問題とする。	200点

▶備　考

- 合否判定は総合点による。ただし，場合により特定科目の成績・調査書を考慮することもある。
- 大学入学共通テストの得点を上記の配点に換算する。英語の得点を扱う場合には，リーディング100点，リスニング100点の配点比率を変えずにそのまま合計して 200 点満点としたうえで，上記の配点に換算する。

- 大学入学共通テストの選択科目のうち複数を受験している場合は，高得点の１科目を合否判定に使用する。
- 試験日が異なる学部・学科・方式は併願ができ，さらに同一日に実施する試験であっても「AM」と「PM」の各々で実施される場合は併願ができる。
- 試験時間帯が同じ学部・学科・方式は併願できない。

<table>
<tr><th>試験日</th><th>試験時間帯</th><th>学　部</th><th>学科（方式）</th></tr>
<tr><td rowspan="3">2 月 18 日</td><td rowspan="2">AM</td><td>法</td><td>法（A）
ヒューマンライツ（A）</td></tr>
<tr><td>地球社会共生</td><td>地球社会共生</td></tr>
<tr><td>PM</td><td>法</td><td>法（B）
ヒューマンライツ（B）</td></tr>
</table>

総合問題

◀A 方式▶

(90分)

I 次の文章を読み，以下の設問(問1～問12)に答えなさい。

わが民法典を編纂する必要性の一つが，江戸時代に各地により多少の差異のある民事法の統一であったことは，古典的近代民法典であるフランス民法典，ドイツ民法典とほぼ同じである。それらの諸法典の編纂，いわゆる「法典編纂」事業が開始されるのは，近代国家としての統一がなされる時に，ヨーロッパ大陸諸国のどこでも同様であったといってよい。

しかし，わが国においては，さらに特別の事情があった。

まず直接には，条約の改正の前提とされたことである。

安政期に徳川幕府が諸外国と締結した通商条約は，不平等条約①などと呼ばれているように，わが国にとって一方的に不利なものであった。(中略)そこで，条約改正は当時の政治家の悲願②であったとされている。ということは，まことに幸いなことに，欧米列強の植民地となったり，治外法権に長い間服した国③と異なり，国の独立を確保すること，そのためにはそれら諸国に劣らない実力を持たなければならないことを強く考えていた政治家が当時のわが国に少なからず存在したということである。

さらに，その一つの基礎として西欧諸国の近代法制を導入すべきことが早くから考えられていた。(中略)

条約改正にとって，これらの諸法制の整備が相手国によって条件とされたことは，当時の外交文書からも明らかであるが，少し考えればわかるであろう。当時の日本のような後進国，まして鎖国ゆえに多くのことが知られていない国と交際するにあたっては，相手国としては三つのことが気になるはずである。第一は，私人間に紛争が起こった場合にそれを公正に判断する制度，つまり裁判制度④の確立である。第二は，能力とモラルの高い，等質の裁判官の存在である。いかに法律上裁判制度が整備されても，裁判官の質が低くてはこまる。第三は，⑤裁判所で裁判官が適用する法律が整備されていることである。いかに質の高い裁判官であっても，事前に定められ公にされている裁判の基準がなく，事件ごとに判断するのでは，裁判の結果，したがって自分の行為の法律上の結果が事前に明らかでないため，不安がある。(中略)

それほど急がれた民法典編纂は，法律の統一と条約改正のためだけだったのか。これこそ，わが民法典編纂の目的と，フランス民法典編纂の目的とが，大いに相違する点である。(中略)

ここ〔引用者注・江藤新平による司法卿の辞表〕には，当時の政治家の熱望であった，各国と「並立」するという目的，そのために国の⑥「富強」が必要であり，国の「富強」のもとは国民生活の安定であることが明瞭に述べられ，そのためには「国民の位置を正す」こと，つまり国民相互間の権利義務の確定されること，そのために民法，広く私法*の制定が必要であることが，きわめて論理的に説明されている。(中略)

要するに，フランス民法典が人権宣言に適合すべきものとして制定されたのに対し，日本民法典は，わが国が独立して世界諸国と対等の地位を保つために「富強」になることの手段として制定されたという特色をもっている。そのために早急に起草しようとしたのである。そこには，人権宣言云々はまったく出てこない。もちろんこのことは，両者の具体的内容が異なることを意味するものではない。

ここでは，江藤をはじめとする関係者の努力に⑦驚嘆せざるをえないとともに，そのある意味での限界ともいうべきものを認めざるをえない。 (a) ，当時としてはやむをえない，むしろ当然のことであったが，民法が人の私法的な権利義務を確保する法律であることは十分に認識されつつも，それが自然権(中略)の保護でもある(民法は自然権を保護する)ことについての認識は，当時の人にはあったのかもしれないが，そのような言葉で表明されてはいなかった。しかしこの点の認識，少なくともその強調が，最近にいたるまで，わが国の民法学者，広く法学者に十分でなかったことは，残念である。(中略)

このようにして，明治期の法律家の驚くべき努力によって，西欧法はわが国の法律となった。しかし，はたしてそれがわが国民一般の意識に浸透しているかは，問題とされている。(中略)

ただ，原因はともあれ，権利観念，法観念において，現在の日本人には，欧米人のみならず，アジアその他世界の多くの国民と比べても若干の違いがあることは，事実として否定しにくいといえよう。(中略)わが国における基本的な社会規範として「義理」およびこれと関係の深い「人情」があるということは，法社会学者を含む多くの学者(法学者以外も)の認めるところである。六本教授**は次のように説く。義理は，社会規範を前提とするが，その社会規範は，内容，違反の効果等において明確なものでなく，より一般的な原理の形で存在する。その遵守は，規範に従わせるほうの当事者からその内容を示して実行を要求するのでなく，従うほうの当事者から，要求されている行為内容を推測し，相手からの要求を待たずに自ら進んで行なうことが期待されている。その違反に対する制裁が「恥」である。

⑧<u>このような法観念</u>がはたして将来も続くかは問題であるが，それと，民法典，広く欧米法の基本をなしている権利・義務の観念との間に⑨<u>ずれ</u>があり，そこから多くの現象が説明できることは，明らかである。権利とは，明治初期に「権理」と訳されたように，道理に従った正しいもの，自他を超えた客観的な規範に基づく主張という意味を本来内包する。わが国においては，「利」のほうに重点が置かれ，権利主張が単に利己的な主張と考えられ，事実そのように行使されることも少なくない。基本観念の意識におけるギャップは，民法，広く法律の意味を⑩<u>減殺</u>させる。この問題にどう向きあうかは，法律家ばかりでなく，国民全体が真剣に考えるべき課題である。

*　私法　民法をはじめとする私人間の関係を規律する法。

**　六本教授　六本佳平。法社会学を研究する法学者。

——星野英一『民法のすすめ』(岩波書店，1998年)から抜粋して作成
なお，原文の漢数字をアラビア数字に改めている

問1　下線部①に関連して最も適当なものを，次の選択肢の中から1つ選び，解答用紙(その1)の解答番号 [1] にマークしなさい。

1　不平等条約の相手国の国民が犯罪を行った場合には，その国の領事が裁判することとされていた。しかし，その国の領事も裁判をするにあたって細心の注意を払っていたため，このことに対して日本国内で批判は生じなかった。

2　不平等条約の相手国からの輸入品に対する関税については，相手国と日本との協議で税率が定められることにされていた。しかし，相手国が後進国の日本に人道的な配慮をしたため，日本の国内産業を維持するのに十分な税率が定め

られていた。

3　治外法権を撤廃するため，明治政府は外国人判事を大審院に受け入れ，この外国人判事が外国人に関する事件について実際に審理を行い，判決を下していた。

4　日本が清と結んだ日清修好条規では，領事裁判権を相互に認めあっていた。これに対して，李氏朝鮮との間に結んだ日朝修好条規では，日本は領事裁判権などの不平等な取り決めを李氏朝鮮に一方的に押し付けた。

問 2　下線部②を言い換える語として<u>**適当でないもの**</u>を，次の選択肢の中から1つ選び，解答用紙(その1)の解答番号 [2] にマークしなさい。

1　垂涎　　2　本懐　　3　勘案　　4　渇欲

問 3　下線部③に関連して<u>**適当でないもの**</u>を，次の選択肢の中から1つ選び，解答用紙(その1)の解答番号 [3] にマークしなさい。

1　オランダは，軍隊を派遣しジャワ島の支配を始めた。これに対して，ジャワ島の住民が激しく抵抗した(ジャワ戦争)。このため，オランダ領東インドの財政が悪化したので，財政再建のため，オランダは，ヨーロッパに輸出するための商品作物(コーヒーなど)を強制的に作付けさせた。

2　フランスは，インドシナを清への進出の拠点とするために，アロー戦争後に，仏越戦争を開始するなどインドシナへの進出を本格的に開始した。

3　イギリス東インド会社は，ベンガルなどでの徴税権を獲得したことを皮切りに，マイソール王国，マラーター同盟，シク王国との戦争に勝利し，19世紀の半ばまでにインドのほぼ全域を制圧することに成功した。

4　イギリス東インド会社は，大量のアヘンを清から輸入して貿易赤字になったので，この貿易赤字を解消するために，清へ茶を大量に輸出することを考えた。そのために，インドでプランテーションを経営し，茶を大量に栽培していた。

問 4　下線部④に関する内容として最も適当なものを，次の選択肢の中から1つ選び，解答用紙(その1)の解答番号 [4] にマークしなさい。

1　日本国憲法は，すべての事件について最高裁判所が終審にならなければならないと規定している。

2　日本国憲法は，特別裁判所を設けることができるかについて言及していない。

3　現在では，最高裁判所の他に，下級裁判所として，高等裁判所，地方裁判所，家庭裁判所，簡易裁判所が設けられている。

4　日本国憲法は，法令が憲法に違反するかどうかを判断する権能を最高裁判所にのみ認めている。

問5　下線部⑤の理由として**適当でないもの**を，次の選択肢の中から１つ選び，解答用紙(その１)の解答番号 [5] にマークしなさい。

1　どのような行為が犯罪となるかをあらかじめ法律で明確に定めておくことにより，人々の行動の自由を保障する。

2　裁判官が自己が適当だと考えるルールを自ら定めることにより，社会の変化に柔軟に対応できるようにする。

3　取引の一方当事者が外国人であることを理由に，日本の裁判官が取引の相手方である日本人を不当に有利にすることを防ぐ。

4　外国人が日本に財産を投資した後に，日本政府が恣意的にその財産を接収することを防ぐ。

問6　下線部⑥のような明治政府の方針の内容として**適当でないもの**を，次の選択肢の中から１つ選び，解答用紙(その１)の解答番号 [6] にマークしなさい。

1　貨幣，銀行などの金融制度を整備した。

2　江戸時代のように米の収穫高を課税の基準とするのではなく，地価を課税の基準とする制度を導入した。

3　総力戦を貫徹するために必要な場合には，経済活動のすべてを政府の統制下に置くことができるようにする制度を導入した。

4　小学校の普及と就学の義務化を目指した法令を制定した。

問7　下線部⑦の意味として最も適当なものを，次の選択肢の中から１つ選び，解答用紙(その１)の解答番号 [7] にマークしなさい。

1　呆れる　　　　2　茫然自失となる

3　褒めたたえる　　　　4　嘆かわしい

問 8 　(a)　に入る接続詞として最も適当なものを，次の選択肢の中から1つ選び，解答用紙(その1)の解答番号　8　にマークしなさい。

1　すなわち　　2　しかし　　3　したがって　　4　なぜならば

問 9　下線部⑧はどのような「法観念」か。解答用紙(その2)の解答番号　Ⅰ－問9　に，100字程度で記述しなさい。〔解答欄〕125字

問10　下線部⑨はどのような「ずれ」か。解答用紙(その2)の解答番号　Ⅰ－問10　に，100字程度で記述しなさい。〔解答欄〕125字

問11　下線部⑩の読みがなとして最も適当なものを，次の選択肢の中から1つ選び，解答用紙(その1)の解答番号　9　にマークしなさい。

1　へんさつ　　2　へんさい　　3　めっさつ　　4　げんさい

問12　筆者の主張から読み取れる内容として最も適当なものを，次の選択肢の中から1つ選び，解答用紙(その1)の解答番号　10　にマークしなさい。

1　民法典の重要な役割の一つは，基本的人権を保護することである。

2　日本の民法典の編纂は，国内の法律の統一と不平等条約の改正を目的としており，日本の国力を増すための手段ではなかった。

3　不平等条約の改正のために，明治期の法律家が民法典の制定を急いだことは不適切であった。

4　編纂の目的が違うことから，フランス民法典と日本民法典とはその内容が大いに異なり，この点が日本民法典の欠点である。

Ⅱ 次の文章を読み，以下の設問(問１～問12)に答えなさい。

西欧世界における「公(public)／私(private)」の二分法の哲学的な意味について分析した思想家として，ハンナ・アーレント(1906－75)を挙げることができる。彼女は，「公／私」の二分法を，西欧的な意味での「人間性」の成立と結び付けて論じている。その場合の「人間性」とは，社会的・文化的な関係性の中で後天的に獲得される性質としての「人間性」である。

アーレントは，古代ギリシアのポリスにその「人間性」のモデルがあったという前提に立ちながら，「人間性」の３つの条件として，「労働」，「仕事」，「活動」を挙げ，このうち，「活動」を，最も重要な条件とする。アーレントの言う「活動」とは，自分以外の人間に対して，物理的・身体的な力によってではなく，言語とそれに伴う身振りなどによって働きかける営みである。アーレントは，「［(a)］」を，「ポリス」の本質である「政治」と結び付けた。ギリシアのポリス，特にアテネは，市民権を持った限られた人数の人々からなる民主政体によって運営されていた。人々は，討論において，自らの存在感を示そうとして，人を説得するための様々な技術を習得し，発展させていくようになる。それに伴って，［(b)］によって他の人間に働きかけることが習慣化・身体化されていく。討論を軸にして，「人間」としてあるべき姿が実体化されるようになったわけである。

［(c)］ポリスの市民たちの「家」は，経済的な営みの単位でもあった。

「市民」たちは，それぞれの「私的領域＝家」において動物としての基本的な欲求を充足されているので，「公的領域」では，自分の個人的な物理的利害に思い煩わされることなく，ポリス全体にとっての「善」のための討論に専念することができた。しかし，そうだとすると，すべてのヒトに「人間」としての基本的な権利を認め，基本的に全員参加の民主主義で運営される近代国家では，「私的領域」が「公的領域」を裏から支えるという構造的前提が崩れ，近代の市民たちは「人間」の最重要の条件である「活動」を十分習得することが困難になる。アーレントは，このような見解を示した。

ポリスの政治と近代的市民社会における政治の違いは，前者では，「私的領域」が経済を引き受けていたおかげで，利害関係を討論の俎上に載せる必要はなかったのに対して，<u>後者</u>①では，むしろ経済が主要議題になっていることである。近代においては，「家」は核家族にまで縮小し，経済的な営みの拠点は，「家」の外の資本主義的な工場，その生産物を取引する市場へと移動した。

近代の議会では，市民たちから税金を集めて産業振興や福祉のために配分したり，市場での取引ルールを決めるための討議が行われているが，議会に集まっている代表たちは，それぞれ自分が支持を受けている集団の利害を代表して発言しており，生物的・物理的な欲求から自由になって討論しているとは言い難い。近代市民社会の公的領域では，人は純粋に言葉と演技力で互いに説得し合うのではなく，利害関係によって離合集散するようになる。

こうして，「公的領域／私的領域」の境界線は曖昧になり，生物的な欲求から完全に自由になって「活動」できる空間はなくなった。アーレントは，この２つの領域の中間ともいうべきところに，「社会的領域」が形成されたという。こうした領域の設定と分析が可能になったのは，特定の外的・物理的な刺激に対して，不特定多数の人々がほぼ同じようなリアクションをするので，そのリアクションのパターンを法則化し，統計を取って，全体の動向をある程度予想できるようになったためである。

社会的領域が公的領域を凌駕して，人々の生活全体を覆い尽くすように拡大・浸透していくと，各人は常に周りに合わせて脊髄反射しなければならないので，次第に疲れてくる。アーレントによると，刺激に反応するだけの「社会」の中に人間らしさを見い出すことができない近代市民社会の人々は，「家」の中の「私生活」に人間らしい安らぎを求めるようになる。

核家族化した近代の「家」は，経済的な機能のかなりの部分を分離しており，奴隷もいなくなっているので，暴力的な支配関係もかなり緩和されている。[(d)]，外の世界＝社会的領域の方が，経済的利害をめぐる離合集散が続き，ぎすぎすしているように思える。そこで，社会からの避難所として，「家」が理想化され，家族を中心に身近な者だけでひっそりと営まれる「私生活(プライバシー)」が，各人が人間らしさを保持していくうえでの不可欠の基盤とみなされるようになる。

「私生活」では，討論を通して相手を説得する能力よりも，「親密さ」が重要になる。アーレントは，この「親密さ」の意味を探究し社会・政治思想的に明確な意味を与えたのは，フランス革命に影響を与えたルソー(1712－78)だという。彼女の理解では，親密さに価値を置くルソーの思想がフランス革命とともに西欧近代の市民社会に浸透するようになった結果，人々は，親密圏としての「私生活」に新たな意味を見い出すようになった。親密さという観念が，画一的な行動を強いる「社会的なもの」に抵抗して，「私生活」に閉じこもる際の拠り所となったのである。

こうしたアーレントの議論が，社会史的・思想史的に妥当であるかは別として，こ

<u>のように考えれば，近代人が「私生活＝プライバシー」を神聖視するようになった理由はうまく説明がつく。</u>

――仲正昌樹『「プライバシー」の哲学』(ソフトバンク新書，2007年)をもとに作成

問1 ［(a)］に入る語句として最も適当なものを，次の選択肢の中から1つ選び，解答用紙(その1)の解答番号［11］にマークしなさい。

1　活動　　2　労働　　3　仕事　　4　人間性

問2 ［(b)］に入る語句として最も適当なものを，次の選択肢の中から1つ選び，解答用紙(その1)の解答番号［12］にマークしなさい。

1　暴力　　2　衝動　　3　市民権　　4　言葉

問3 ［(c)］は，下記(ア)〜(ウ)の3つの文によって構成される。これらを正しく並び替えたとき，その順番として正しいものを，次の選択肢の中から1つ選び，解答用紙(その1)の解答番号［13］にマークしなさい。

(ア)「公的領域」がそのような場だとすれば，「公」性を欠く「私的領域」は，言語的な説得によらないで，むき出しの権力・暴力，物理的脅迫による支配が行われる閉ざされた空間である。

(イ)アーレントは，こうした「公的領域」での活動こそが「政治」であり，同時に「人間性」の最重要な条件であると考えた。

(ウ)この閉ざされた空間の中で，家族や奴隷を動員して，「市民」にとっての衣食住や性欲などの生物的・物理的な欲求が充足される。

1　(ア) → (イ) → (ウ)
2　(イ) → (ア) → (ウ)
3　(ウ) → (ア) → (イ)
4　(ウ) → (イ) → (ア)

問4 下線部①の内容として最も適当なものを，次の選択肢の中から1つ選び，解答用紙(その1)の解答番号［14］にマークしなさい。

1　ポリス　　2　政治

3　ポリスの政治　　　4　近代的市民社会における政治

問５　下線部②は，アーレントが西欧社会の古典的な理想型として設定した「ポリス」の「政治」からすると，どのように評価できるか。最も適当なものを，次の選択肢の中から１つ選び，解答用紙(その１)の解答番号 15 にマークしなさい。

1　むき出しの権力・暴力による支配が行われている。

2　人間性が顕著である。

3　ポリスの政治と同じである。

4　ポリスの政治からずれている。

問６　下線部③が示す内容として最も適当なものを，次の選択肢の中から１つ選び，解答用紙(その１)の解答番号 16 にマークしなさい。

1　人々は，活動＝演技する「人間」としての個性を失っていった。

2　人々は，機械とは異なり複雑な反応を示すようになった。

3　人々は，ポリスの政治よりもいっそう自らの存在感を示そうと，人を説得するための技術を習得し，発展させていった。

4　人々は，家を核家族化させていった。

問７　(d)　に入る語句として最も適当なものを，次の選択肢の中から１つ選び，解答用紙(その１)の解答番号 17 にマークしなさい。

1　つまり　　2　しかし　　3　むしろ　　4　たとえば

問８　下線部④に関連して，パーソナルデータの利活用に関する消費者の意識についての調査結果として，以下の表(1)，(2)がある。これらの資料から，**日本の消費者について**読み取ることのできる内容として最も適当なものを，以下の選択肢の中から１つ選び，解答用紙(その１)の解答番号 18 にマークしなさい。なお，選択肢における「パーソナルデータを提供したことがある者」とは，「普段から提供している」または「提供したことはある」と回答した者を指す。

表(1)　プライバシーやデータ保護に関する規制やルールに関する消費者の考え方

		便利・快適性を重視すべきである	どちらかというと便利・快適性を重視すべきである	どちらかというと安心・安全性を重視すべきである	安心・安全性を重視すべきである
国	日本	6	16	41	38
	アメリカ	12	18	40	31
	ドイツ	7	26	36	31
	中国	19	30	38	13

(%)

(出典)総務省(2020)「データの流通環境等に関する消費者の意識に関する調査研究」

表(2)　パーソナルデータの提供状況

		年	普段から提供している	提供したことはある	提供したことはない	よく分からない、覚えていない
国	日本	2017	18	55	17	10
		2020	23	51	14	11
	アメリカ	2017	29	58	10	3
		2020	26	50	18	7
	ドイツ	2017	21	56	19	4
		2020	26	43	23	8
	中国	2017	16	75	6	3
		2020	37	50	10	3

(%)

(出典)総務省(2020)「データの流通環境等に関する消費者の意識に関する調査研究」

1　プライバシーやデータ保護に関するルールについて安心・安全性を重視する

傾向が強く，パーソナルデータを提供したことがある者の割合が減少している。

2　プライバシーやデータ保護に関するルールについて安心・安全性を重視する傾向が他国よりも強く，パーソナルデータを提供したことがある者の割合が増加している。

3　パーソナルデータを提供したことがある者の割合が減少していることから，プライバシーやデータ保護に関するルールについて安心・安全性を重視する傾向が強くなっている。

4　パーソナルデータを提供したことがある者の割合が増加していることから，プライバシーやデータ保護に関するルールについて利便性を重視する傾向が強くなっている。

問 9　下線部④に関連して，問8の表(1)，(2)から読み取ることのできる内容として最も適当なものを，以下の選択肢の中から1つ選び，解答用紙(その1)の解答番号 19 にマークしなさい。なお，選択肢における「パーソナルデータを提供したことがある者」とは，「普段から提供している」または「提供したことはある」と回答した者を指す。

1　アメリカでは，プライバシーやデータ保護に関するルールについて消費者は安心・安全性を重視する傾向が強く，ほとんどの消費者がパーソナルデータを提供しなくなった。

2　ドイツでは，パーソナルデータを普段から提供していると回答した消費者の割合が増加しており，消費者においてパーソナルデータを提供していることの自覚が高まった。

3　中国では，消費者は，パーソナルデータの提供に対して全般に積極的である。企業の側からすれば，中国にはパーソナルデータの収集・活用が進めやすい環境があるといえる。

4　日本では，パーソナルデータを提供したことがある者の割合が増加していることから，パーソナルデータの保護に関する規制やルールについて，便利・快適性が重視されているといえる。

問10　下線部⑤の人物の主著『社会契約論』の内容として最も適当なものを，次の選択肢の中から1つ選び，解答用紙(その1)の解答番号 20 にマークしなさい。

1　自然状態では，個人の衣食住に必要な物をすべて自給することができない。社会においては，物の交換が必要であり，社会は，このような取引関係から成り立っている。

2　自然状態では，人は自由であるものの，いたるところで支配や服従が存在する。この服従が正当化されるのは，他の人間と一緒に共同体をつくって共同体の決定に従う場合である。

3　自然状態では，各個人が契約で自分自身の利益を追求する。それによって社会全体において適切な資源配分が達成される。

4　自然状態では，個人は契約するか否か，また，どのような内容の契約をするかを自由に決定することができる。これを国家が保障することで，社会が発展する。

問11　下線部⑥について，問題文によれば，近代人が「私生活＝プライバシー」を神聖視するようになった理由は何か。解答用紙(その2)の解答番号 Ⅱ－問11 に，100字程度で記述しなさい。〔解答欄〕125字

問12　下線部⑥に関連して，アーレントは，社会に疲れた人が「プライベート」に逃避することを否定的に評価した。彼女がそのように評価した理由を，解答用紙(その2)の解答番号 Ⅱ－問12 に，100字程度で記述しなさい。〔解答欄〕125字

III 次の文章を読み，以下の設問(問1～問12)に答えなさい。

20世紀初めになると，古典的な自由主義①は社会主義とファシズムの猛威によって挟撃され，知的な生命力を失いつつあった。一方，自由主義を修正したリベラルな思想が生まれると，その影響を受けた論者の中から，戦後秩序の基礎となる構想が登場する。その論者とは，イギリスの経済学者ケインズ，社会政策学者ベバリッジである。

ケインズは，すでに1926年のパンフレット「自由放任の終焉」の中で，［(a)］に委ねれば私的利益と社会全体の利益が自ずと一致するという想定を，「非現実的な空想」だと批判していた。(中略)ケインズの特徴は，道徳や人格的発展という語彙を使わずに，経済的自由主義を内側から修正し，一定の国家介入を導く論理を提供したことにあった。

ケインズによれば，資本主義市場は優れたシステムだが，常に自己調整メカニズムが働くわけではない。不況になると，人々が将来の不安に備えてお金を使わずに貯蓄したり，労働者が［(b)］の引き下げに抵抗したりする。［(c)］が増えなければ，景気はさらに悪化する。また労働者の［(b)］が下がらなければ，企業は労働者を雇うことを躊躇するため，失業が増える。こうして市場に委ねるだけでは，失業や不況がいっそう深刻化してしまう。したがって，不況の際には政府が介入し，市場で流通するお金の量を増やしたり(金融政策)，公共投資によって雇用を創出したりする必要がある(財政政策)②。政府が景気の循環に対応する金融・財政政策を行うことではじめて市場メカニズムは安定的に機能する。(中略)

もう一人の論者ベバリッジは，1921年の国民保険法に影響を与えるなど，失業問題や雇用政策に長く携わった学者だった。(中略)彼は市場への信頼を終始持ちつづけたが，［(a)］を機能させるためにこそ，国家による雇用政策や再分配が必要だと考えていた。

ベバリッジはイギリスの社会保障準備委員会の代表に就任し，1942年に『社会保険および関連サービス』，通称「ベバリッジ報告書」を発刊する。そこでは［(a)］によっては根絶できない「五つの社会的な悪」として，欠乏，疾病，無知，不潔，怠惰があげられた。現在の言葉で言えば，貧困，病気，教育不足，不衛生，失業である。これらは個人の努力だけで防げるものではなく，社会的な取組みが必要となる。「個人が自由に生活を築く」ためにこそ，全く新しい仕組みを作り出さなければならない。

具体的には，すべての国民が加入する単一の社会保険を作り，すべての人が均一のお金を拠出し，病気，障害，失業，老齢などで所得を喪失したり，家族を扶養する必要が生じたりしたときに，「ナショナル・ミニマム」を保障する，という仕組みが提案された。働けない人に対しては税を財源とした最低限の公的扶助を給付する。社会保険と公的扶助による生活保障は，国民の権利となる。(中略)

ケインズとベバリッジは，ともに資本主義を肯定し，市場への信頼を持ちつづけた。他方で国家が，働ける個人には就労の場とリスクへの保障を提供し，働けない個人には最低所得を保障することで，各自が「自由に生活を築く」ための条件を整備すべきだと論じた。第２次世界大戦後，彼らの構想は完全雇用政策(中略)と福祉国家の組み合わせ(中略)として，先進国で広く実現をみた。

しかし，こうした立場は今日さまざまな形で挑戦を受けている。１つの挑戦は，グローバル化に由来するものである。国境を越えた経済的なつながりが深まるにつれて，［ (d) ］と呼ばれる考え方が広がってきた。この考え方によれば，国家が弱い立場の人を保護したり，格差を抑制したりすると，経済的な効率性が損なわれ，社会全体が貧しくなってしまう。国家間のグローバルな競争にも後れをとってしまう。むしろ保護を最小限にして，人々に自助努力を促すべきとされる。

――田中拓道『リベラルとは何か』(中央公論新社，2020年)をもとに作成

問１　下線部①の説明として**適当でないもの**を，次の選択肢の中から１つ選び，解答用紙(その１)の解答番号［21］にマークしなさい。

1　古典的な自由主義は，政府の圧政や封建制秩序から個人を解放するための改革思想として登場した。

2　経済学者アダム・スミスは，著書『国富論』のなかで，個人が私的利益を自由に追求することを擁護し，国家は個人の経済活動に介入すべきではないと説いた。

3　古典的な自由主義は，新製品の開発，新たな生産方法の導入などの技術革新(イノベーション)こそが経済発展の原動力であると説いた。

4　アダム・スミスの『国富論』によれば，市場においては価格を通じて需要と供給とを調整するメカニズムが働き，社会全体の利益がもたらされるとされた。

問2　下線部①がもたらした弊害についての説明として**適当でないもの**を，次の選択肢の中から1つ選び，解答用紙(その1)の解答番号 22 にマークしなさい。

1　19世紀末から20世紀前半には，重化学工業が発展するにつれて，独占資本主義の傾向が強まった。

2　激しい景気変動が生じ，深刻な不況を経験した国家が，生産物の販路を求めて，植民地の獲得を進める動きが生じた。

3　激しい景気変動の過程で，貧富の格差が拡大した。

4　19世紀末から20世紀前半には，各国の農業生産力が大きく低下した結果，世界的な食糧不足が発生した。

問3　日本国憲法に規定されている基本的人権の中には，下線部①の時代から認められていたものが含まれている。このことについての説明として**適当でないもの**を，次の選択肢の中から1つ選び，解答用紙(その1)の解答番号 23 にマークしなさい。

1　職業選択の自由は，古典的な自由主義の時代から認められていた。

2　勤労の権利は，古典的な自由主義の時代には認められていなかった。

3　財産権の不可侵は，古典的な自由主義の時代から認められていた。

4　居住・移転の自由は，古典的な自由主義の時代には認められていなかった。

問4　(a) に入る語句として最も適当なものを，次の選択肢の中から1つ選び，解答用紙(その1)の解答番号 24 にマークしなさい。

1　資本の蓄積

2　為替の変動

3　自由な市場

4　技術の革新

問5　(b) 及び (c) に入る語句の組み合わせとして最も適当なものを，次の選択肢の中から1つ選び，解答用紙(その1)の解答番号 25 にマークしなさい。

1　(b) ＝物価　(c) ＝年金

2　(b) ＝賃金　(c) ＝年金

3　[(b)]＝物価　[(c)]＝消費

4　[(b)]＝賃金　[(c)]＝消費

問６　下線部②に関連して，1930年代にアメリカでとられた政策についての説明として**適当でないもの**を，次の選択肢の中から１つ選び，解答用紙（その１）の解答番号 [26] にマークしなさい。

1　ニューディール政策を推進したのは，ローズベルト大統領であった。

2　ニューディール政策は，規制の緩和，福祉予算の削減などを通じて「小さな政府」を目指した。

3　ニューディール政策は，大規模な公共事業への投資を通じて雇用を創出しようとした。

4　1929年のアメリカの株価暴落に端を発する世界恐慌が，ニューディール政策の推進につながった。

問７　下線部③に関連する事柄についての説明として**適当でないもの**を，次の選択肢の中から１つ選び，解答用紙（その１）の解答番号 [27] にマークしなさい。

1　生活保障の水準がナショナル・ミニマムに設定されたのは，個人がナショナル・ミニマム以上のものを自分で獲得することを推奨するためであった。

2　1942年に発表された報告書『社会保険および関連サービス』においては，生涯にわたる生活保障という目標を表すスローガンとして，「ゆりかごから墓場まで」が用いられた。

3　日本の社会保障制度は，現在，社会保険，公的扶助，社会福祉，保健医療・公衆衛生の４つの柱から成り立っている。

4　日本の社会保険には，現在，医療保険，年金保険，雇用保険，労災保険，介護保険があり，これらの費用は，被保険者と事業主の二者がそれぞれ一定の割合で負担している。ただし，業務上の災害を補償するための労災保険の費用は，事業主のみが負担している。

問８　下線部④に関連して，日本国憲法に規定されている基本的人権の中で，福祉国家の考え方に基づいて認められたものとして**適当でないもの**を，次の選択肢の中から１つ選び，解答用紙（その１）の解答番号 [28] にマークしなさい。

1　法の下の平等

2　教育を受ける権利

3　生存権

4　団体交渉権

問 9　下線部④に関連して，日本国憲法第25条第1項は「すべて国民は，健康で文化的な最低限度の生活を営む権利を有する。」と定めている。この権利に関連した説明として**適当でないもの**を，次の選択肢の中から1つ選び，解答用紙(その1)の解答番号 29 にマークしなさい。

1　日本国憲法第25条第1項が保障する権利は，社会権的基本権(社会権)の1つである。

2　社会権的基本権(社会権)の保障を世界で初めて規定したのは，日本国憲法である。

3　日本国憲法第25条第1項は，個人に対して裁判を通じての救済を受けることのできる権利を保障するものではなく，政治の努力目標を定めているにすぎないという考え方がある。

4　日本においては，現在，日本国憲法第25条第1項が保障する権利を具体的に実現することを目指して，国民皆保険・国民皆年金の制度が採用されている。

問10　(d)　に入る語句として最も適当なものを，次の選択肢の中から1つ選び，解答用紙(その1)の解答番号 30 にマークしなさい。

1　第三の道

2　産業資本主義

3　新自由主義

4　社会民主主義

問11　(d)　の考え方についての説明として**適当でないもの**を，次の選択肢の中から1つ選び，解答用紙(その1)の解答番号 31 にマークしなさい。

1　日本においても，この考え方に立って，公共事業の民営化，政府規制の緩和などの政策が推進された。

2　この考え方は，企業活動における法令遵守を徹底させ，株主，労働者，関連企業，地域社会などの利害関係者に対する企業の社会的責任を果たすことを求めた。

3　この考え方に対しては，政府の役割は貨幣供給量を経済成長や人口増減に合わせて一定に保つことであると説くマネタリズムが影響を与えた。

4　この考え方に基づく政策を推進した国の多くでは，失業の増大，格差の拡大などによる社会不安が高まると，家族，国家など個人を超える集団の権威や伝統が重視される傾向が強まった。

問12　下線部④にあるような国家のあり方は現在までに大きな変化を遂げたが，現代の国家が直面する課題についての説明として適当でないものを，次の選択肢の中から1つ選び，解答用紙(その1)の解答番号 32 にマークしなさい。

1　経済のグローバル化の中で，資本移動の自由化，貿易の自由化などが進み，それにともない先進国と途上国とのあいだの経済格差は顕著に縮小している。

2　経済のグローバル化，情報通信技術やインターネットの発達などによる産業構造の変化にともない，先進国では，安定した職，長期間働ける職が少なくなり，不安定な労働，短時間の断片的な労働が広がっている。

3　グローバル化が進む現代の先進国では，移民や難民によって自らの生活が脅かされていると考える人が増加しており，移民・難民の排斥を訴える政治勢力が支持を広げている。

4　多くの国では，グローバル化や新しい技術の恩恵を受け，より自由な機会を得ることができる人々と，そうした恩恵を受けることができず，かつての安定した暮らしが失われつつあると考える人々とのあいだで，分断や亀裂が広がる傾向がみられる。

◀B　方　式▶

(90分)

I (Questions 1〜5): Read the following text and answer the questions. Choose the best answer for each question, and mark the number on your answer sheet.（解答用紙その1を使用）

In the last few years, the Japanese government has been trying to increase the share of women in the workforce in general, and in leadership positions more specifically. This focus underscores the vital importance of women to the future of both the labor force and economy. Concurrent to this push for greater workforce equality, women's organizations across Japan have also pushed for reforming gender norms and expectations both at home and in the workplace.

Despite the enormous attention that has been paid to these issues, there is little data about how Japanese residents think about them. In February, we fielded a survey with a national sample of 2,389 Japanese residents to address this problem. In one part of the survey, we asked men and women to tell us how much they supported female equality in the workplace, the #MeToo movement, and feminism. Specifically, we asked them to rate their support on a 0-100 point scale, where higher values indicate more support.

The data provide a set of rich findings about Japanese views on gender issues. To begin with, there are no obvious differences in the extent to which men and women support female equality in the workplace. On average, men rated their level of support at 76.69/100. Perhaps surprisingly, this is not substantively or statistically different from women's level of support (i.e.,

75.89/100). If anything, men are more supportive of female equality in the workplace. At least in this one area of gender relations, Japanese men and women initially seem to see basically eye-to-eye.

When you elicit information about public attitudes in other areas, though, women and men in Japan seem to have very different views. For example, when we asked about the extent to which individuals support the #MeToo movement, we see that the patterns of replies differ across gender groups. Japanese men on average indicated 63.47/100. Women, though, rated their support at 67.43/100, or about 4 points higher. This difference is statistically significant.

It's also substantively meaningful, hinting that male support for gender equality in Japan might not extend past certain aspects of corporate life. While men might support women colleagues being treated equally in terms of hiring and promotions, for instance, they seem opposed to the idea that this equality would extend to interpersonal relationships within organizations.

We also found a similar disconnect between men and women's views on feminism; women express more support (70.65/100) than men (66.46/100). The difference is important, indicating that women support feminism about 1/5 of a standard deviation more than men. This provides additional evidence that Japanese men might accept or even support equality in the workplace but are less enthusiastic about that equality in other spheres of life.

There are two ways of looking at the findings. On the one hand, the gap between men and women might not be as large as one would think looking at the various national-level measures of gender equality in Japan. On the other hand, men continue to lag behind women in their support for movements aimed at increasing equality.

One implication of these findings is that public beliefs about women's roles outside the workplace remain more conservative than norms about their positions in the workplace. The government has spent considerable resources trying to increase gender equality in the office. Our work suggests that similar programs aimed at improving equality outside the office are also necessary. For instance, developing school-based efforts to broaden children's views about men and women — and their roles at home, in society, and in the labor force — might be a good place to start. Much more work needs to be done to assess how the views we document are created and how they can be changed.

1. What has the Japanese government been attempting to do recently?
   ① Change the system of female labor law.
   ② Improve the proportion of females in the labor force.
   ③ Put an equal number of men and women in the workforce.
   ④ Reform its gender norms and societal expectations.

2. What was the motivation behind this survey?
   ① To discover how many women are employed in high positions in Japanese companies.
   ② To explain how the Japanese government is supporting women.
   ③ To make up for a lack of information about Japanese attitudes towards gender.
   ④ To show that women are vital to the future of the economy.

3. What is the focus of the #MeToo movement?
   ① Ending poverty.
   ② Female safety.
   ③ Racial equality.

出典追記：The Japan Times, July 21, 2020

④ Workplace unions.

4. What is the inconsistency between viewpoints on feminism in Japan?

① Although feminism is a popular idea, most Japanese women see it as deviant.

② Japanese men are open to equality at work but less open in other facets of society.

③ Japanese men only pretend to be in favor of women's actions to improve equality.

④ The government appears to support gender equality but public opinion does not.

5. What conclusion can be drawn based on the findings of the survey discussed in this article?

① Beliefs about women who work are more traditional than those about women who do not.

② Further research needs to be conducted on how to publicize the views expressed here.

③ Programs in the workplace which strive to improve gender equality are no longer necessary.

④ Views about the role of women outside the workplace are not as progressive as those about their role inside it.

Ⅱ　(Questions 6～11)： Choose the most appropriate words from the selection below (①～⑦) to fill the gaps in the text (6～11), and mark the number on your answer sheet. One of the words (①～⑦) will not be used. (解答用紙その1を使用)

Humanity has made rapid progress in poverty reduction in recent decades, (6) more than 1 billion people out of extreme poverty between 1990 and 2015. However, today more than 700 million people, or 10% of the world's population, are still living below the extreme poverty line — currently (7) as living on less than $1.90 per day. Lack of income means lack of everything: people (8) poverty often lack clean water, safe and stable shelter, health care and basic education. They are more likely to face social exclusion and discrimination; they are also more (9) to conflicts and climate change. Every year, more than 5 million children, mostly in the Global South, die before they turn five years old. It is simply impossible to overstate the significance of this avoidable mass suffering in an affluent and hugely unequal world.

Extreme poverty is rarely just caused by domestic factors. Admittedly, often issues at home, such as corruption and weak governance, play important causal roles. However, many such domestic causes have been found to be exacerbated by international causes; for instance, (10) conditions of global trade. It is, therefore, (11) to claim that efforts to eradicate global poverty should extend beyond merely addressing domestic issues in southern countries.

① defined　　② engaging
③ experiencing　　④ lifting
⑤ uncontroversial　　⑥ unfair
⑦ vulnerable

出典追記：The Routledge Companion to Media and Poverty by Sandra L. Borden, Routledge

Ⅲ (Questions 12〜21): Choose the word that best fills the blank (　　) and mark the number (①〜④) on your answer sheet. (解答用紙その 1 を使用)

12. This small piece of metal (　　) as a lock for the window.

① acts　② becomes　③ resembles　④ uses

13. I finally (　　) to connect my phone to my computer.

① achieved　② attached　③ did　④ managed

14. My eight-year-old daughter watched that movie even though it's (　　) more for teenagers.

① intend　② making　③ meant　④ target

15. At the end of the tour, the staff member (　　) the visitors to the exit.

① appeared　② explained　③ guided　④ told

16. The number 13 is (　　) unlucky in many countries.

① believed　② claimed　③ considered　④ said

17. I met an old friend (　　) chance when we were both on the same train to Paris.

① by　② in　③ of　④ on

18. I (　　) and fell over a student's bag as I tried to run out of the classroom.

① gargled　② gripped　③ tickled　④ tripped

19. I love scary films so I enjoy (　　) horror movies.

① almost　② of main　③ most　④ most of

20. (　　) you feel hot, please open a window.

① Ever　② Must　③ Should　④ Won't

21. The flight is expensive and isn't even direct, so you would be (　　) going by train.

① advised for　② better off

③ faster with　④ recommended to

IV Write a short essay (about 50 words) in English about the question below. Give reasons for your opinion.（別紙の解答用紙その２に記入しなさい。）

"Are you optimistic or pessimistic about the situation in the world over the next five years?"

V 以下の文章は，加藤陽子著『それでも，日本人は「戦争」を選んだ』(朝日出版社，2009 年)からの抜粋です。これを読んだうえで，下記の問いに答えなさい。

私の専門は，現在の金融危機①と比較されることも多い一九二九年のダイキョウコウ(a)，そこから始まった世界的な経済危機と戦争の時代，なかでも一九三〇年代の外交と軍事です。新聞やテレビなどは三〇年代の歴史と現在の状況をいとも簡単にくらべてしまっていますが，三〇年代の歴史から教訓としてなにを学べるのか，それを簡潔に答えるのは実のところ難しいのです。

みなさんは，三〇年代の教訓とはなにかと聞かれてすぐに答えられますか。ここでは，二つの点から答えておきましょう。一つには，帝国議会衆議院議員選挙や県会議員選挙の結果などから見るとわかるのですが，一九三七年の日中戦争②の頃まで，当時の国民は，あくまで政党政治を通じた国内の社会民主主義的な改革(たとえば，労働者の団結権や団体交渉権を認める法律制定など，戦後，［　③　］による諸改革で実現された項目を想起してください)を求めていたということです。二つには，民意が正当に反映されることによって政権交代が可能となるような新しい政治システムの創出を当時の国民もまた強く待望していたということです。

しかし戦前の政治システムの下で，国民の生活を豊かにするはずの社会民主主義的な改革への要求が，既成政党，貴族院，枢密院(すうみついん)④など多くの壁に阻(はば)まれて実現できなかったことは，みなさんもよくご存知のはずです。その結果いかなる事態が起こったのか。

社会民主主義的な改革要求は既存の政治システム下では無理だということで，擬似(ぎじ)的な改革推進者としての軍部への国民の人気が高まっていったのです。そんな馬鹿なという顔をしていますね。しかし陸軍の改革案のなかには，自作農創設，工場法の制定，農村金融機関の改善など，項目それ自体はとてもよい社会民主主義的な改革項目が盛られていました。

ここで私が「擬似的な」改革と呼んだ理由は想像できますね。擬似的とは本物とは違うということです。つまり陸軍であれ海軍であれ，軍という組織は国家としての安全保障を第一に考える組織ですから，ソ連との戦争が避けられない，あるいはアメリカとの戦争が必要となれば，国民生活の安定のための改革要求などは最初に放棄される運命にありました。

ここまでで述べたかったことは，国民の正当な要求を実現しうるシステムが機能不全に陥ると，国民に，本来見てはならない夢を擬似的に見せることで国民の支持を獲得しようとする政治勢力が現れないとも限らないとの危惧(きぐ)であり教訓です。戦前期の陸軍のような政治勢力が再び現れるかもしれないなどというつもりは全くありません。『レイテ戦記』⑤『俘虜記(ふりょき)』の作者・大岡昇平も『戦争』(岩波現代文庫)のなかで，歴史は単純には繰り返さない，「この道はいつか来た道」と考えること自体，敗北主義なのだと大胆なことを述べています。

ならば現代における政治システムの機能不全とはいかなる事態をいうのでしょうか。一つに，現在の選挙制度からくる桎梏(しっこく)が挙げられます。衆議院議員選挙においては比例代表制も併用してはいますが，議席の六割以上は小選挙区から選ばれます。一選挙区ごとに一人の当選者を選ぶ小選挙区制⑥下では，与党は，国民に人気がないときには解散総選挙を行ないません。これは二〇〇八年から〇九年にまさに起こったことでしたが，本来ならば国民の支持を失ったときにこそ選挙がなされなければならないはずです。しかしそれはなされない。

政治システムの機能不全の二つ目は，小選挙区制下においては，投票に熱意を持ち，かつ人口的な集団として多数を占める世代の意見が突出して尊重されうるとの点にあります。二〇〇五年の統計では，総人口に占める六五歳以上の高齢者の割合は二割に達しました。そもそも人口の二割を占める高齢者，さらに高齢者の方々は真面目ですから投票率も高く，たとえば郵政民営化を一点突破のテーマとして自民党が大勝した〇五年の選挙では，六〇歳以上の投票率は八割を超えました。それに対して二〇歳台の投票率は四割台と低迷しました。そうであれば，小選挙区制下にあっては，確実な票をはじきだしてくれる高齢者世代の世論や意見をイセイシャ(b)は絶対に無視できない構造が出来上がります。地主の支持層が多かった戦前の政友会などが，自作農創設や小作法の制定などを実現できなかった構造とよく似ています。

私自身あと十七年もすれば立派な高齢者ですから，これまで述べたことは天に唾(つば)する行為に他なりませんが，義務教育期間のすべての子供に対する健康保険への援助や母子家庭への生活保護加算は，なによりも優先されるべき大切な制度です。しかしこちらには予算がまわらない。その背景には子育て世代や若者の声が政治に反映されにくい構造があるからです。

そのように考えますと，これからの日本の政治は若年層贔屓(びいき)と批判されるくらいでちょうどよいと腹をくくり，若い人々に光をあてててゆく覚悟がなければ公正には機能しないのではないか⑦と思われるのです。教育においてもしかり。若い人々を最優先として，早期に最良の教育メニューを多数準備することが肝心だと思います。また若い人々には，自らが国民の希望の星だとの自覚を持ち，理系も文系も区別なく，必死になって歴史，とくに近現代史を勉強してもらいたいものです。三〇年代の歴史の教訓という話からここまできました。

問1 課題文が2009年に出版された書籍からの抜粋であることを念頭において，下線部①「現在の金融危機」で示されている状況を説明する以下の文章を作りました。[A][B][C]の空欄を埋めなさい。2カ所ある[A][B]にはそれぞれ同じ言葉が入ります。

(別紙の解答用紙その3に記入しなさい。)

下線部①「現在の金融危機」とは，2008 年にアメリカ合衆国の大手融資銀行[A]・ブラザーズが経営破綻したことに端を発した世界的な金融危機，いわゆる[A]・ショックを指していると考えられる。経営破綻の直接の原因は，アメリカの住宅投資の加熱を背景に拡大した低所得者向けの住宅融資(サブプライムローン)の資金回収が困難になり，巨額の負債を抱えたことであった。この世界金融危機は日本経済にも打撃を与え，非正規雇用契約にもとづいて企業に[B]された労働者が雇い止めにあういわゆる「[B]切り」や，採用を約束されていた者がその約束を反故にされる「内定取り消し」が社会問題となった。一方，共通通貨[C]が導入されていたヨーロッパ諸国にも大きな影響があり，2011 年にはギリシアなどがデフォルトの危機に陥った。

問 2　下線部②「日中戦争」に関連して，次の問いに答えなさい。(解答用紙その1の22～25を使用)

22. これに先立つ 1931 年には，1930 年代の極東の軍事的危機の皮切りとなる日本の軍事行動が中国で行われました。その呼称と，その軍事行動が実行された場所について，正しい組み合わせを次の中から選びなさい。

① 支那事変，盧溝橋
② 上海事変，盧溝橋
③ 満州事変，盧溝橋
④ 上海事変，柳条湖
⑤ 満州事変，柳条湖

23. 1931 年当時の中国の政治・軍事の最高指導者(国民政府主席かつ陸海空軍総司令官)と首都について，正しい組み合わせを次の中から選びなさい。

① 張作霖，北京
② 張作霖，南京
③ 張学良，北京
④ 張学良，南京

⑤ 蔣介石，北京

⑥ 蔣介石，南京

24. 1930年代以前からすでに日本が植民地支配をしていた地域として正しいものを次の中から選びなさい。

① 台湾，インドシナ

② 台湾，朝鮮

③ 朝鮮，インドシナ

④ サイパン，台湾

⑤ サイパン，朝鮮

25. 1930年代の国際情勢についての説明として，正しいものを次の中から選びなさい。

① 日本は中国に対しいわゆる対華二十一カ条要求を出し，満蒙における日本の優越的地位を認めさせた。

② 中国は，日中戦争について国際連盟に付託したが，全会一致を原則とする国際連盟理事会では，日本を支持するアメリカの反対によって，実効的な対応がとられなかった。

③ 日本は，ヒトラーが政権を握りヨーロッパで戦線を開いたナチスドイツに続き，国際連盟を脱退した。

④ 日中戦争では日本も中国も宣戦布告を行わなかったが，それは，宣戦布告をするとアメリカ中立法が適用され，貿易や金融取引が制限される恐れがあるためだった。

⑤ 日本は，ヨーロッパ戦線で快進撃を続けるドイツに接近すべく，日独伊三国軍事同盟に調印した。

⑥ 日本軍がハワイの真珠湾を奇襲攻撃した。

問3　空欄③にはもとの文章では，連合国軍最高司令官の「総司令部」を指す3文字のアルファベットの言葉が入っています。この語を答えなさい。（別紙の解答用紙その3に記入しなさい。）

問 4　下線部④「枢密院」は，大日本帝国憲法草案審議のために設置された天皇の諮問機関です。大日本帝国憲法について，次の①～⑤の中から間違っているものを一つ選びなさい。(解答用紙その1の26を使用)

26. ①　大日本帝国憲法は天皇が定める欽定憲法のかたちをとった。

②　大日本帝国憲法は明治政府に雇われたフランス人顧問が起草した。

③　大日本帝国憲法では日本国民は「臣民」と呼ばれ，法律の範囲内で言論・著作・出版・結社の自由を得た。

④　大日本帝国憲法では法律の制定と予算の成立には帝国議会の協賛が必要とされた。

⑤　大日本帝国憲法と同時に公布された衆議院議員選挙法では，選挙人資格は満25歳以上の男性で直接国税15円以上を納めた者に与えられた。

問 5　下線部⑤『レイテ戦記』は，レイテ島を舞台に1944年10月から終戦まで日本軍とフィリピン奪回をはかる米軍により戦われた陸上戦を題材にした戦記文学作品です。次の東南アジアを中心とする白地図において，斜線で示した①～④の中から「レイテ島」の位置を選びなさい。(解答用紙その1の27を使用)

27.

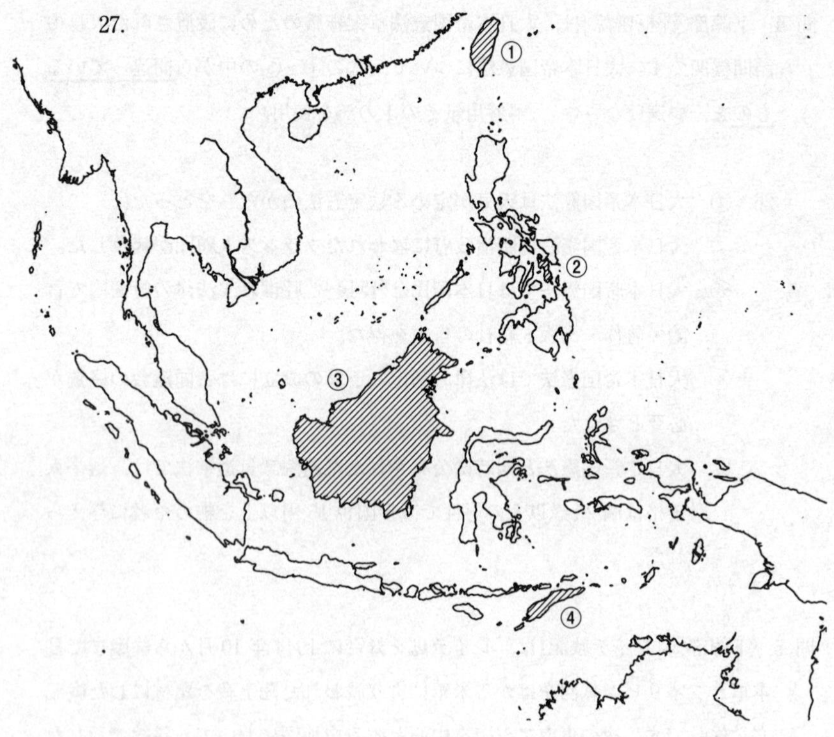

問 6　下線部⑥「一選挙区ごとに一人の当選者を選ぶ小選挙区制」について，次の①〜④の中から間違っているものを一つ選びなさい。(解答用紙その1の28を使用)

28.　①　アメリカやイギリスで採用されている。

②　二大政党型の政治に向かいやすいとされる。

③　死票が少なく民意を正確に反映しやすいとされる。

④　投票の際は政党名ではなく個人名を記入する。

問 7　下線部⑦「公正には機能しない」とは，筆者の考えではどのような事態を指していますか。本文の議論をふまえて20字以内で説明しなさい。(別紙の解答用紙その3に記入しなさい。)

問 8　下線部 a，下線部 b のカタカナを漢字で書きなさい。(別紙の解答用紙その 3 に記入しなさい。)

VI　以下の文章は，杉田敦著『政治的思考』(岩波書店，2013 年)からの抜粋です。これを読んだうえで，問いに答えなさい。

国民国家の時代には，国民があらゆる事柄についての最終的な決定単位だとされてきました。国民が決めるのだ，と。しかし，なぜ決定主体として国民を指定しなければいけないのでしょうか。実際，今日，重要な事項のすべてが国民という単位によって決められるようなものではないことが，誰の目にも明らかになってきました。たとえば，環境問題は国境を越えてしまいます。経済のグローバル化の中で，それぞれの国民が何を決めようと，外国の経済事情などによって大きな影響を受けてしまいます。

このように，誰が決めるべきかがよくわからなくなっているのが現状なのですが，それは，ある意味では私たちが原点に戻っていると言うこともできます。というのも，誰が決めるかを決めること自体，本来，重大な政治的争点だからです。誰が決めるかを決めたときに，結論がおおむね決まってしまうということが多くあるのです。

いくつかの例を挙げてみます。一つめは，ある国から特定の地域が分離独立したいという場合です。実際，世界では民族紛争の中で，特定の地域が分離独立を求めることは多くあるわけですが，その場合，分離独立したがっている地域が決定権をもって，住民投票などで決めるのか，それともその地域が所属している国全体で決めるのか。本来はどちらでもありうるわけですが，もし前者なら，分離独立は認められるでしょうし，後者であれば，おそらく否決されることでしょう。このように，実際の投票などがなされる前に，決定する単位が決まった時点で，かなりの程度結論が出てしまう場合があるのです。

二つめは，迷惑施設や危険施設と言われるような施設の立地や運用について，どの単位が同意すればいいのかという問題です。原子力発電所や軍事基地，ゴミの処分場などをつくってもいいかどうかは，立地自治体とされている村や町や市が決めるのか。それとも，その市町村が含まれる都道府県なのか。あるいは主権国家なのか。さらにいえば，ヨーロッパ連合のような，国境を越えた広域の共同体のような範囲なのか。どれも可能であり，しかもどれも決め手に欠けています。

負担が及ぶのはどこまでか，あるいは逆に利益を受け取れるのはどこまでか，ということで，関係者の範囲は自ずから決まってくるという考え方もあるかもしれません。しかし，実際には，どこかで線を引くことは難しい。きれいに整理できるものではないのです。迷惑施設について，立地された地元に利益誘導が行われているとすれば，そこでは確かにリスクは大きいけれども，利益もあるでしょう。もう少し離れたところでは，リスクはあるのに利益はないかもしれない。さらにもっと遠くへ行くと，利益だけがあってリスクはないかもしれない。そういういろいろな可能性があります。簡単に言えるものではありません。

こういう例を見ると，「決めるのは誰かを決める」ということが，政治においてきわめて重要な意味をもっていることを確認できます。しかも，それに関する一般的なルールというものがあるわけではない。にもかかわらず，この点をあまり意識せずに，制度がこうなっているからとか，従来こうやってきたからという考え方で済ませてしまうことが多かったのです。

問い　下線部に関連して，「迷惑施設」や「危険施設」の必要性は認めながらも，自分の近くには置いてほしくないとする態度のために，それらの建設がうまく進まないことがあります。これは一般にＮＩＭＢＹ(Not In My Backyard)問題と呼ばれています。さて，このＮＩＭＢＹ問題を解決するには，どのような手段が望ましいですか，またそれはなぜですか。本文の議論をふまえ，具体的な事例を挙げつつ，400字以内で論述しなさい。(別紙の解答用紙その3に記入しなさい。)

解答編

総合問題

◀A 方 式▶

I 解答 問1．4　問2．3　問3．4　問4．3　問5．2
問6．3　問7．3　問8．1

問9．社会規範として「義理」とそれに関係の深い「人情」があり，社会規範の違反に対する制裁である「恥」を恐れ，規範に従うほうの当事者が要求されている行為内容を推測し，要求を待たずに自ら進んで行うという日本の法観念。(100 字程度)

問 10．欧米法では，権利は道理に従った正しいもので，客観的な規範に基づく主張という意味を内包するが，日本においては「利」に重点があり，権利主張が利己的な主張と捉えられ，社会規範も明確な義務でなく，義理という一般的な原理の形で存在するというずれ。(100 字程度)

問 11．4　問 12．1

◀解　説▶

≪日本における民法典編纂と法観念≫

問1．4が適切。

1．不適。前半の文は正しいが，後半の文は誤り。領事裁判権に対して，日本国内では批判があった。

2．不適。前半の文は正しいが，後半の文は誤り。関税自主権がないことは国内産業の維持の妨げとなった。

3．不適。不平等条約改正の過程で，大隈重信が大審院での外国人判事任用を認めようとしたが，国内で批判を受け，実現しなかった。

問2．下線部②は，日本にとって一方的に不利な不平等条約の改正が当時の政治家の「悲願」，つまりどうしても果たしたい願いであったという意味。この意味として適当でないものを選ぶ。1の「垂涎」は非常にほしがること，2の「本懐」は元からの願い，4の「渇欲」は強く望む気持ちである。色々考え合わせることを意味する3の「勘案」が不適当。

問3．4が不適。イギリス東インド会社は，清から茶を大量に輸入して貿易赤字になり，その解消のために，清へアヘンを輸出することを考えた。そのために，インドでケシ（アヘンの原料）を大量に栽培した。この三角貿易における輸出入品の流れが間違っている。

問4．3が適切。

1．不適。そのような規定はない。最高裁判所まで持ち込まれる前に結審することも多い。

2．不適。日本国憲法第76条2項で特別裁判所の禁止が規定されている。

4．不適。違憲審査権は下級裁判所にも認められているというのが通説。

問5．2が不適。「裁判官が自己が適当だと考えるルールを自ら定める」のは，下線部⑤直後の文にある「事前に定められ公にされている裁判の基準」から外れる。

問6．3が不適。総力戦遂行のために，経済活動のすべてを政府の統制下に置く制度は，1938年の国家総動員法で規定された。明治時代の話ではない。

問7．下線部⑦は民法典編纂を行った江藤をはじめとする関係者の努力に「驚嘆せざるをえない」とあり，ここでの「驚嘆」は単に驚き感心するというよりも，賞賛する意味合いを含んでいると読み取れる。3の「褒めたたえる」が最適。

問8．空所(a)に接続詞を入れる問題であるが，空所後の文が長いため，どの部分と接続しているかを読み取らないと誤る問題。空所の前文の「限界ともいうべきものを認めざるをえない」に接続するのは，民法が人の私法的な権利義務を確保する法律であることは認識されつつも，それが自然権の保護でもあることについての認識が表明されてはいなかったことである。この展開から，空所後の文は限界とはどのようなことかを説明しており，前の内容を言い換えて説明する1の「すなわち」が最適な接続詞となる。

問9．「このような法観念」とは，前の段落にある日本人独特の法観念である。日本では，基本的な社会規範としての「義理」「人情」に縛られていて，規範に従わせるほうの当事者が実行を要求するのではなく，従うほうの当事者が要求されている行為内容を推測し，要求されなくても自ら進んで行うことが期待されている。そしてその違反に対する制裁が「恥」であり，権利や義務によってではなく，「恥」を恐れて自主的に行動するという法観念を説明する。

問 10. 下線部⑨の「ずれ」は，欧米法の基本をなしている権利・義務の観念と日本の法観念との間のずれである。下線部⑨の後から読み取れるように，欧米法の権利とは道理に従った正しいもの，自他を超えた客観的な規範に基づく主張という意味があるが，日本では「利」つまり個人の利益に重点が置かれ，権利の主張が利益を追い求める利己的な主張として捉えられてしまう，という「ずれ」がある。義務については，下線部⑨の前の段落の「義理」が「義務」とずれているということだが，「義理」については問 9 ですでに解答しているので，詳細な内容までは踏み込まず，「義務」との違いについてのみ言及する。前の段落に「義理は，社会規範を前提とするが，その社会規範は，内容，違反の効果等において明確なものでなく，より一般的な原理の形で存在する」とあり，「内容，違反の効果等において明確なもの」=「義務」と考えられるので，この部分を利用してまとめる。

問 12. 筆者の主張から読み取れる内容を選択肢から選ぶ問題。この文章では日本における民法典編纂の歴史と，欧米と日本の捉え方の違いを説明しているが，「国民相互間の権利義務の確定」(第 8 段落)，「自然権（中略）の保護」(第 10 段落）とあり，基本的人権の保護という 1 の説明が最も適当。2 の「日本の国力を増すための手段ではなかった」，3 の「民法典の制定を急いだことは不適切」，4 のフランス民法典と内容が異なるのが欠点という内容は，本文の説明との齟齬が明らかであり，誤りである。

II **解答**　問 1. 1　問 2. 4　問 3. 2　問 4. 4　問 5. 4
問 6. 1　問 7. 3　問 8. 2　問 9. 3　問 10. 2

問 11. 社会的領域が人々の生活全体を覆い尽くし，経済的利害をめぐる緊張を強いる領域となった近代において，社会からの避難所として身近な者だけで営まれる私生活が人間らしさを保持するために不可欠な場となったから。(100 字程度)

問 12. アーレントは「人間性」が，社会的・文化的関係性の中で後天的に獲得され言葉で他者に働きかける「活動」により実体化されると考えるが，この論理では「プライベート」への逃避は人間性の放棄を意味することになるから。(100字程度)

◀解　説▶

≪近代市民社会の社会的領域と「プライバシー」≫

問1．空所(a)の前の文脈より，ハンナ＝アーレントは「人間性」の3つの条件「労働」,「仕事」,「活動」のうち「活動」を最も重要な条件としており，言語と身振りによって働きかける営みが「活動」だと読み取れる。それが空所(a)直後の「ポリス」の本質である政治と結び付き，討論において人を説得するための技術として発展させていくという展開から，空所(a)に入るのは1の「活動」だと判断できる。

問2．問1からつながる文脈に空所(b)があり，説得するための技術であり,「討論を軸にして」とあるので，4の「言葉」による働きかけだと読み取れる。

問3．文整序問題。(ア)は「私的領域」は説得によらない権力，暴力，物理的脅迫による閉ざされた空間である，(イ)はアーレントは「公的領域」での活動が政治であるとともに人間性の条件だと考えた，(ウ)はこの閉ざされた空間で市民にとっての欲求が充足される，という内容である。この内容から，(ア)→(ウ)の順で「私的領域」の説明がされており,「公的領域」との対比として(イ)の後に説明されているということが想定できる。2の(イ)→(ア)→(ウ)の順が妥当である。

問4．ポリスの政治と近代的市民社会の政治の違いを説明している文脈である。前者ではポリスで「私的領域」が経済を引き受けていたため利害関係を討論しなかったという展開であり，後者が指すのは4の「近代的市民社会における政治」となる。

問5．アーレントが理想型とした「ポリス」の政治からすると，下線部②はどのように評価できるかという問題。下線部②は近代の議会では代表者である議員が，自分が支持を受けている集団の利害を代表して発言しており，生物的・物理的な欲求から自由になって討論していないというものであり，利害関係が討論の俎上に載らないポリスの政治からは大きくずれているので，4が適当。むき出しの暴力による支配は古代ギリシアにおける私的領域での支配であるので，1は外れる。

問6．公的領域と私的領域の境界が曖昧になり，社会的領域が形成されたという分析が可能になったのは，人々が同じような反応をするので，そのパターンから全体の動向をある程度予測できるようになったため，というのが下線部③の内容。この読み取りを前提に選択肢を確認すると，人々が個性を失ったという1が妥当。4の「核家族化」は社会的領域の形成の結果として起こったことと読み取れ，やや外れる。

問7．空所(d)の前後の展開を読み取ると，核家族化した近代の「家」は支配関係もかなり緩和されていて，外の世界である社会的領域のほうがぎすぎすしているという展開であり，3の「むしろ」が妥当。

問8．表の読み取り問題。「日本の消費者について」という出題と，選択肢の条件を見落とさないこと。表(1)では「便利・快適性を重視すべき」が「どちらかというと…重視すべき」と合わせて22%，「安心・安全性を重視すべき」が「どちらかというと…重視すべき」と合わせて79%で，他の3カ国より安心・安全性を重視していることがわかる。表(2)の「パーソナルデータの提供状況」では，2017年から2020年の間で「提供したことがある者の割合」が73%から74%に増えているが，「提供したことはない」が3%減っているので，「提供したことがある者の割合」がやや増えていると言える。この読み取りに合致するのは2。

問9．問8と同じ表の読み取り問題。3が適切。中国ではデータ提供に積極的であり，企業にとってはデータを集めやすいはずである。

1．不適。アメリカでは2020年は2017年より減っているとはいうものの76%がデータの提供をしており，「提供しなくなった」は誤り。

2．不適。ドイツではデータを提供したことはあると回答した消費者は減っているので，誤り。

4．不適。データ提供が便利・快適性の重視には直接つながらないので誤り。

問10．2が適切。ルソーの社会契約説に関する問題。ルソーによれば，自然状態にある人間は自由であるが，文明の進歩とともに，人民を支配，抑圧する社会構造ができあがった。そこで，人民が契約を結んで共同体（国家）を形成し，共同体全体の意志である一般意志の決定に従うべきと考えた。

問11．下線部⑥の前の展開にあるとおり，社会的領域が人々の生活全体を覆い尽くすようになり，各個人は周りに合わせて行動し，経済的利害をめぐる離合集散の中でぎすぎすしてストレスを感じるようになる。その社会からの避難所としての「私生活＝プライバシー」に安らぎを感じ，人間らしさを保つために不可欠な場となり，最重要なものと「神聖視」された。これが近代人が「私生活＝プライバシー」を神聖視するようになった理由である。

問12．アーレントが「プライベート」への逃避を否定的に捉えるのはなぜかを読み取り，説明する。ポイントは，アーレントが古代ギリシアのポリスに「人間性」のモデルがあったと考え，「活動」での言葉による他者への働きかけが「人間」としてあるべき姿だと考えたこと。この論理を基盤にすると，「プライベート」への逃避は，身近な者との親密さだけで，他者には働きかけないことになり，「人間性」の実現もあり得ない。これが，彼女が否定的に評価する理由である。

問1．3 問2．4 問3．4 問4．3 問5．4
問6．2 問7．4 問8．1 問9．2 問10．3
問11．2 問12．1

◀解　説▶

≪古典的自由主義≫

問1．3が不適。イノベーションによる経済発展は20世紀前半にシュンペーターが提唱した理論である。

問2．4が不適。消去法で考えたい。1～3は適当と考えられる。4については，古典的な自由主義の弊害として，食糧不足が発生するとは考えにくい。実際，第一次世界大戦後，機械化によって農業生産性は向上している。

問3．4が不適。下線部①の時代とは18世紀末～19世紀を指す。大日本帝国憲法では第22条において居住・移転の自由が規定されていた。

1・2・3．適切。職業選択の自由と財産権は自由権に属するので，古典的自由主義の時代から認められており，勤労の権利は社会権に属するので，20世紀になってから認められた。

問6．2が不適。ニューディール政策は，政府が積極的に経済に介入し，国民の福祉の充実を図る「大きな政府」を志向するものであった。

問 7．4 が不適。介護保険の保険料は被保険者のみが負担し，事業主は負担しない。また，労災保険を除く日本の社会保険の費用は国や地方自治体も財源を負担している。

問 8．1 が不適。

2・3・4．適切。資本主義の問題を是正すべく，福祉国家の理念に基づき認められたのは社会権で，教育を受ける権利，生存権，労働基本権（団結権，団体交渉権，団体行動権（争議権）の労働三権），勤労権が該当する。

問 9．2 が不適。世界で初めて社会権を規定したのは，ドイツのワイマール憲法（1919 年）である。

問 11．2 が不適。コンプライアンス（法令遵守）の徹底を含む企業の CSR（社会的責任）は，新自由主義と直接の関係はない。

問 12．1 が不適。経済のグローバル化の中で，BRICS（ブラジル，ロシア，インド，中国，南アフリカ）に代表される新興国の台頭がみられるとはいえ，先進国と発展途上国の経済格差（南北問題）が顕著に縮小したとはいえない。

◀B 方 式▶

I **解答**　1－②　2－③　3－②　4－②　5－④

◆全　訳◆

≪日本人男性が抱える複雑な男女平等観≫

ここ数年，日本政府は労働力全般において，より具体的に言えば指導的地位において，女性の比率を増加させようとしている。この取り組みの焦点は，労働力と経済の双方の未来に向けて女性の非常に大きな重要性を強調するものである。この労働力におけるより大きな平等を推し進めると同時に，日本中の女性団体は家庭と職場の双方におけるジェンダー規範と期待値の変革もまた強く求めている。

これらの問題に対しては大きな注目が払われているにもかかわらず，どのように日本人がそれらについて考えているのかについてのデータはほとんど存在しない。2月に，私たちはこの問題に取り組むため，2,389人の日本人住民の全国的なサンプルを用いて実態調査を行った。この調査の一部において，私たちは男性と女性に職場における女性の平等，#MeToo運動，そしてフェミニズムをどのくらい支持しているかを尋ねた。具体的には，彼らに自分たちの支持を0から100点の尺度で評価するように依頼した。より高い値がより大きな支持を示している。

このデータはジェンダーという問題に対する日本人の考え方について，一連の豊かな発見を提供している。はじめに，職場における女性の平等を支持する男性と女性の程度には目立った差はない。平均すると，男性は自分たちの支持のレベルを76.69/100としている。意外かもしれないが，これは女性の支持のレベル（すなわち75.89/100）と実質的，統計的に変わらない。どちらかと言えば，職場での女性の平等については，男性のほうがより支持をしている。少なくとも，ジェンダーの関係のこの1つの領域においては，日本人男性と女性は当初は基本的に意見が一致しているようである。

しかしながら，他の分野での大衆の姿勢についての情報を取り出すと，日本における女性と男性は非常に異なる考え方をもっているように思える。

たとえば，#MeToo 運動をどの程度支持するかについて尋ねた際，回答のパターンが性別グループ間で異なることがわかった。日本人男性は平均して 63.47/100 を示した。しかし女性は 67.43/100，つまり約 4 ポイント高い支持を示した。この差は統計的に有意である。

それはまた，日本におけるジェンダー平等に対する男性の支持は，会社での生活という側面を越えてはいないかもしれないということを示しており，非常に意義深いものである。例を挙げると，男性は女性の同僚が雇用や昇進という観点においては平等に扱われることを支持しているかもしれないが，この平等が組織内での人間関係にまで及ぶという考えには反対しているように思える。

私たちはまた，フェミニズムについての男性と女性の考え方にも同様のずれを発見した。つまり，女性（70.65/100）は男性（66.46/100）よりも大きな支持を表明しているということである。フェミニズムを支持する女性は男性よりもおよそ 5 分の 1 標準偏差が大きいということを示しており，この差は重要である。このことは日本人男性が職場における平等は受け入れ，あるいは支持しさえするかもしれないが，それ以外の生活面における平等についてはさほど熱心でないことを示すさらなる証拠を提供している。

この発見には 2 つの見方がある。一方では，男性と女性の間の差は，日本におけるジェンダー平等についてのさまざまな国家レベルの評価基準を見れば，思うほどには大きくないかもしれないということである。他方では，男性は平等を増進するための運動に対しては，女性に対して後れをとっている状態が続いている。

これらの発見から推測されることの 1 つには，職場外での女性の役割についての大衆の思い込みは，職場における女性の地位についての標準よりも保守的なままであるということである。政府は職場におけるジェンダー平等を増進しようとして，かなりの財源を使っている。私たちの調査は，職場外での平等を改善することを目的とした同様のプログラムもまた必要であるということを示唆している。たとえば，男性と女性について――それから彼らの家庭，社会，そして労働力における役割について――の子どもたちの考え方を広げていくための，学校を拠点とした取り組みを発展させていくことは，取りかかりとしてよいものかもしれない。私たちが記録した考え方がどのように形作られ，そしてどのようにそれらを変えることができるのかを評価するためには，さらに多くの取り組みが必要である。

◀解　説▶

1．「最近，日本政府が試みていることは何か」

第1段第1文（In the last …）参照。「労働力全般における女性の比率を増加させる」とあり，この内容と一致するのは②の「労働力における女性の比率を改善する」である。①の「女性の労働法の仕組みを変える」は本文に記述がない。③の「同じ数の男性と女性を労働力に置く」も述べられていない。④の「ジェンダー規範と社会的に期待されていることを変革する」は第1段最終文（Concurrent to this push …）に同様の記述があるが，これは女性団体が求めていることであり，日本政府の取り組みではない。

2．「この調査の背景にある動機は何であったか」

第2段第1・2文（Despite the enormous … this problem.）参照。「どのようにこれらの問題について考えているかのデータがほとんどない」，「この問題に取り組むための調査を実施した」とあることから判断する。この内容に一致するのは，③の「ジェンダーに対する日本人の考え方についての情報が欠けていることを埋め合わせるため」である。①の「日本企業で，高い地位で雇用されている女性が何人いるかを知るため」は本文に記述がない。②の「どのように日本政府が女性を支援しているかを説明するため」は第1段第1文（In the last …）に「日本政府が指導的地位での女性の比率を増加させようとしている」という記述はあるが，この調査の目的ではないため，誤りである。④の「経済の未来に対して女性が必須であるということを示すため」もまた第1段第2文（This focus underscores …）に「労働力と経済の未来に女性は必須」という記述があるが，これも政府の支援の目的であり，この調査の目的ではない。

3．「#MeToo 運動が焦点を当てているものは何か」

#MeToo 運動の目的を直接的に述べている個所は本文にはないが，第2段第3文（In one part …）に「職場での女性の平等」，「フェミニズム」とともに調査の対象として挙げられていることから，#MeToo 運動も女性に関することだと推察できる。よって，②の「女性の安全」が正解として適切である。①の「貧困を終えること」，③の「人種的平等」，④の「職場の団結」はいずれも本文に記述がない。なお，#MeToo はセクシャル

ハラスメントなどの被害体験を共有する際に SNS で用いられるハッシュタグである。日本では #MeToo 運動に含まれるため，あまりみられないが，欧米にはセクシャルハラスメントの被害撲滅を訴える Time's Up という運動も存在する。

4．「日本におけるフェミニズムに対する考え方の間にある矛盾は何か」

第 6 段最終文（This provides …）参照。「日本人男性は職場での平等は受け入れ，支持するが，他の部分での平等についてはあまり熱心ではない」とあることから判断する。この内容と②の「日本人男性は，職場の平等に対しては受け入れているが，社会の他の面に対してはさほど受け入れていない」が一致する。①の「フェミニズムは人気のある考え方であるが，ほとんどの日本人女性は社会の基準から逸脱したものだとみなしている」，③の「日本人男性は，平等を改善するための女性の行動を支持するふりをしているだけである」，④の「政府はジェンダー平等を支持しているように見えるが，世論はそうではない」は，いずれも本文に記述がない。

5．「この記事において議論されている調査での発見に基づいて，どのような結論が導き出されうるか」

最終段第 1 文（One implication of …）に「女性の職場外での役割は職場での地位の規範に比べてより保守的なままである」とあり，同段第 3 文（Our work suggests …）に「調査が職場外での平等を目的としたプログラムが必要だということを示唆している」とあることから判断する。④の「職場の外における女性の役割に対する考え方は，職場内の役割に対するものほど進歩的ではない」がこの内容と一致する。①の「仕事をしている女性についての思い込みは，仕事をしていない女性についてのものよりも伝統的なものである」は本文に記述がない。②の「ここで表されている考え方をどのように広めるのかについて，さらなる調査が必要である」も本文に記述はない。最終段最終文（Much more work needs …）に「記録された考え方がどのように形作られ，どのようにそれらを変えることができるのかを評価するためにはさらに多くの取り組みが必要」とあるのみで，広めることについては言及されていない。③の「ジェンダー平等を改善しようとする職場におけるプログラムはもはや必要ではない」も誤りである。第 3 段第 2 文（To begin with, …）に「職場における女性の平等の支持に男女間の差はない」とあり，最終段第 3 文（Our work suggests …）に

「職場外での平等を改善するための同様のプログラムが必要」とあるが，「職場におけるプログラムは必要ない」という記述はみられない。

Ⅱ　解答　6−④　7−①　8−③　9−⑦　10−⑥　11−⑤

◆全　訳◆

≪今なお多くの人々が苦しむ貧困の状況と原因≫

ここ数十年，人類は貧困の減少において急速な進化を遂げており，1990年から2015年の間に，10億人以上の人々を極度の貧困から救い出してきた。しかしながら，今日，7億人以上の人々，つまり世界人口の10％の人々がまだ極度の貧困線――現在は1日あたり1.9ドル以下での生活と定義されている――に満たない暮らしをしている。収入の不足はすべてのものが不足しているということを意味する。貧困を経験している人々はしばしば清潔な水，安全でしっかりとした住居，ヘルスケア，そして基本的な教育といったものが不足している。彼らは社会的な疎外や差別といったものにより直面しやすい。彼らはまた紛争や気候変動といったことに対してもより脆弱である。毎年，主にグローバルサウス（南半球の発展途上国）では，5百万人以上の子どもたちが5歳の誕生日を迎える前に命を落としている。豊かで極めて不平等な世界において，この回避可能な多くの人々が苦しんでいるということの重要性をいくら強調してもしすぎることはない。

極度の貧困がただ国内の要因によって引き起こされているということは稀である。確かに，腐敗や統治の弱さといった国内での問題が重要な原因となる役割を果たしていることも多い。しかしながら，そうした国内における多くの原因は国際的な要因によって悪化することが判明している。たとえば，グローバルな交易の不平等な条件などだ。それゆえ，地球規模の貧困を根絶するための努力は，ただ南半球の国々の国内の問題に取り組むということをはるかに超えていくべきだということについて，議論の余地はない。

◀解　説▶

6．「10億人以上の人々を極度の貧困の外に」という文章の一部である。直前の内容が「近年，貧困の減少に目覚ましい進歩を遂げている」であることから④の lifting を選び，「極度の貧困から助け出す」といった意味にすればよい。lift *A* out of *B* で「*A* を *B* から持ち上げる，取り除く」といった意味である。

7．――以下は直前の extreme poverty line「極度の貧困線」の説明となっている。define *A* as *B*「*A* を *B* と定義する」を用いて，「現在は１日あたり 1.9 ドル以下で生活することと定義されている」とすればよい。

8．コロン以下が直前の「収入が不足しているということはすべてのものが不足しているということを意味する」の具体例となっている。③の experiencing を選び，「貧困を経験している人は清潔な水，安全で安定した住居，ヘルスケア，基本的な教育が不足している」という文を作ればよい。

9．直前の「社会的な疎外や差別を受けやすい」ことに加えて，貧しい生活を送る人たちが紛争や気候変動に対してどのような状態であるのかを考える。⑦の vulnerable を選び，「紛争や気候変動に対してより脆弱」とすればよい。

10．空所前に for instance「たとえば」とあることから，直前の「国内の（貧困の）原因は国際的な要因によって悪化する」ことの例となっていることがわかる。⑥の unfair を選び，「グローバルな交易の不平等な条件」とすればよい。

11．直前の「貧困の原因は国際的な要因によって悪化する」という文章を受けて，therefore「それゆえ」と文章をまとめている。「貧困を根絶するためには単に国内の問題に取り組むということを超えて努力するべき」ということに対しては，⑤の uncontroversial「議論の余地はない」となる。

解答　12−①　13−④　14−③　15−③　16−③　17−①
18−④　19−③　20−③　21−②

◀解　説▶

12．「この小さな金属の一片は窓のロックとしての役目を果たします」

空所の後の as に着目する。act as *A* で「*A* としての役目を務める」といった意味になる。②の become はそれだけで「〜になる」という意味をもっており，as は不要であるため不適。③の resemble や④の use は金属の一片は「〜に似ている」，「〜に使う」という関係になってしまうので，不可。

13.「私はついに電話をコンピュータに接続することができた」

manage to *do* で「どうにか～する」といった意味を表す。①の achieve は不定詞ではなく，動名詞を目的語にとる。②の attach は attach *A* to *B* で「*A* を *B* に取り付ける」という意味になるため，意味を成さない。③の did は「～した」という意味にしかならないので文意が通じない。

14.「私の8歳の娘は，その映画が10代の若者向けであるにもかかわらず，その映画を観た」

直前に be 動詞があるので，動詞の原形である①の intend や④の target は不可。②の making では it(その映画) が何かを作っていることになってしまうため，不適。be meant for *A* で「*A* 向けである」といった意味になる。

15.「ツアーの終わりに，スタッフは訪問者たちを出口まで案内した」

③の guide は「案内する，導く」という意味である。①の appear は自動詞で目的語はとらないため，不適。②の explain は explain ～ to *A* の形で「*A* に～を説明する」となるが，ここでは to 不定詞がないため不適。④の tell は，tell *A* to *do* の形で「*A* に～するように言う」という意味になるが，こちらも to 不定詞をとっていないため不適。

16.「13という数字は多くの国で不吉なものだとみなされている」

③の consider は第5文型をとり，consider *A B* で「*A* を *B* とみなす」という意味になる。設問では受動態となっている。①の believed や④の said は to 不定詞を続ける必要がある。②の claim は受動態にせず，claim to *do* で「～すると主張する」という意味になる。

17.「パリ行きの同じ列車にともに乗っていたとき，私はたまたま旧友に会った」

by chance で「偶然に」という意味のイディオムである。その他の前置詞は用いることができない。

18.「私は教室から走り出ようとした際，つまずいて学生のかばんの上に転んだ」

動詞の意味を問う問題である。④の trip は「つまずく」，①の gargle は「うがいをする」，②の grip は「つかむ」，③の tickle は「くすぐる」となり，trip 以外では文章が成り立たない。

19.「私は怖い映画が大好きなので，ほとんどのホラー映画を楽しむ」

「ほとんどの *A*」は most *A*，定冠詞や my などの所有格を用いて most of the *A*，almost all〔every〕*A* のように表す。①の almost は副詞なので直接名詞を修飾できないため，all などが必要である。④の most of は the があれば可である。

20.「万一暑いと感じたら，窓をお開けください」

「万一〜なら」と可能性の低い仮定を表す表現で，if の省略により倒置が起こった文章である。元の語順は If you should feel … である。②の Must や④の Won't であれば疑問文となるので，？が必要となる。

21.「このフライトは高価であるし，直行便ですらありません。よって，列車で行くほうが賢明です」

be better off *doing* で「〜するほうが賢明である」といった意味になる。①の advise は目的語を挟んで to 不定詞を続ける形が一般的である。③の faster は，主語が電車であれば使えるが，with going by train の部分が成立しないため，不適。④の recommend は動名詞を目的語にとり，recommend *doing*「〜することを勧める」という形で用いる。

Ⅳ **解答例** I am pessimistic about the situation in the world over the next five years because the COVID-19 pandemic and wars have divided the world, threatening world order. The gap between the rich and the poor has also grown wider. These problems won't be solved within five years, so I can't help but be pessimistic. (about 50 words)

◀解　説▶

≪今後5年間の世界が置かれている状況は楽観的なものか，悲観的なものか≫

今後5年間の世界が置かれている状況について楽観的か，悲観的かを理由とともに書くという問題である。〔解答例〕では，悲観的に感じる理由として新型コロナウイルスの流行や戦争，広がる貧富の差について取り上げた。

「50語」という語数は理由を含めた意見の記述としては少ない。日頃からシンプルな表現で語数を意識した練習が必要である。

 **解答**　問１．［A］リーマン ［B］派遣 ［C］ユーロ
問２．22―⑤ 23―⑥ 24―② 25―④
問３．GHQ　問４．②　問５．②　問６．③
問７．若者世代の政治的意見が優先されない事態。(20 字以内)
問８．a．大恐慌　b．為政者

◀解　説▶

≪1930 年代の日本政治から学ぶ教訓≫

問２．22．⑤が適切。満州事変は 1931 年の柳条湖事件を皮切りに，支那事変（当時の呼称，現在は「日中戦争」と呼ぶ）は 1937 年の盧溝橋事件を皮切りに始まった。

25．④が適切。

①不適。日本が中国に対華二十一カ条要求を突きつけたのは，第一次世界大戦中の 1915 年。

②不適。アメリカは国際連盟に加盟しておらず，したがって国際連盟理事会の議決にも参加していなかった。

③不適。日本が 1933 年３月に国際連盟に脱退を通告したのに続いて，ドイツが同年 10 月に脱退した。

⑤不適。日独伊三国軍事同盟が調印されたのは 1940 年。

⑥不適。日本が真珠湾を奇襲攻撃したのは 1941 年。

問４．②誤文。大日本帝国憲法は伊藤博文らによって起草された。その過程でドイツ人顧問のロエスレルが影響を与えた。

問６．③誤文。小選挙区制では，当選者以外への投票がすべて死票となる。死票が少ないのは，得票率に応じて議席が配分される比例代表制である。

問７．下線部⑦「公正には機能しない」について，筆者がどのような事態を指しているかを説明する。下線部⑦を含んで「若い人々に光をあててゆく覚悟がなければ（日本の政治は）公正には機能しない」とある。裏を返せば，若い人々に光をあてれば，政治は公正に機能する。なぜなら，現状は世代間の投票率の差によって，高齢者世代の意見が尊重される仕組みとなっているが（第８段落），筆者によれば，本来「なによりも優先されるべき大切な制度」（下線部⑦の前の第９段落第１文）は，子供関連の援助であるからだ。指定字数が少ないので，要点のみを端的に記述する。

Ⅵ **解答**　〈解答例〉NIMBY問題の解決に関連して，本文では，決定主体を決めることの重要性が指摘されている。一般的に，この種の問題では利害対立が激化し，交渉が決裂しやすい。あるいは，声を上げた者に対して，不当な圧力が加わるおそれもある。

そこで「核のゴミ」の処分場誘致問題を例に，当事者・決定主体を定め，決定方法を考える。第1に，直接的な受益者かつ運営者である電力会社等の事業者の参加は欠かせない。第2に，誘致自治体の住民である。ただし，将来を見据えて若年層の意見に重みをもたせるべきである。第3に，核のゴミがそもそも公益事業である原子力発電の副産物と考えれば，広域都道府県の住民が当事者意識をもち，関与すべきだろう。裁判員裁判のように，無作為抽出で選ばれた住民が専門家とともに審議会を構成し，事業者と自治体住民の意見を公平に評価する。可能な限り公正な形で決定するには，多様な住民が参加する審議の活用が望ましいと考える。(400字以内)

◀解　説▶

≪NIMBY問題≫

NIMBY問題の望ましい解決手段を，課題文の内容を踏まえながら，具体的事例および理由とともに論述する。課題文では，政治においては「決めるのは誰かを決める」のが重要な争点だと指摘されている。よって，この争点を意識した構成が順当であろう。

次に，各自が思いついた具体的な事例に「誰が決めるか」という視点を当てはめてみる。決定主体の候補としては，周辺住民以外にどのような関係者が存在するかは事例によって異なるが，できるだけ多角的に想定しておくと論述の説得力が増す。加えて，解決手段を書くことが求められているので，「決め方」にも言及しておく。民主主義で想定される手続きとして，合議や投票，公正な審議などが適当と考えられる。

具体例に関して，〔解答例〕では，原発問題と関連してたびたび報道される「核のゴミ」の処分場の誘致問題を取り上げた。その他の例としては，児童養護施設やホームレス救護施設，風力・太陽光を含む大規模発電施設の建設問題などが挙げられる。特に児童養護施設については，2018年に東京の南青山を舞台に一部住民が大きく反発したケースが全国的に大きな話題となった。日頃からニュースに触れ，知識を増やしておきたい。

■一般選抜（個別学部日程）：国際政治経済学部

問題編

▶試験科目・配点

〔国際政治学科〕

<table>
<tr><th>方式</th><th>テスト区分</th><th>教　科</th><th>科目（出題範囲）</th><th>配点</th></tr>
<tr><td rowspan="4">A方式</td><td rowspan="3">大学入学
共通テスト</td><td>外国語</td><td>英語（リーディング，リスニング）</td><td>50 点</td></tr>
<tr><td>国　語</td><td>国語（近代以降の文章）</td><td>25 点</td></tr>
<tr><td>地歴・
公民・
数学</td><td>日本史Ｂ，世界史Ｂ，地理Ｂ，現代社会，倫理，政治・経済，「倫理，政治・経済」，「数学Ⅰ・Ａ」，「数学Ⅱ・Ｂ」のうち１科目選択</td><td>25 点</td></tr>
<tr><td>独自問題</td><td>論述・
総合問題</td><td>国際政治分野に関する日本語・英語の文章および資料を読解した上で，論理的な思考を通じて解答する問題（解答を英語で表現する問題を含む）</td><td>100 点</td></tr>
<tr><td rowspan="4">B方式</td><td colspan="2">英語資格・検定試験</td><td>指定する英語資格・検定試験のスコア・級を「出願資格」とする。</td><td>―</td></tr>
<tr><td rowspan="2">大学入学
共通テスト</td><td>外国語</td><td>英語（リーディング，リスニング）</td><td>60 点</td></tr>
<tr><td>国　語</td><td>国語（近代以降の文章）</td><td>40 点</td></tr>
<tr><td>独自問題</td><td>論述・
総合問題</td><td>国際政治分野に関する日本語・英語の文章および資料を読解した上で，論理的な思考を通じて解答する問題（解答を英語で表現する問題を含む）</td><td>100 点</td></tr>
</table>

〔国際経済学科〕

<table>
<tr><th>テスト区分</th><th>教　科</th><th>科目（出題範囲）</th><th>配点</th></tr>
<tr><td rowspan="3">大学入学
共通テスト</td><td>外国語</td><td>英語（リーディング，リスニング）</td><td>50点</td></tr>
<tr><td>国　語</td><td>国語（近代以降の文章）</td><td>25点</td></tr>
<tr><td>地歴・
公民・
数学</td><td>日本史Ｂ，世界史Ｂ，地理Ｂ，現代社会，倫理，政治・経済，「倫理，政治・経済」，「数学Ⅰ・Ａ」，「数学Ⅱ・Ｂ」のうち１科目選択</td><td>25点</td></tr>
<tr><td>独自問題</td><td>論述・
総合問題</td><td>数量的理解および読解力・論理的思考力を問う問題（問題に英文を含む）</td><td>100点</td></tr>
</table>

〔国際コミュニケーション学科〕

<table>
<tr><th>方式</th><th>テスト区分</th><th>教　科</th><th>科目（出題範囲）</th><th>配点</th></tr>
<tr><td rowspan="4">Ａ方式</td><td rowspan="3">大学入学
共通テスト</td><td>外国語</td><td>英語（リーディング，リスニング）</td><td>50点</td></tr>
<tr><td>国　語</td><td>国語（近代以降の文章）</td><td>25点</td></tr>
<tr><td>地歴・
公民・
数学</td><td>日本史Ｂ，世界史Ｂ，地理Ｂ，現代社会，倫理，政治・経済，「倫理，政治・経済」，「数学Ⅰ・Ａ」，「数学Ⅱ・Ｂ」のうち１科目選択</td><td>25点</td></tr>
<tr><td>独自問題</td><td>論述・
総合問題</td><td>英文読解力と論理的思考力・表現力を問う問題</td><td>100点</td></tr>
<tr><td rowspan="4">Ｂ方式</td><td colspan="2">英語資格･検定試験</td><td>指定する英語資格・検定試験のスコア・級を「出願資格」とする。</td><td>―</td></tr>
<tr><td rowspan="2">大学入学
共通テスト</td><td>外国語</td><td>英語（リーディング，リスニング）</td><td>60点</td></tr>
<tr><td>国　語</td><td>国語（近代以降の文章）</td><td>40点</td></tr>
<tr><td>独自問題</td><td>論述・
総合問題</td><td>英文読解力と論理的思考力・表現力を問う問題</td><td>100点</td></tr>
</table>

▶備　考

- 合否判定は総合点による。ただし，場合により特定科目の成績・調査書を考慮することもある。
- 大学入学共通テストの得点を上記の配点に換算する。英語の得点を扱う場合には，リーディング100点，リスニング100点の配点比率を変えずにそのまま合計して200点満点としたうえで，上記の配点に換算する。
- 大学入学共通テストの選択科目のうち複数を受験している場合は，高得点の１科目を合否判定に使用する。
- 国際政治経済学部国際政治・国際コミュニケーション学科Ｂ方式の受験を希望する者は，以下のスコア・証明書等の提出が必要※①。

実用英語技能検定	従来型，英検S-CBT，英検CBT，英検2020 1day S-CBT，英検S-Interview，英検2020 2days S-Interviewを有効とする。	準１級以上
IELTS※②		5.0以上
TOEFL iBT®※③		57点以上

※①　出願時に提出する英語資格・検定試験は１種類のみとする。また，異なる実施回の各技能のスコアを組み合わせることはできない。英語資格・検定試験のスコアおよび級は，合否判定では使用しない。

※②　Academic Module オーバーオール・バンド・スコアに限る。Computer-delivered IELTSを含む。

※③　TOEFL iBT® Home Edition，TOEFL iBT® Special Home Editionを含む。
Test Date Scoresのスコアに限る。
MyBest™Scoresは不可。
ITP（Institutional Testing Program）は不可。

- 試験日が異なる学部・学科・方式は併願ができ，さらに同一日に実施する試験であっても「AM」と「PM」の各々で実施される場合は併願ができる。
- 試験時間帯が同じ学部・学科・方式は併願できない。

試験日	試験時間帯	学　部	学科（方式）
2月17日	AM	国際政治経済	国際政治（A・B） 国際経済 国際コミュニケーション（A・B）

論述・総合問題

◀国際政治学科▶

（70 分）

I　次の文章を読んで問いに答えなさい。

For two hundred years, the grand project of liberal internationalism has been to build a world order that is open, loosely rules-based, and oriented toward progressive ideas. As the twentieth century came to an end, that order appeared to be at hand. The democratic world was expanding. ... This global turn was marked by dramatic moments — the fall of the Berlin Wall, the collapse of Soviet communism, the peaceful end of the Cold War. As old geopolitical and ideological divides collapsed, a new global era beckoned. For most of the century, the world had been convulsed by a great contest between rival ideologies and movements — communist internationalism, revolutionary socialism, fascism, authoritarian nationalism, and liberal internationalism. In the century's last decade, it appeared the contest was over.

This global turn seemed sudden, but it had deep roots. In the aftermath of World War Ⅱ, the United States and its partners built (a)a new type of international order, organized around open trade, cooperative security, multilateralism, democratic solidarity, and American leadership. Regional and global institutions were established to facilitate cooperation, enshrine shared norms, and bind societies together. Western Europe overcame centuries of division to launch a project of integration and political union. West Germany and Japan reinvented themselves as "civilian" powers and became stakeholders in the postwar liberal order. ... Russia and China joined the [a]. Moscow was enfeebled. Beijing had yet to emerge as an economic superpower. Great power rivalry and ideological competition were at a low ebb. Everything that Western liberal internationalists believed in and promoted seemed to be on the move.

Today, this grand project is in crisis — a crisis most profoundly manifest in a lost confidence in collective solutions to common problems. Surprisingly, the retreat from liberal internationalism is coming from the very states that had been the postwar order's patrons and stakeholders. The two great powers that have done the most to give the modern international order a liberal character — Great Britain and the United States, the world's oldest and most venerated democracies — now seem to be pulling back from this leadership. Britain's referendum in June 2016 to leave the European Union (EU) shocked observers and raised troubling questions about the future of the European project — the long-standing postwar effort, enshrined in the EU's founding treaty, to build a "more perfect union." The EU has been the silent bulwark of the Western liberal order. In each decade of the postwar era, it was Europe's political advance — its efforts to bind together its liberal democracies and diminish old geopolitical and nationalist divides — that most fully embodied the liberal international vision. But that advance has now come to a halt, and the wider challenges that beset the EU — refugee flows, monetary imbalances, stagnant economies, reactionary nationalism — reinforce the sense of crisis.

In the United States, the election of Donald Trump has triggered even more doubt about the future of the liberal international order. For the first time since 1945, the United States found itself led by a president who is actively hostile to the core ideas of liberal internationalism. In areas such as trade, alliances, multilateralism, human rights, immigration, rule of law, and democratic solidarity, the Trump administration has actively undermined the American-led postwar order. In the name of "America First," the American president has abandoned commitments to fight climate change, defend democratic institutions, and uphold the multilateral agreements of an open and rules-based global system. He presents the remarkable spectacle of an American president systematically undermining the institutions and partnerships that the United States created and has led over the past seventy years. As Donald Tusk, the president of the European Council, put it: "The rules-based international order is being challenged, not by <u>the usual suspects</u>(b), but by its main architect and guarantor, the U.S."

問 1 下線部(a)の"a new type of international order"(新しい国際秩序)における日本と西ドイツの役割はいかなるものであったか。解答用紙(その２)に21 字以上 30 字以内で記述しなさい。

問 2 空欄 [α] に入る"WTO"(世界貿易機関)の正式名称を解答用紙(その２)に英語で記述しなさい。

問 3 図 1 は WTO とその前身である GATT 時代を含め，開催された主要なラウンド(貿易自由化交渉)の時期と参加国・地域数についてまとめたものである。ドーハ・ラウンドの交渉をまとめる難しさについて，図 1 と資料 1 から読み取れる要因は何だろうか。解答用紙(その２)に 21 字以上 30 字以内で記述しなさい。

図 1

主要な交渉(ラウンド)名	交渉開始年と終結年	参加国・地域数
ケネディ・ラウンド	1964-67	62
東京ラウンド	1973-79	102
ウルグアイ・ラウンド	1986-94	123
ドーハ・ラウンド	2001-未終結*	164**

* 2022 年 8 月現在。
** 2022 年 8 月現在の加盟国・地域数。

資料 1

Decisions in the WTO are generally taken by consensus of the entire membership. The highest institutional body is the Ministerial Conference, which meets roughly every two years. A General Council conducts the organization's business in the intervals between Ministerial Conferences. Both of these bodies comprise all members.

出典：WTO ホームページ

問 4 下線部(b)の"the usual suspects"(容疑者としてつねに名前が挙がる国)に該当すると思われる国の組み合わせとして最も適切なものを次の選択肢から選んで解答用紙(その1)にマークしなさい。解答番号 [1]

① ドイツ・イタリア

② ロシア・中国

③ 日本・韓国

④ イギリス・アメリカ

⑤ ブラジル・インド

問 5 この文章から読み取れる内容として**正しいものには①**，**誤っているものには⓪**を解答用紙(その1)にマークしなさい。

ア トランプ政権は貿易や移民などの面でアメリカの主導する戦後秩序を弱体化させた。解答番号 [2]

イ イギリスとアメリカはリベラルな国際秩序においてつねに指導的役割を担っている。解答番号 [3]

ウ 20世紀の終わりにイデオロギーや運動の間の競争は終わったように見えた。解答番号 [4]

エ 20世紀終わりにおいて中国は経済超大国になっていた。解答番号 [5]

オ EUは域内で貿易保護主義を進める閉鎖的な取り組みである。解答番号 [6]

問 6 この文章にタイトルをつけるとしたらどのようなものが考えられるだろうか。解答用紙(その2)にliberal internationalismという語を含む英語を4～5ワードで記述しなさい。

Ⅱ 2012年にEUがノーベル平和賞を受賞した際の理由を説明した次の資料を読んで問いに答えなさい。

The Norwegian Nobel Committee has decided that the Nobel Peace Prize for 2012 is to be awarded to the European Union (EU). The union and its forerunners have for over six decades contributed to the advancement of peace and reconciliation(c), democracy and [β] in Europe.

In the inter-war years(d), the Norwegian Nobel Committee made several awards to persons who were seeking reconciliation(c) between Germany and France. Since 1945, that reconciliation(c) has become a reality. The dreadful suffering in World War Ⅱ demonstrated the need for a new Europe. Over a seventy-year period, Germany and France had fought three wars. Today war between Germany and France is unthinkable. This shows how, through well-aimed efforts and by building up mutual confidence, historical enemies can become close partners.

In the 1980s, Greece, Spain and Portugal joined the EU*. The introduction of democracy was a condition for their membership. The fall of the Berlin Wall made EU membership possible for several Central and Eastern European countries, thereby opening a new era in European history. The division between East and West has to a large extent been brought to an end; democracy has been strengthened; many ethnically-based national conflicts have been settled.

The admission of Croatia as a member next year, the opening of membership negotiations with Montenegro, and the granting of candidate status to Serbia all strengthen the process of reconciliation(c) in the Balkans. In the past decade, the possibility of EU membership for Turkey has also advanced democracy and [β] in that country.

＊ 当時のEC

出典追記：The Nobel Peace Prize 2012 Press Release, The Nobel Foundation

問1　この文章の中には下線(c)の“reconciliation”という用語が4回使われている。この用語の日本語訳として最も適切と考えられるものを次の選択肢から選んで解答用紙(その1)にマークしなさい。解答番号 7

① 再会

② 和解

③ 信頼構築

④ 統合

問2　空欄 β に入る2ワードの英単語(最初の単語の頭文字は“h”で次の単語の頭文字は“r”)を解答用紙(その2)に記述しなさい。

問3　下線(d)の“the inter-war years”を指す時期として最も適切なものを次の選択肢から選んで解答用紙(その1)にマークしなさい。解答番号 8

① 第一次世界大戦から第二次世界大戦の間の時期

② 第一次世界大戦から朝鮮戦争の間の時期

③ 第二次世界大戦から冷戦終結の間の時期

④ 第二次世界大戦から湾岸戦争の間の時期

問4　この資料から読み取ることのできる内容として**正しいものには①**，**誤っているものには⓪**を解答用紙(その1)にマークしなさい。

ア　民主主義体制を導入することが，ギリシャ，スペイン，ポルトガルがECに入るための条件の一つだった。解答番号 9

イ　冷戦終結によって，中・東ヨーロッパ諸国がEUに入る道が開かれた。解答番号 10

ウ　EUとモンテネグロの間の加盟交渉は始まっていない。解答番号 11

エ　EUはセルビアを加盟候補国として認定した。解答番号 12

オ　EUはトルコの加盟を決定した。解答番号 13

Ⅲ　ヨーロッパの中の３つの地域(西ヨーロッパ，南ヨーロッパ，中・東ヨーロッパ)の国々のリベラル・デモクラシーの水準の時系列的な推移を表した次のグラフおよび資料１～資料３を読んで問いに答えなさい。なお，リベラル・デモクラシーの国々とは，複数政党制に基づいて自由かつ公平な選挙が行われ，かつ，人々の自由や権利が守られる政治体制の国々のことである。このグラフの値が１に近いほど，その地域は平均してリベラル・デモクラシーの水準が高いことを示している。

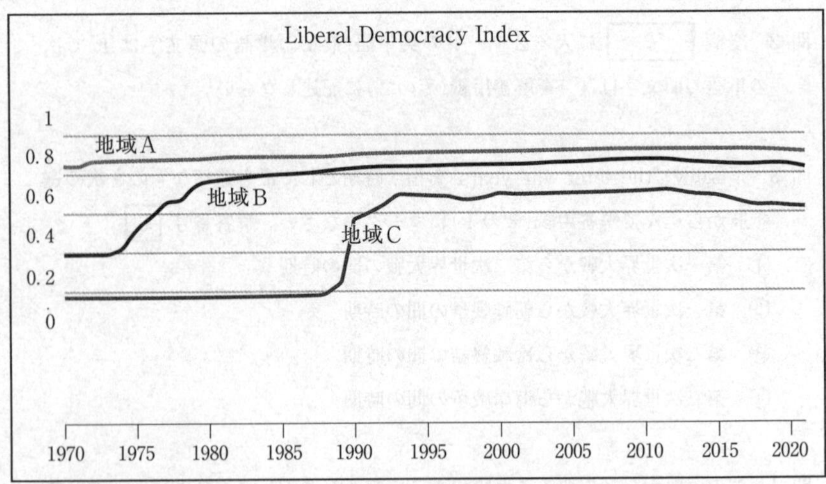

出典：V-Dem Institute

資料１

The overthrow of the Salazar regime in Portugal and the collapse of military rule in Greece in 1974, together with the death of General Franco of Spain in 1975, mark the end of these dictatorships in Europe. The three countries commit themselves to democratic government.

出典：The European Union "History of the European Union 1970-79"

資料２

The tasks facing the region in order to create liberal democracies and market economies seemed enormous. ... Several years after the collapse of communist rule, distinctive groups of countries with contrasting policies and accomplishments have emerged within the former Soviet bloc. Poland, the Czech Republic, Hungary, and Slovenia have been the most successful at enacting reforms and moving forward with transition. In contrast, progress has been much slower and more erratic in Slovakia. ... The countries with the most advanced and successful economic transformations have at the same time the most secure and effective democratic systems, as well as greater liberties.

出典：Wilson Center "Why Some Succeed and Others Fail"（原文を一部修正）

資料3

After an initially rapid transition towards democracy in the 1990s, the Central and Eastern European region ... has, in recent years, even been diagnosed as being on the edge of an authoritarian backlash. Recent political developments have further stoked fears about democratic backsliding in the region, even resulting in assessments that they may herald the beginning of a new, reversed wave of democratisation.

出典：Daniel Bochsler and Andreas Juon (2020) "Authoritarian footprints in Central and Eastern Europe", *East European Politics*, vol.36, no.2,（原文を一部修正）

問1　グラフの地域A，地域B，地域Cを指す組み合わせとして最も適切なものを次の選択肢から選んで解答用紙(その1)にマークしなさい。解答番号 14

①　地域A：西ヨーロッパ　地域B：中・東ヨーロッパ　地域C：南ヨーロッパ

②　地域A：西ヨーロッパ　地域B：南ヨーロッパ　地域C：中・東ヨーロッパ

③　地域A：南ヨーロッパ　地域B：中・東ヨーロッパ　地域C：西ヨーロッパ

④　地域A：中・東ヨーロッパ　地域B：西ヨーロッパ

地域C：南ヨーロッパ

問2　地域Bでは1970年代にある政治体制が終焉を迎えた。具体的にどの国々で何が終わったのか。21字以上30字以内で解答用紙(その2)に記述しなさい。

問3　地域Cの複数の国々では2010年代にある変化が起きた。どのような変化が起きたのか。11字以上20字以内で解答用紙(その2)に記述しなさい。

IV　次の資料1～4を読んで問いに答えなさい。

資料1：アメリカ大統領の書簡

Great and Good Friend: I send you this public letter by Commodore Matthew C. Perry, an officer of the highest rank in the navy of the United States, and commander of the squadron now visiting your imperial majesty's dominions.

(略)

The United States of America reach from ocean to ocean, and our Territory of Oregon (e) and State of California (f) lie directly opposite to the dominions of your imperial majesty. Our steamships can go from California to Japan in eighteen days.

Our great State of California produces about sixty millions of dollars in gold every year, besides silver, quicksilver, precious stones, and many other valuable articles. Japan is also a rich and fertile country, and produces many very valuable articles. Your imperial majesty's subjects are skilled in many of the arts. I am desirous that our two countries should trade with each other, for the benefit both of Japan and the United States.

We know that the ancient laws (g) of your imperial majesty's government do not allow of foreign trade, except with [γ] and [δ]; but as the state of the world changes and new governments are formed, it seems to be wise, from time to time, to make new laws. There was a time when the ancient laws of your imperial majesty's government were first made.

About the same time America, which is sometimes called the New World, was first discovered and settled by the Europeans. For a long time there were but a few people, and they were poor. They have now become quite numerous; their commerce is very extensive; and they think that if your imperial majesty were so far to change the ancient laws as to allow a free trade between the two countries it would be extremely beneficial to both.

(略)

I have directed Commodore Perry to mention another thing to your imperial majesty. Many of our ships pass every year from California to China; and great numbers of our people pursue the whale fishery near the shores of Japan. It sometimes happens, in stormy weather, that one of our ships is wrecked on your imperial majesty's shores. In all such cases we ask, and expect, that our unfortunate people should be treated with kindness, and that their property should be protected, till we can send a vessel and bring them away. We are very much in earnest in this.

Commodore Perry is also directed by me to represent to your imperial majesty that we understand there is a great abundance of coal and provisions in the Empire of Japan. Our steamships, in crossing the great ocean, burn a great deal of coal, and it is not convenient to bring it all the way from America. We wish that our steamships and other vessels should be allowed to stop in Japan and supply themselves with coal (h), provisions, and water. They will pay for them in money, or anything else your imperial majesty's subjects may prefer; and we request your imperial majesty to appoint a convenient port, in the southern part of the Empire, where our vessels may stop for this purpose. We are very desirous of this.

These are the only objects for which I have sent Commodore Perry, with a powerful squadron, to pay a visit to your imperial majesty's renowned city of Yedo: friendship, commerce, a supply of coal and provisions, and protection for our shipwrecked people.

＊ provisions 食料

資料2：条約A

第三條

| (イ) | 箱館の港の外次にいふ所の場所を左の期限より開くへし

| (ロ) | 午三月より凡十五箇月の後より 西洋紀元千八百五十九年七月四日

| (ハ) | 午三月より凡十五箇月の後より 西洋紀元千八百五十九年七月四日

新潟 午三月より凡二十箇月の後より 西洋紀元千八百六十年一月一日

兵庫 午三月より凡五十六箇月後より 西洋紀元千八百六十三年一月一日

若し新潟港を開き難き事あらは其代りとして同所前後に於て一港を別に撰ふへし

| (ロ) | 港を開く後六箇月にして下田港は鎖すへし・・・

第六條

日本人に對し法を犯せる亞米利加人は | (ニ) | コンシュル裁斷所にて吟味の上 | (ホ) | の法度を以て罰すへし亞米利加人へ對し法を犯したる日本人は日本役人糺の上日本の法度を以て罰すへし・・・

資料3：条約B

第一條

日本國肥前 | (ハ) | の港を亞米利加船の爲に開き其地に於て其船の破損を繕ひ薪水食料或は缺乏の品を給し石炭あらは又夫をも渡すへし

第二條

| (イ) | 並箱館の港に來る亞米利加船必用の品日本に於て得難き分を辨せん爲に亞米利加人右の二港に在住せしめ且合衆國のワイス，コンシュルを箱館の港に置く事を免許す

但此箇條は日本安政五午年六月中旬合衆國千八百五十八年七月四日より施すへし

資料 4 ：条約Ｃ

第二條

伊豆 ⑴ ，松前地箱館の兩港は，日本政府に於て，亞墨利加船薪水，食料，石炭，欠乏の品を日本人にて調候丈は給し候爲め，渡來の儀差免し候。尤 ⑴ 港は約條書面調印の上即時相開き，箱館は來年三月より相始候事。

問 1　条約Ａ～Ｃを作成順に古いものから並べたものとして適切な選択肢を選んで解答用紙(その１)にマークしなさい。解答番号 15

① 条約Ａ → 条約Ｂ → 条約Ｃ

② 条約Ｂ → 条約Ｃ → 条約Ａ

③ 条約Ｃ → 条約Ｂ → 条約Ａ

④ 条約Ｂ → 条約Ａ → 条約Ｃ

問 2　下線部(e)と(f)に関して，Territory of Oregon と State of California の位置の組み合わせとして適切なものを次の選択肢から選んで解答用紙(その１)にマークしなさい。解答番号 16

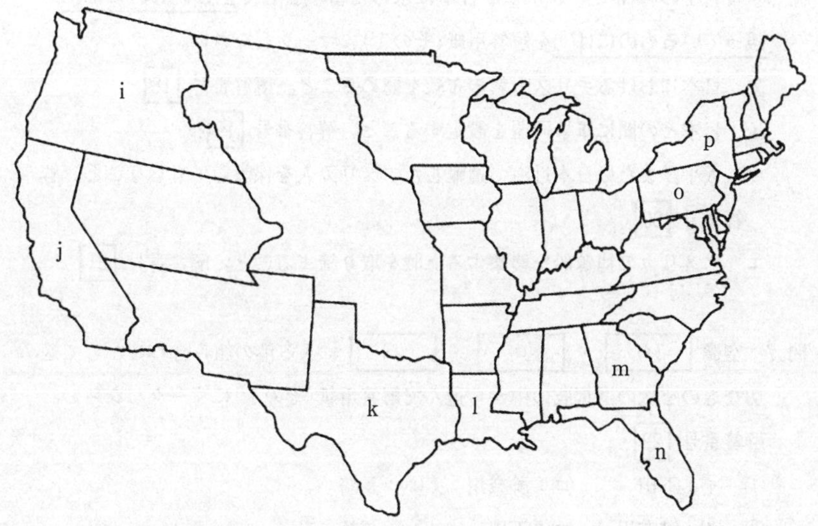

① Territory of Oregon：i　　State of California：j

② Territory of Oregon：k　　State of California：l
③ Territory of Oregon：m　　State of California：n
④ Territory of Oregon：o　　State of California：p

問3　下線部(g)の内容を解答用紙(その2)に20字以内で記述しなさい。

問4　空欄 γ ・ δ に入る語句の組み合わせとして適切なものを次の選択肢から選んで解答用紙(その1)にマークしなさい。解答番号 17

① γ：the Chinese　　δ：the Dutch
② γ：the American　　δ：the British
③ γ：the American　　δ：the Dutch
④ γ：the British　　δ：the Chinese

問5　下線部(h)に関連して，アメリカが石炭の供給を求めた理由を21字以上30字以内で解答用紙(その2)に記述しなさい。

問6　資料1の書簡でアメリカが日本に求めた事項として**正しいものには①，誤っているものには⓪**を解答用紙(その1)にマークしなさい。

ア　日本におけるキリスト教の布教を認めること。解答番号 18
イ　日本との間に軍事同盟を設定すること。解答番号 19
ウ　太平洋または日本近海で遭難したアメリカ人を保護してもらうこと。解答番号 20
エ　アメリカの捕鯨船を襲撃する海賊を取り締まること。解答番号 21

問7　空欄 (イ) ・ (ロ) ・ (ハ) に入る港の組み合わせとして適切なものを次の選択肢の中から選んで解答用紙(その1)にマークしなさい。解答番号 22

① (イ)：下田　　(ロ)：神奈川　　(ハ)：長崎
② (イ)：神奈川　　(ロ)：下田　　(ハ)：長崎
③ (イ)：長崎　　(ロ)：神奈川　　(ハ)：下田

④　(イ)：長崎　　(ロ)：下田　　(ハ)：神奈川

問 8　空欄 [(ニ)]・[(ホ)] に入る語句の組み合わせとして適切なものを次の選択肢の中から選んで解答用紙(その１)にマークしなさい。解答番号 [23]

①　(ニ)：亜米利加　　(ホ)：亜米利加

②　(ニ)：日本　　(ホ)：日本

③　(ニ)：亜米利加　　(ホ)：日本

④　(ニ)：日本　　(ホ)：亜米利加

◀国際経済学科▶

（70分）

I 民族主義(民族ナショナリズム：ethnic nationalism)に関する次の文章を読み，下の問に答えなさい。(解答番号 1)

Global economic weakness and a rise in inequality appear to be causing a disturbing growth in ethnic nationalism.

Leaders today often do not openly declare themselves to be ethnic nationalists — in which identity is defined by perceived genetic, religious or linguistic heritage rather than democratic ideals or principles. But political appeals to such forms of identity are nevertheless widespread.

In the United States, despite his attempts to woo(注) minority voters, Donald J. Trump appears to derive support from such sentiment. In Moscow, Vladimir V. Putin has used Russian nationalist sentiment to inspire many of his countrymen. And we see growing ethnic political parties inspired by national identity in other countries.

It is natural to ask whether something so broad might have a common cause, other than the obvious circumstantial causes like the gradual fading of memories about the horrors of ethnic conflict in World War II or the rise in this century of forms of violent ethnic terrorism. Economics is my specialty, and I think economic factors may explain at least part of the trend.

注：woo (支持などを)懇願する。

出典："What's Behind a Rise in Ethnic Nationalism? Maybe the Economy" by Shiller, Robert J. *New York Times* (Online), New York: New York Times Company. October 14, 2016.

問　上記の文章は新聞のコラムの一部(冒頭部分)である。この続きとして，コラムに含まれていないパラグラフを選択肢①から⑤のなかから一つ選びなさい。(解答番号 [1])

① But the modest slowdown could be a big part of the explanation for the apparent rise of ethnic nationalism, if combined with another factor: rising inequality, along with considerable fear about future inequality.

② Ethnic nationalism creates an ego-preserving excuse for self-perceived personal failure: Other groups are blamed for bad behavior and conspiracies. Often, ethnic, racial or religious conflict follows. Among the horrific examples are the atrocities committed in the name of nationalism during World War Ⅱ — not coincidentally following the Great Depression. Mr. Friedman provides other such instances from the last two centuries in which ethnic conflict followed slow economic growth.

③ A 2015 study published in The American Economic Review by Michael Kumhof of the Bank of England, Romain Rancière of the International Monetary Fund and Pablo Winant of the Bank of England found that both the Great Depression of the 1930s and the Great Recession of 2007-9 had their origins, in part, in rising inequality.

④ But something has to be done about the two trends of rising inequality and weak economic growth, for if they continue we may see more unhappiness, discontent and political disruption. Substantial fiscal stimulus might be helpful, but it has been blocked. Making the tax system progressive enough to break the trend toward ever greater income inequality has also been beyond our grasp, yet it may be the best option we have.

⑤ In America, as in Europe, anti-immigrant backlashes have often followed episodes in which foreigners are blamed for crimes and other problems. But statistical studies show that in the United States, at least, immigrants are far more law-abiding than natives, regardless of race, class or education.

出典："What's Behind a Rise in Ethnic Nationalism? Maybe the Economy" by Shiller, Robert J. *New York Times* (Online), New York: New York Times Company. October 14, 2016.

"Data Link Immigrants to Low Rates of Crime" by Gladstone, Rick. *New York Times*, Late Edition (East Coast), New York: New York Times Company. January 14, 2016.

論述問題の解答に際しては，句読点，記号，アルファベットは１マスに１文字，アラビア数字は１マスに２文字までとしなさい。

II　移民に関する次の資料を参照して，下の問に答えなさい。

資料

Whether to welcome or prevent immigration has been a classic topic in history. The U.S. implemented the Chinese Exclusion Act in 1882 as a result of voters feeling their jobs were being taken by newcomers. In 1965, the Immigration Act abolished quotas and opened the door for immigrants. Under President Donald Trump, the country is again tightening immigration.

A comparison of 53 high-income economies' share of immigrants and gross domestic product per capita shows a trend in which GDP per capita is higher where there is a higher proportion of immigrants.

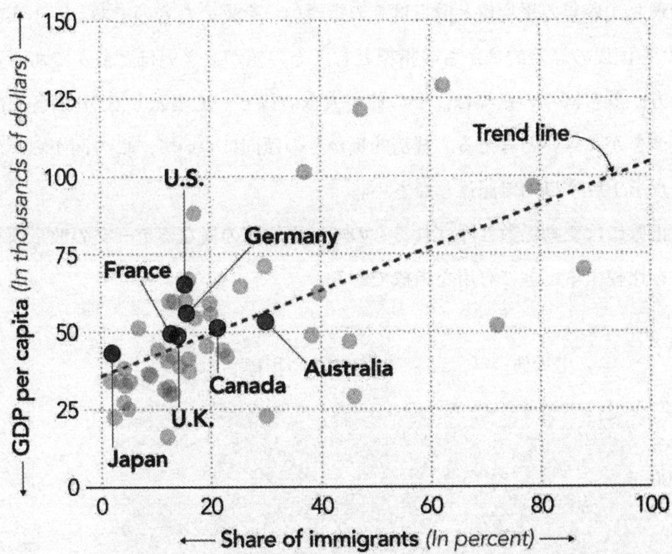

出典："Lack of immigrants risks population decline in rich countries" by KAZUYA MANABE and KAORI YOSHIDA, *NIKKEI Asia*. October 4, 2020.

注：1人当たりGDP(GDP per capita)とは，GDPを人口で割ったもの。GDPとは国内総生産(Gross Domestic Product)のこと。OECD東京センターのウェブサイトでは「国内総生産(GDP)は，ある国で財・サービスの生産を通じて一定期間内に生み出された付加価値を測定する標準的な尺度です。」と説明されている。

出典：https://www.oecd.org/tokyo/statistics/gross-domestic-product-japanese-version.htm(2022年10月15日参照)

問　上記の資料のみから「移民を積極的に受け入れて，人口に占める移民の割合が増えると1人当たりGDPが増加する。」と主張することの是非について100字以内で記述しなさい。

Ⅲ　下の図は，1985 年から 2019 年までの世界 157 か国の 1 人当たり GDP のデータを整理し，各年の平均値と散らばりの指標(＊)を描いたものである。1 人当たり GDP を国民の経済的豊かさの指標とし，その値が大きいほど豊かであるとする。一方，散らばりの指標は，その値が大きいほど一人当たり GDP の各国間でのばらつきが大きいと考える。経済的豊かさの傾向について，この図からわかること 2 点を 100 字以内で記述しなさい。

(＊)　正確には変動係数と呼ばれるもので，平均値の異なるデータの散らばり具合を比較するときに有用な指標である。

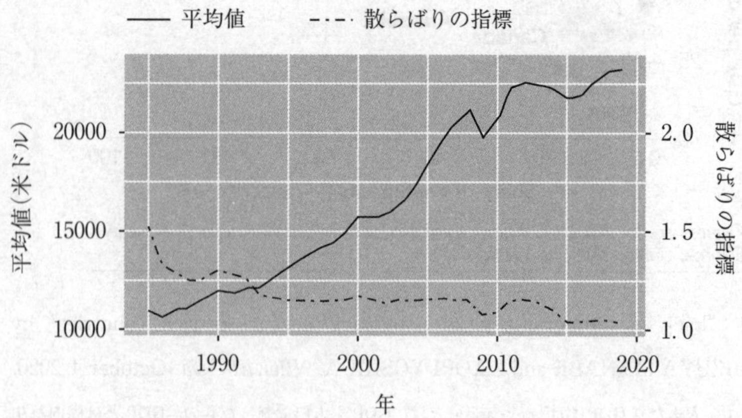

Ⅳ　日本あるいは米国どちらかでの資産運用を考えている投資家が日本のみならず世界中に多数おり，その投資家たちがどちらの国を選ぶかは日本と米国での資産運用の収益率（金利）のみを基準にして決定するものとする。下の図はドル円為替レート，米国の金利，日本の金利の動きをまとめたものである。この期間の円安ドル高について，「日米の金利差が拡大したことで円安ドル高になった」という意見がある。日米の金利差が拡大すると円安ドル高になる理由について，投資家たちの動きをふまえて150字以内で記述しなさい。

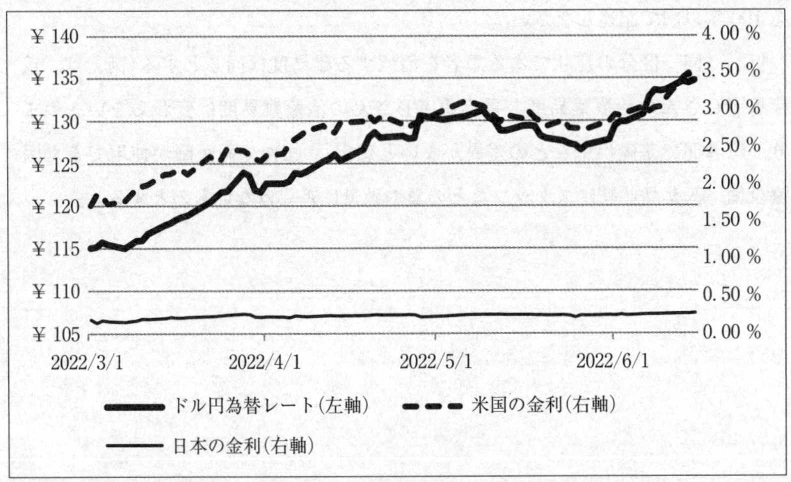

（注）左軸のドル円為替レートは1ドルが何円と交換されるかを表わしている。

V ある病気の治療において，医師Aは担当した 100 名の重症患者のうち 20 名の治療に成功し，50 名の中等症患者のうち 20 名の治療に成功，10 名の軽症患者のうち 8 名の治療に成功した。医師Bは担当した 10 名の重症患者のうち 1 名の治療に成功し，50 名の中等症患者のうち 15 名の治療に成功，100 名の軽症患者のうち 65 名の治療に成功した。

医師Aが担当した患者 160 名のうち，治療が成功した患者は 48 名，医師Bが担当した患者 160 名のうち，治療が成功した患者は 81 名なので，医師Aよりも医師Bの治療の方が優れているといってよいか。よいかどうかの判断とその理由を 100 字以内で記述しなさい。

但し，同一区分の症状である患者を治療する難易度は同じとする(例えば，重症患者Cさんの治療難易度と重症患者Dさんの治療難易度は変わらない。つまり，患者間で基礎疾患などの差異がないと想定)。また，両医師が使用できた医療設備，医薬品並びにスタッフなどの質や数量に差異はないものとする。

◀国際コミュニケーション学科▶

（70 分）

I 次の５つのパラグラフ（A，B，C，D，E）を読んで，下記の設問の答えとして最も適切なものをそれぞれ[1]～[3]の中から１つ選び，解答用紙（その１）の１から10にマークしてください。

A．Quality of life is the degree to which an individual is healthy, comfortable, and able to participate in or enjoy life events. The term *quality of life* is inherently ambiguous, as it can refer both to experience an individual has of his or her own life and to the living conditions in which individuals find themselves. Hence, quality of life is highly subjective. Whereas one person may define quality of life according to wealth or satisfaction with life, another person may define it in terms of capabilities (e.g., having the ability to live a good life in terms of emotional and physical well-being). A disabled person may report a high quality of life, whereas a healthy person who recently lost a job may report a low quality of life. Within the arena of healthcare, quality of life is viewed as multidimensional, encompassing emotional, physical, material, and social well-being.

1. What does the passage conclude about how the expression *quality of life* might be defined?

   [1] Because quality of life is based on living conditions rather than personal experiences, it can be defined in the same way for everyone.

   [2] Ultimately quality of life cannot be defined since there is insufficient statistical data to provide a definition.

   [3] Since quality of life is influenced by how people view their situation in life, it is impossible to define it objectively.

出典追記：quality of life, Britannica, Encyclopaedia Britannica Inc

2. Which of the following statements is implied by the passage?

[1] Both people who are rich and satisfied with their lives and those who have the ability to be emotionally and physically well-off may think they have a high quality of life.

[2] While people with disabilities generally report that they have a high quality of life, people who are unemployed seldom report that they have a low quality of life.

[3] Because healthcare is far more important than other factors, such as emotional, physical, material, and social well-being, it can be said that healthcare is most closely related to quality of life.

B. Every group is not a team. Most are not, in fact, and so it's good to start with a definition. A team is a group of people who do collective work and are mutually committed to a common team purpose and challenging goals related to that purpose. Teams are more productive and innovative than mere work groups. They produce results that exceed what groups of individuals can do through simple cooperation and coordination. Such results reflect a "team effect": members perform better when they feel they're part of a team. The root of this benefit is members' strong mutual commitment to their joint work. This commitment creates compelling social and emotional bonds among members, who come to believe that "we" will all succeed or fail together and that no one can succeed if the team fails. In every team, "we" trumps "I." Unless you've been part of a team yourself, it's hard to understand the exhilaration [feeling of excitement] produced by this sense of what "we" can accomplish together.

3. According to the passage, what is a necessary condition for a group to be a team?

[1] Group members must know each other well before beginning to work together.

出典追記：Good Managers Lead Through a Team, Harvard Business Review on April 3, 2012 by Linda Hill and Kent Lineback

［2］The objectives of the group should be understood and shared by group members.

［3］A strong leader is needed to coordinate the members of a team effectively.

4. Which of the following statements is supported by the passage?

［1］Because of the strong ties that exist among team members, they rarely have disagreements with each other.

［2］Each individual in the team should be professional enough to accomplish the task on his or her own.

［3］A team becomes unified when its members believe that collaboration brings more benefits than working separately.

C. Young people all over the world are seriously concerned about the state of politics and education. That information comes from a survey by the Organization for Economic Cooperation and Development, or OECD. The study looked at 151 youth organizations from 72 countries. It centered on young people aged 15 to 29. The researchers noted that people between those ages have lived through two worldwide crises — the 2008 financial collapse and the coronavirus pandemic. OECD researchers say it is important to learn the effects of the pandemic on younger people. The pandemic, they said, has "affected different age groups differently and...its repercussions will be felt by many for decades to come...." Youth organizations were asked to identify three areas in which young people were finding it most difficult to deal with the effects of COVID-19. The top answers were mental health, education and employment. Other areas of concern were personal relationships, personal wealth and limits on individual freedom. The researchers said the pandemic's long-term effects on education "remain to be fully observed." The study added that the crisis has greatly "reduced international student mobility," widened educational differences across different populations and increased the risk of students ending their education.

5. Which of the following sentences best summarizes the main idea of this passage?
   [1] The OECD is an international organization responsible for researching young people's mental health, education, and employment.
   [2] The OECD research stresses the importance of finding out what challenges young people face over time as a result of the COVID-19 pandemic.
   [3] The OECD reports that a combination of the 2008 financial collapse and the COVID-19 pandemic affected young people aged 15 to 29 the most.

6. Which of the following conclusions is supported by the passage?
   [1] It is necessary to continue to keep close watch on the long-term impact of COVID-19 on young people, especially in the area of education.
   [2] Young people are more vulnerable to the COVID-19 crisis than people of other generations.
   [3] Decreases in the number of students studying abroad due to the COVID-19 crisis vary from country to country.

D. A major difference between American and Japanese businesspeople has to do with the values they place on the qualities of individual independence versus group harmony. Americans tend to respect people who are independent, competitive, quick to show emotions, and able to argue persuasively. Japanese tend to place a higher value on group harmony, or *wa* [和]. Japanese tend to be less ready to show their true emotions — often worrying about hurting other people's feelings. More often they prefer to express a polite sense of togetherness. To Americans, not showing one's true feelings and opinions directly is often seen as a sign of weakness, or even dishonesty. Thus, Americans often seem outgoing to Japanese, whereas

出典追記：[C] Voice of America

Japanese may seem cool or reserved to Americans when they first meet. Americans are likely to be quick in trying to set up a friendly, personal relationship with customers. They are less concerned about formal titles and differences of status between people. They will often tell customers to call them by their first names — like an old friend —right from the first meeting. Such behavior would be rude in Japanese society and it can easily make Japanese uncomfortable in meeting foreign businesspeople.

7. What is the main point of this passage?

[1] Despite many differences between Japanese and American businesspeople, they share at least some values in common.

[2] Because Japanese people value harmony, they emphasize maintaining good relations with others more than Americans do.

[3] Differences in business customs between Americans and Japanese are often related to the American tendency to be individualistic and the Japanese tendency to be group-oriented.

8. Which of the following statements best describes the author's opinion about Japanese and American people?

[1] Even though Americans tend to be friendly in business and call people by their first names from the first meeting, while Japanese tend to be more concerned about formal titles and differences in status, the two styles are in basic harmony with each other.

[2] Japanese people often see Americans as extroverted because Americans tend to express their feelings and opinions straightforwardly, while Americans have the impression that Japanese are cool and reserved because they tend not to show their emotions openly.

[3] Because Americans tend to respect those who are independent, competitive, emotional, and able to make convincing arguments, they are able to get along well with their Japanese counterparts in business

situations.

E．A vast Transeurasian language family that contains the Japanese, Korean, Mongolian, Turkish and Tungusic languages has had its origins traced back 9000 years, to early farming communities in what is now north-east China. Transeurasian languages are spoken across a wide region of Europe and northern Asia. Until now, researchers assumed that they had spread from the mountains of Mongolia 3000 years ago, spoken by horse-riding nomads [people who move from place to place] who kept livestock [animals for food] but didn't farm crops. Martine Robbeets at the Max Planck Institute for the Science of Human History in Jena and her colleagues used linguistic, archaeological and genetic evidence to conclude instead that it was the onset of millet [a grain grown for food] cultivation by farmers in what is now China that led to the spread of the language family. The team did this by studying the linguistic features of the languages and using computational analysis to map their spread through space and time based on their similarities to each other. Doing so allowed Robbeets and her team to trace the proto-Transeurasian language back to the Liao river area of north-east China around 9000 years ago. This is the exact time and place that millet is known to have been domesticated, according to archaeological evidence, says Robbeets.

9. According to the passage, which of the following statements is true?

[1] Researchers originally assumed that Transeurasian languages were spoken across a wide area of Europe and northern Asia, but recent investigations by Robbeets and her colleagues have shown that the region was limited to north-east China.

[2] Researchers originally assumed that the reason for the spread of Transeurasian languages was due to a change in agricultural practices from growing crops in a single location to moving from one area to another in order to find land for keeping animals.

出典追記：Origins of Japanese and Turkish language family traced back 9000 years, New Scientist on November 10, 2021 by Carissa Wong

[3] Researchers originally assumed that Transeurasian languages had spread from the mountains of Mongolia 3000 years ago, but Robbeets and her colleagues concluded that this assumption was wrong.

10. What can be inferred from the information given in the passage?

[1] The new findings about the contribution of millet cultivation to the spread of language from north-east China to other parts of the world 9000 years ago may lead to a complete change in our understanding of the history of Transeurasian languages.

[2] Since there is insufficient evidence to challenge the original assumption that the mobility of horse-riding nomads in Mongolia 3000 years ago led to the spread of Transeurasian languages, linguists are unlikely to adopt the new theory.

[3] Despite the recent research on Transeurasian languages conducted by Robbeets and her colleagues, linguists are advised not to use archaeological and genetic evidence for tracing back the history of a family of languages but to confine themselves to a study of the languages themselves.

II 次の文章を読んで，下記の３つの設問に答えてください。解答用紙(その２)を使ってください。

In a world experiencing rapid change, and where cultural, political, economic and social upheaval challenges traditional ways of life, education has a major role to play in promoting social cohesion and peaceful coexistence. Through programmes that encourage dialogue between students of different cultures, beliefs and religions, education can make an important and meaningful contribution to sustainable and tolerant societies.

Intercultural education is a response to the challenge to provide quality education for all. It is framed within a Human Rights perspective as expressed in the Universal Declaration of Human Rights (1948):

> Education shall be directed to the full development of human personality and to the strengthening of respect for human rights and fundamental freedoms. It shall promote understanding, tolerance and friendship among all nations, racial and religious groups, and shall further the activities of the United Nations for the maintenance of peace.

The major challenge when discussing the issue of education and multiculturalism is dealing with some of the inherent tensions that arise in reconciling competing world views with each other. Such tensions reflect the diversity of values which co-exist in a multicultural world. Often, they cannot be resolved in a single 'either/or' solution. However, the dynamic interchange between competing aspects is what lends richness to the debate on education and multiculturalism.

One significant tension arises from the nature of Intercultural Education itself, which accommodates both universalism and cultural pluralism. This is particularly evident in the need to emphasize the universality of human rights, whilst maintaining cultural difference which may challenge aspects of these rights. Concepts of difference and diversity can also present tensions, between the practice of offering one curriculum for all children in a country, as opposed to offering curricula [plural of *curriculum*] which reflect different cultural and linguistic identities. In other words, between the general principle of equity and the tendency of any educational system to be culturally specific. The challenge for Intercultural Education is to establish and maintain the balance between conformity with its general guiding principles and the requirements of specific cultural contexts.

Culture is defined in numerous ways. As such, it has been defined as "the whole set of signs by which the members of a given society recognize...one another, while distinguishing them from people not belonging to that society." It has also been viewed as "the set of distinctive spiritual, material, intellectual and emotional features of a society or social group...(encompassing) in addition to art and literature, lifestyles, ways of living together, value systems, traditions and beliefs." Culture is at the core of individual and social identity and is a major component in the reconciliation of group identities within a framework of social cohesion. In discussing culture, reference is made to all the factors that pattern an individual's ways of thinking, believing, feeling and acting as a member of society.

Education is "the instrument both of the all-round development of the human person and of that person's participation in social life." It can take place at any age, through the actions of many institutions such as family, the community or the work environment. It can also take place through interaction with the natural environment, especially when such interaction is socially and culturally determined. From these many influences, school remains the most visible educational institution, and its role is central to the development of society. It aims at developing the potential of learners through the transmission of knowledge and the creation of competencies, attitudes and values that empower them for life in society.

Concepts of culture and education are, in essence, intertwined [connected to each other]. Culture forges [influences] educational content, operational modes [how something is done] and contexts because it shapes our frames of reference, our ways of thinking and acting, our beliefs and even our feelings. All actors involved in education — teachers and learners, curriculum developers, policy makers and community members — invest their cultural perspectives and cultural aspirations into what is taught, and how it is conveyed. Yet education is also vital to the survival of culture. As a collective and historical phenomenon, culture cannot exist without continual transmission and enrichment through education, and organized education often aims to achieve this very purpose.

The term *multicultural* describes the culturally diverse nature of human society. It not only refers to elements of ethnic or national culture, but also includes linguistic, religious and socio-economic diversity. Interculturality is a dynamic concept and refers to evolving relations between cultural groups. It has been defined as "the existence and equitable interaction of diverse cultures and the possibility of generating shared cultural expressions through dialogue and mutual respect." Interculturality presupposes multiculturalism and results from 'intercultural' exchange and dialogue on the local, regional, national or international level.

In order to strengthen democracy, education systems need to take into account the multicultural character of society, and aim at actively contributing to peaceful coexistence and positive interaction between different cultural groups. There have traditionally been two approaches: multicultural education and Intercultural Education. Multicultural education uses learning about other cultures in order to produce acceptance, or at least tolerance, of these cultures. Intercultural Education aims to go beyond passive coexistence, to achieve a developing and sustainable way of living together in multicultural societies through the creation of understanding of, respect for and dialogue between the different cultural groups.

1. Write a title for this passage in English which clearly indicates its main topic.

2. 上記の文章の要旨を150字以上200字以内(句読点を含む)の日本語でまとめてください。

3. Write a short essay of not more than 80 words in English in which you give some concrete examples of how Intercultural Education might be taught at schools and universities.

解答編

論述・総合問題

◀国際政治学科▶

I **解答** 問1．文民大国として再生した，戦後自由主義という秩序の利害当事国。(21 字以上 30 字以内)

問2．World Trade Organization

問3．参加国・地域数が増加した複雑な利害下で全会一致を要すること。(21 字以上 30 字以内)

問4．②

問5．ア—①　イ—⓪　ウ—①　エ—⓪　オ—⓪

問6．The crisis of liberal internationalism（4～5ワード）

◀解　説▶

≪危機に瀕するリベラル国際主義≫

問1．下線部(a)の a new type of international order（新しい国際秩序）における日本と西ドイツの役割はいかなるものであったか，21～30 字で記述する。第2段第5文（West Germany and …）に，戦後新秩序におけるドイツと日本の役割が示されている。

問3．ドーハ・ラウンドの交渉をまとめる難しさについて，図1と資料1から読み取れる要因を 21～30 字で記述する。第一に，図1からは，参加国・地域数が年を経るにつれ増加し，ドーハ・ラウンドではケネディ・ラウンドと比べて，2.5 倍超に膨らんだことが読み取れる。第二に，資料1には，第1文（Decisions in the …）に consensus of the entire membership とあるように，WTO での意思決定が基本的に全会一致で行われる旨が書かれている。以上2点から，参加国・地域数の大幅増加に伴い，利害が一致せず，合意形成がしにくくなった構図が推察できる。

問５．課題文から読み取れる内容に基づき，ア～オの正誤を判断する。
ア．正文。最終段第３文（In areas such…）の such as trade, …immigration, …the Trump administration has actively undermined the American-led postwar order と一致する。
イ．誤文。第３段第３文（The two great…）に Great Britain and the United States, …now seem to be pulling back from this leadership とある。
ウ．正文。第１段最終文（In the century's…）に In the century's last decade, it appeared the contest was over. とある。
エ．誤文。第２段第８文（Beijing had yet…）に Beijing had yet to emerge as an economic superpower. とある。have yet to *do* が「まだ～していない」という意味であることに注意する。
オ．誤文。「政治・経済」の知識で誤文と見当はつくが，本文に照らして確認する。EU が貿易保護主義かどうかは明記されていないが，第３段第５文（The EU has…）に The EU has been the silent bulwark of the Western liberal order. とある。そして，第２段第２文（In the aftermath…）に，米国とそのパートナーは，organized around open trade とあることから，EU が「貿易保護主義を進める」という記述は誤り。
問６．課題文に合う英語のタイトルを考える。ただし，liberal internationalism という語を含むこと。全体から読み取れる主旨としては，戦後アメリカが主導してきたリベラル（自由主義的）国際主義が岐路にさしかかっていること，つまり，既存秩序が危機に瀕していることが挙げられる。これは，第３段冒頭の this grand project is in crisis という部分に集約されている。これをヒントに，〔解答〕のほか，liberal internationalism is in crisis といった書き方も考えられる。なお，the end〔breakdown〕of liberal internationalism とするのは，課題文の内容を超えているので，不適だと考えられる。

出典追記：A World Safe for Democracy: Liberal Internationalism and the Crises of Global Order by G. John Ikenberry, Yale University Press

解答　問１．②　問２．human rights　問３．①
問４．ア－①　イ－①　ウ－⓪　エ－①　オ－⓪

◀解　説▶

≪EUのノーベル平和賞受賞≫

問3．下線(d)の the inter-war years を指す時期として最も適切なものを選ぶ。一般的に，inter-war years（または inter-war period）つまり「戦間期」とは，第一次世界大戦と第二次世界大戦の間（1918～39年頃）を指す。それを知らなかったとしても，下線(d)を含む第2段第1文（In the inter-war …）に seeking reconciliation between Germany and France とあり，続く同段第2文（Since 1945, …）で，1945年以降に，that reconciliation has become a reality と書かれている点や，独仏関係の歴史を考え合わせると推測できる。

問4．課題文から読み取ることのできる内容に基づき，ア～オの正誤を判断する。

ア．正文。第3段第1・2文（In the 1980s, … their membership.）の Greece, Spain and Portugal, The introduction of democracy was a condition と対応する。第1文に joined the EU とあるが，注釈（*）に「当時のEC」とあるので，この点も問題ない。

イ．正文。第3段第3文（The fall of …）と一致する。The fall of the Berlin Wall は「冷戦終結」の比喩的な表現である。

ウ．誤文。最終段第1文（The admission of …）に the opening of membership negotiations with Montenegro とあり，「加盟交渉は始まっていない」は誤り。

エ．正文。最終段第1文（The admission of …）の the granting of candidate status to Serbia と一致する。

オ．誤文。最終段最終文（In the past …）に the possibility of EU membership for Turkey とあり，「加盟を決定した」わけではない。

Ⅲ　**解答**　問1．②

問2．ポルトガル，ギリシャ，スペインで独裁政治体制が終焉した。(21字以上30字以内)

問3．民主主義の後退を想起させる政治的な変化。(11字以上20字以内)

◀解　説▶

≪欧州のリベラル・デモクラシー指数≫

問1．グラフの地域A～Cの組み合わせを選ぶ。まず，グラフのリベラル・デモクラシー指数に関して，各地域の特徴を確認する。地域Aは，1970年以降一貫して高水準である。地域Bは，1975～80年に上昇し，地域Cは1990年を境に急上昇している。

以上を資料の記述と照らし合わせる。資料3の第1文（After an initially …）の an initially rapid transition towards democracy in the 1990s, the Central and Eastern European region から，地域Cが中・東ヨーロッパと判断できる。資料1では，ポルトガル，ギリシャ，スペインを挙げ，1975年頃までに独裁政権が終焉し，民主的な政府に転換したことが書かれている。よって，地域Bが南ヨーロッパとなる。残る地域Aは，指数の安定性と消去法から西ヨーロッパと判断でき，②が適切。

問2．地域Bでは1970年代にある政治体制が終焉を迎えたが，具体的にどの国々で何が終わったのか，21～30字で記述する。問1から地域Bは南ヨーロッパであり，資料1の第1文（The overthrow of …）に Portugal … Greece … Spain … mark the end of these dictatorships とある。具体的な国名と政治体制を明記してまとめる。なお，資料2で終焉を迎えた政治体制として触れてあるのは communist rule「共産主義体制」であり，旧ソビエト連邦の国々が挙げられているが，その終焉は1970年代ではないため，不適である。

問3．地域Cの複数の国々では2010年代にどのような変化が起きたのか，11～20字で記述する。問1から地域Cは中・東ヨーロッパとわかる。3つの資料には「2010年代」を直接示す単語は登場しないため，注意深くヒントを探す必要がある。中・東ヨーロッパに言及している資料3の第1文（After an initially …）の in recent years, 続く第2文の Recent political developments がいつ頃を指すのかに注目する。資料3下部の「出典」をみると，2020となっていることから，この recent が2010年代であると推測できる。また，同文に，Recent political developments … fears about democratic backsliding in the region, … may herald … reversed wave of democratisation. とある。グラフと照合すると，地域Cのリベラル・デモクラシー指数は2010年以降，緩やかな低下傾向にあることが確認できる。よって，設問の「どのような変化」という文言を意識しつつ，資料３の第２文を手短にまとめればよい。

Ⅳ　解答

問１．③
問２．①
問３．江戸幕府の管理・制限による対外統制政策。(20 字以内)
問４．①
問５．蒸気船で太平洋を横断する際に，大量の石炭が必要になるため。(21 字以上 30 字以内)
問６．アー⓪　イー⓪　ウー①　エー⓪
問７．①　問８．①

◀解　説▶

≪日本の開国≫

問１．③が適切。条約Ｃは 1854 年に調印された日米和親条約である。→条約Ｂは 1857 年に調印された日米追加条約（下田協約）である。→条約Ａは 1858 年に調印された日米修好通商条約である。日米和親条約と日米修好通商条約は基本史料だが，日米追加条約はほとんどの受験生にとって初見史料のはずである。２つの港がすでに開かれており，そこでのアメリカ人の居留が定められていること，第２条が「千八百五十八年七月四日」に発効することなどを読み取り，そこから日米和親条約と日米修好通商条約の間の時期と判断したい。

問２．①が適切。オレゴン領とカリフォルニア州の位置を知らなくても，下線部(e)・(f)を含む文が「アメリカ合衆国は大西洋から太平洋まで広がっており，我が国の領土であるオレゴン領とカリフォルニア州は貴帝国（日本）の真向かいにある」という意味なので，西海岸に位置するｉとｊがふさわしいとわかる。オレゴン領はイギリスとアメリカの共同保有であったが，1846 年の協定によって分割され，現在のカナダとの国境線から南側がアメリカ領となった。その後，オレゴンからワシントンが分離するため，現在のオレゴン州はカナダとの国境に面してはいない。

問３．下線部(g)の the ancient laws は「祖法」と訳すことができるが，ここでは江戸幕府の外交上の祖法のことを言っているので，いわゆる鎖国政策について説明すればよい。

問4．空欄γ・δを含む文は「貴帝国政府の祖法が［ γ ］と［ δ ］以外との外国貿易を禁じていることは承知しているが…」という意味であり，空欄には長崎での通商を認められていた中国とオランダが入るとわかる。

問5．下線部(h)を含む文の前文（Our steamships, …）は「我が国の蒸気船は，広大な太平洋の横断により大量の石炭を消費するが，そのすべてをアメリカから運ぶのは不便である」という意味であり，アメリカが石炭の供給を求めた理由が書かれている箇所である。

問6．資料1は，アメリカ大統領フィルモアの書簡である。最後の段落に目的がまとめてあり，その内容は「私が強力な艦隊とともにペリー提督を貴帝国の名高い首府である江戸に派遣した目的は，友好関係，貿易，石炭と食料の供給，遭難者の保護，これらのみである」というものである。この内容と合致する選択肢はウのみであり，ア・イ・エについてはフィルモアが言及していない内容である。

問7．①が適切。日米和親条約が下田・箱館の開港を定めたこと，日米修好通商条約では2港に加えて神奈川・長崎・新潟・兵庫の開港を定めたこと，また神奈川開港後に下田を閉鎖すると定めたこと，などの知識があれば解答できる。

問8．①が適切。日米修好通商条約の第6条は，領事裁判権の承認に関する条文である。日本人に対して犯罪行為をしたアメリカ人は，アメリカ領事裁判所で審理を行い，アメリカの法律によって処罰すると定めている。

◀国際経済学科▶

I 解答 ⑤

◀解　説▶

≪民族主義の台頭≫

コラムの冒頭部分に続く段落として適切かどうかを判断する。まずはコラムの冒頭部分の最後の内容を確認する。民族主義台頭の原因について，第４段最終文（Economics is my …）に Economics is my specialty, … economic factors may explain … the trend. とあり，経済的要因についての記述が続くことが予想される。以下で各選択肢の要旨を順に確認していく。

①民族主義台頭の大きな原因は，modest slowdown と rising inequality である。

②歴史的には slow economic growth の後に ethnic conflict が起きてきた。

③過去の Great Depression と Great Recession は，rising inequality に端を発する側面があった。

④rising inequality と weak economic growth が続けば，さらなる不幸や混乱を招く恐れがあるため，対策を講じるべきだ。

⑤米国では，foreigners が犯罪などの原因であるとの見方があるが，データによれば，immigrants は natives よりも法を遵守している。

以上から，⑤のみが経済成長の低迷や格差（不平等）拡大に言及のない文章となっており，コラムの続きとして不適。なお，出典のタイトルも手掛かりとなる。脚注の後に示されたコラム冒頭部分の出典と，選択肢の後に示された出典の１番目は，当然，同一のコラム記事である。選択肢５つのうち４つはこのコラム記事のもので，選択肢の後の出典の２番目に挙げられた記事に含まれる選択肢は１つのはずである。Data Link Immigrants to Low Rates of Crime という記事タイトルから，選択肢の中では⑤のみ関係が深い内容と推察できる。

Ⅱ **解答**　資料からわかるのは，人口に占める移民の割合が高い国ほど，1人当たり GDP が高いという相関関係のみである。高所得国に移民が多く集まってきた可能性もあり，両者の因果関係を主張するのは妥当ではない。(100 字以内)

◀解　説▶

≪移民と GDP の相関関係≫

資料のみから，「移民を積極的に受け入れて，人口に占める移民の割合が増えると1人当たり GDP が増加する」と主張することの是非を論述する。まず，グラフを構成するデータや変数の定義を確認する。資料の第2段（A comparison of…）において，世界 53 の高所得国を対象に，人口に占める移民の比率と1人当たり GDP（国内総生産）の関係を分析した結果，両者の間に正の相関関係が認められたとしている。次にグラフを確認すると，正の相関関係を読み取ることができ，縦軸・横軸の変数も資料の第2段の内容と対応している。

一方，グラフが示唆するのはあくまでも相関関係であって，因果関係ではない。設問の主張の論理展開は，〈移民受け入れ→GDP 増加〉という因果関係を示すものであり，このグラフのみから推論できることではない。設問の主張とは逆に，高所得国であるから出稼ぎ移民が流入して割合が高くなっていると考えることもできる。〔解答〕においては，「因果関係」という用語を明記しながら，以上のような内容をまとめた。

Ⅲ **解答**　第一に，1人当たり GDP 平均値は顕著に増加し，金額で表す豊かさが世界で大きく増していること，第二に，散らばりの指標は緩やかに低下し，各国間での豊かさの格差が縮小しつつあることが読み取れる。(100 字以内)

◀解　説▶

≪経済的豊かさの統計≫

経済的豊かさの傾向について，図からわかること2点を説明する。2点とあるので，2つの指標を軸に，問題文の説明を参考にしながら，傾向をまとめる。その際，あくまでも全体的な「傾向」を意識し，些末な変化にとらわれすぎないようにすると把握しやすい。

グラフを観察すると，①平均値がほぼ右肩上がりで大きく上昇していること，②散らばりの指標はほぼ右肩下がりで緩やかに低下していること，などが読み取れる。以上の２要素を，どういったことを示しているかも含めてバランスよくまとめる。

Ⅳ　**解答**　米国金利の上昇時には米国での資産運用が有利となるが，元手の資金が必要である。グラフから，金利０％台である日本で得ていた資金を，金利2.5％前後の米国で運用すれば，いずれの国の投資家であってもおおむね２％以上の収益率が期待できる。こうした背景によって円が大量に売られ，ドルが買われるため，円安ドル高が進む。(150字以内)

◀解　説▶

≪金利差と円安ドル高≫

日米の金利差が拡大すると円安ドル高になる理由を，投資家の動きに着目して説明する。〈結果〉として示されている円安ドル高は，円が売られ，ドルが買われる現象である。これを金利差拡大という〈原因〉から説明せよ，という問題と解釈できる。留意すべきは，問題文第１文の「投資家が日本のみならず世界中に多数おり」という部分である。日本の投資家だけでなく，世界の投資家がどのように利益を上げるのかを考えなければならない。

そもそも投資には元手資金が必要である。米国の金利よりも日本の金利のほうが低ければ，日本で得た資金をドルに投資することで，高金利が得られる。日本で得た円を資金としてドルで運用しようとする際に，円を売ってドルを買うことになるため，円安ドル高になると考えられる。

このような金融実務に通じる問題は，受験生にとっては一見難解に感じられるかもしれないが，グラフを手掛かりに，具体的な数値で考えるとわかりやすい。

Ⅴ　**解答**　Ｂの方が優れているとはいえない。症状別の患者数がＡ・Ｂで異なり，症状別の治療成功率では各症状ともＡの方が高いからだ。各症状で可能な限り多数で同数の患者に対するＡ・Ｂの治療を比べて判断する必要がある。(100字以内)

◀解　説▶

≪医療統計≫

ある病気の臨床データから，医師Ａよりも医師Ｂの治療の方が優れていると判断できるかを，理由も含めて論述する。問題文の臨床データを表にまとめると以下のようになる。患者数は医師Ａ・Ｂとも合計 160 名で統一されている。

問題文では，合計患者数（各 160 名）に対する治療成功数（Ａ：48 名，Ｂ：81 名）のみで医師の優劣を判断してよいかの可否が問われているが，表に示す通り，全症状対象の成功率と症状別の成功率は異なる。症状別の成功率はいずれもＡの方が高い。これは，患者の構成がＡは重症に，Ｂは軽症に偏っていることに起因する。

さらに言えば，患者数が少ない項目（Ａの軽症やＢの重症）は，サンプル数が十分と言いがたく，すべての症状である程度多く，かつ同数の患者に対する治療結果がなければ最終的には判断できない。〔解答〕においては，全症状対象と症状別での成功率の違いを指摘しながら，以上の内容をまとめた。

医師Ａ

	成功（人）	患者（人）	成功率
重症	20	100	20%
中等症	20	50	40%
軽症	8	10	80%
合計	48	160	30%

医師Ｂ

	成功（人）	患者（人）	成功率
重症	1	10	10%
中等症	15	50	30%
軽症	65	100	65%
合計	81	160	約 51%

◀国際コミュニケーション学科▶

I 解答　1－3　2－1　3－2　4－3　5－2　6－1
7－3　8－2　9－3　10－1

◆全　訳◆

A．≪生活の質とは≫

生活の質とはある人が健康で，居心地よく，そして人生における出来事に参加できる，あるいは楽しむことができる度合いである。「生活の質」という用語は，本質的に曖昧なものである。というのは，それはある個人が自身の生活や生活環境で経験すること，そして自分が暮らしている生活の状態の双方を指すためである。それゆえに，生活の質は極めて主観的なものである。ある人が生活の質を富や生活に対する満足感で定義するかもしれない一方で，ある人は能力（たとえば，感情的・身体的な幸福という観点においてよい生活を送る能力をもっていること）という観点から生活の質を定義するかもしれない。障害のある人が生活の質が高いと報告するかもしれない一方で，健康であっても最近失業した人は生活の質が低いと報告するかもしれない。ヘルスケアという領域において，生活の質は感情的，身体的，物質的，そして社会的な幸福を含む多次元的なものとみなされている。

B．≪単なる集団ではないチームとは≫

すべての集団がチームというわけではない。実際のところ，ほとんどがそうではない。よって，定義から始めるのがよいだろう。チームとは，共同作業を行い，チームとしての共通の目的と，その目的に関係する困難な目標に対して互いに熱心に取り組む人々の集団である。チームは単に作業をする集団よりもより生産的で創造力に富んでいる。チームは個人個人が集まった集団が単純な協力と調整を通じて行うことができることを超える結果を生み出す。そのような結果は「チーム効果」を反映している。つまり，メンバーは自分たちがチームの一員だと感じるときに，よりよいパフォーマンスを見せるのである。この利点の根底には，共同作業に対するメンバーたちの強力な相互の献身がある。この献身がメンバー間での圧倒的な社会的，感情的な絆を生み出す。そこでは，メンバーたちは「私たち」

が成功，あるいは失敗するときは皆も一緒で，そしてもしもチームが失敗するときは誰も成功することはできないと信じるようになる。すべてのチームにおいて，「私たち」は「私」に勝るのである。もしもあなた自身がチームの一員になった経験がないのであれば，「私たち」がともに何かを成し遂げることができるという感覚が生み出す，この気分の高揚（わくわくする感情）を理解することは難しい。

C．≪新型コロナウイルスの流行が若者に与えた影響≫

世界中の若者たちが真剣に政治と教育の現状を気にかけている。この情報は経済協力開発機構，いわゆるOECDによるアンケート調査から得られたものである。この調査は72カ国の151の青年組織を調査したものである。それは15歳から29歳の若者を中心としている。研究者たちはこの年齢の人々が2つの世界的な危機を経験してきたことに注目している。つまり，2008年の金融崩壊と新型コロナウイルスの大流行である。OECDの研究者たちは，このコロナ禍が若者に与える影響を知ることが重要だと述べている。コロナ禍は「異なる年齢層に対して異なる影響を与えており……多くの人がその余波をこれからの数十年にわたって感じることになるだろう」と彼らは述べている。青年組織は，若者が新型コロナウイルスの影響で最も対処することが難しいと感じている3つの分野を特定するよう依頼された。回答で上位にあがったのは，メンタルヘルス，教育，そして雇用であった。不安を感じる他の分野としては，人間関係，個人の財産そして個人の自由の制限があった。研究者たちは，コロナ禍が教育に及ぼす長期的な影響を「引き続きしっかりと注視していく」と述べている。この研究は，この危機が大きく「国際的な学生の流動性を減少させ」，異なる人口層において教育的な差異を広げ，学生たちが教育を終えてしまうという危険性を増加させていると付け加えている。

D．≪アメリカと日本のビジネスパーソンの違い≫

アメリカと日本のビジネスパーソンの主要な違いは，個人の自立か集団の調和かというどちらの資質を重視するかどうかに関係している。アメリカ人は，自立していて競争心があり，感情を即座に表し，説得力のある議論ができる人に敬意を払う傾向がある。日本人は，集団の調和，つまり「和」に，より高い価値を見出す。日本人はあまり自身の本当の感情を示したがらない傾向があるが，これは多くの場合，他人の感情を傷つけることを心配してのことである。それよりも，彼らは礼儀正しい一体感を表すほうを好む場合が多い。アメリカ人にとって，自身の本当の感情や意見を直接的に示さないのは，弱さの証であるとみなされることも多く，不誠実だと受け止められることさえある。それゆえ，アメリカ人と日本人が初めて会ったときは，日本人にとってアメリカ人は社交的に思えることが多く，アメリカ人にとって日本人は冷静で控えめに思えるかもしれない。アメリカ人は顧客と友好的で個人的な関係をすぐに築こうとする傾向がある。彼らは人々の公的な職名や地位の違いをあまり気にしない。彼らはしばしば顧客に自分たちを，最初に出会ったときから，古くからの友人のようにファーストネームで呼ぶように言う。そのような行動は日本社会では非礼であり，外国のビジネスパーソンと出会うとき，日本人を簡単に居心地悪くさせうるものである。

E．≪トランスユーラシア語族のルーツについての新発見≫

日本語，韓国語，モンゴル語，トルコ語，ツングース語を含む広大なトランスユーラシア語族の起源は9000年前の，現在の中国北東部における初期の農耕コミュニティにまで遡る。トランスユーラシア語はヨーロッパとアジア北部の広域に渡って話されている。これまで研究者たちが考えていたのは，これらの言語は，家畜（食料用の動物）を飼ってはいたが穀物は栽培していなかった，馬に乗った遊牧民（ある場所からある場所へと移動する人々）の間で話されており，モンゴルの山間部から3000年前に広がったということだった。ドイツのイエナ州にあるマックス・プランク人類史科学研究所のマルティン＝ロッベエツと彼女の同僚たちは，言語学的，考古学的，そして遺伝子学的なエビデンスを用いて，むしろその言語族の拡大につながったのは現在の中国において農民たちがキビ（食用として育てられる穀物）の栽培を始めたことであると結論づけた。研究チームはこのことを，互いの類似性を基に，場所と時間を通してその広がりを地図に描くため，その言語の言語学的な特徴を研究し，コンピュータによる分析を用いることによって行った。そのようにすることで，ロッベエツと彼女のチームは初期のトランスユーラシア語の起源をおよそ9000年前の中国北東部の遼河地域にまで遡ることができた。考古学的なエビデンスによれば，キビが栽培化されたのはちょうどこの時期と場所であったことがわかっているとロッベエツは述べている。

◀解　説▶

A．1．「どのように『生活の質』という表現が定義されるかについて，この文章は何を結論づけているか」

第2・3文（The term *quality of life* … highly subjective.）に注目する。ここに「『生活の質』という用語は曖昧なものであり，主観的なものである」とあり，続く第4文（Whereas one person …）以降では，人によって定義が異なる例が示されている。この内容と一致するのは3の「生活の質は，人々が自分の生活状況をどのように見ているかによって影響を受けるため，客観的に定義することは不可能である」である。1の「生活の質は，個人的な経験よりも生活状態に基づいているため，誰にとっても同じような方法で定義されうる」は上述の第2・3文および第4文以降の内容に相違しているため，誤りとなる。2の「最終的には，定義を提供するための統計的なデータが不十分であるため，生活の質は定義することができない」も上述の第2・3文と矛盾する。生活の質を定義することができないのは，統計的なデータが不十分なためではなく，主観的な要素に影響されるためである。

2．「この文章が示唆しているのは，次の記述のどれか」

1の「お金持ちで生活に満足している人と，感情的・身体的に恵まれているという能力をもつ人の双方が，高い生活の質を得ていると考えるかもしれない」が第4文（Whereas one person …）の内容と一致する。生活の質の定義は人によって異なる可能性があるという文章において，例示されている内容である。2の「障害のある人々が一般的に自分たちは生活の質が高いと報告している一方，失業中の人々が自分たちの生活の質が低いと報告することは稀である」は第5文（A disabled person …）の内容と矛盾する。人によって生活の質の定義が異なるという例において，「失業者は生活の質が低いと報告するかもしれない」という記述がある。3の「ヘルスケアは感情的，身体的，物質的，そして社会的な幸福といった他の要素よりもはるかに重要なので，ヘルスケアが生活の質と最も密接な関係があると言うことができる」は最終文（Within the arena of healthcare, …）と矛盾する。感情的，身体的な幸福といった要素はヘルスケアという領域の中で生活の質を考える際に挙げられており，ヘルスケアがより重要であるという記述はない。

B．３．「この文章によれば，ある集団がチームとなるために必要な条件は何か」

第３文（A team is a group…）参照。「チームとは，共同作業を行い，チームとしての共通の目的と，その目的に関係する困難な目標に対して互いに熱心に取り組む人々の集団である」とある。この内容に最も意味が近いのは２の「その集団の目的はグループのメンバーたちによって理解され，共有されるべきである」である。１の「グループのメンバーたちは，一緒に働き始める前にお互いのことをよく知らなければならない」は本文に記述がない。メンバー個人に対しては第６文（Such results reflect…）で一緒に働く際の記述があるが，「働き始める前」の記述はない。３の「チームのメンバーたちを効果的にまとめるため，強力なリーダーが必要である」も本文に記述がない。第８・９文（This commitment creates…trumps "I."）に「絆を生み出す」，「『私たち』は『私』に勝る」という記述があるが，リーダーが必要という記述はない。

４．「次の記述のうち，この文章によって支持されているのはどれか」

第４～８文（Teams are more productive…the team fails.）に注目する。この内容と一致するのは，３の「協力することが個別に作業をするよりもより大きな利益をもたらすということをメンバーが信じるとき，チームは団結するようになる」である。１の「チームのメンバー間に存在する強い絆のため，お互いに対する意見の不一致を彼らがもつことは稀である」については，メンバー間の強い絆についての記述は第８文（This commitment creates…）にあるものの，意見の不一致に関する記述は本文にみられない。２の「チームの各人が自身でタスクを達成させるために十分プロフェッショナルであるべきである」については，「プロフェッショナルであるべき」といった記述は本文にない。また第８・９文（This commitment creates…trumps "I."）においては，「各人」よりも「チーム全体」が強調されているため，不適と言えよう。

C．５．「次のどの記述がこの文章の主な考えを最もよくまとめているか」

２の「OECD の調査は，新型コロナウイルスの大流行の結果，時間の経過とともに，どのような問題に若者が直面するのかを明らかにすることの重要性を強調している」が第６・７文（OECD researchers say…to come….")と一致する。OECD の研究者たちは「コロナ禍が若者に及ぼす影響を知ることが重要である」,「コロナ禍は異なる年齢層に対して異なる影響を与えており，多くの人がその余波をこれからの数十年に渡って感じることになるだろう」と述べている。1の「OECD は若者のメンタルヘルス，教育，そして雇用の調査を担う機関である」は本文に記述がない。第8・9文（Youth organizations were … and employment.）に「青年組織は，若者が新型コロナウイルスの影響で最も対処することが難しいと感じている3つの分野を特定するよう依頼され，その上位の回答がメンタルヘルス，教育，雇用であった」という記述があるのみである。3の「OECD は 2008 年の金融崩壊と新型コロナウイルスの大流行の組み合わせが 15 歳から 29 歳の若年層に最も影響を与えたことを報告している」については，第7文（The pandemic, …）に「年齢層によって異なる影響を与えている」とあるのみで,「若年層が最も影響を受けた」という記述はないため，不適。

6.「以下のどの結論がこの文章によって支持されるか」

1の「とりわけ教育の分野において，新型コロナウイルスの若者に対する長期的な影響を注視し続けていく必要がある」が，第 11 文（The researchers said …）と一致する。2の「新型コロナウイルスの危機に対して，若者は他の世代よりもより脆弱である」は，第7文（The pandemic, …）に「年齢層によって異なる影響を与えている」とあるが,「若年層はより脆弱」という記述はないため，誤りである。3の「新型コロナウイルスの危機による留学生の数の減少は国によって異なる」については，最終文（The study added …）に国際的な学生の移動の減少について述べられているが,「教育的な差異を広げる」という記述があるのみで，国ごとの留学生数の減少についての記述はないため，誤りである。

D．7.「この文章の主要な点は何か」

3の「アメリカ人と日本人の間のビジネス慣習の違いは，アメリカ人の個人主義的な傾向と日本人の集団志向的な傾向に関係していることが多い」が第1文（A major difference …）の「個人の自立か集団の調和か」という内容と一致する。1の「日本人とアメリカ人のビジネスパーソンの間には多くの違いがあるが，彼らは少なくともいくつかの価値観を共有している」については，第8文（Americans are likely …）以降にビジネスパーソンの違いについて記述があるが,「いくつかの価値観を共有」という記述は本文にみられないため，誤りとなる。2の「日本人は調和を尊重するため，アメリカ人よりも他者とよい関係を維持するということに重きを置く」も誤りである。第3文（Japanese tend to…）に「日本人は集団の調和を重んじる」という記述はあるが，他者とよい関係を維持するということをアメリカ人と比較している記述は本文にない。

8．「以下のどの記述が日本人とアメリカ人についての筆者の意見を最もよく表しているか」

2の「アメリカ人は自分の感情や意見を率直に表す傾向があるため，日本人はしばしばアメリカ人を外向的だと考える一方で，日本人は感情をあからさまに見せないようにする傾向があるため，アメリカ人は日本人が冷静で控えめであるという印象を受ける」が第2～7文（Americans tend to… they first meet.）の内容と一致する。1の前半部分「アメリカ人はビジネスにおいて友好的であり，最初に出会ったときからファーストネームで呼ぶ傾向がある一方で，日本人は公的な肩書や立場の違いに気を遣う」は，第8～10文（Americans are likely… the first meeting.）と一致するが，後半の「2つのスタイルは基本的に調和する」という部分は最終文（Such behavior would be…）に日本人は居心地が悪くなるとあるため，本文と矛盾する。3の「アメリカ人は自立し，競争心があり，感情豊かで，説得力のある議論をすることができる人を尊重する傾向があるため，ビジネスの場において日本人のビジネスパーソンとうまくやっていくことができる」も誤りである。この選択肢の前半のアメリカ人の特徴は第2文（Americans tend to…）に述べられているが，このために「日本人のビジネスパーソンとうまくやっていくことができる」という記述はない。

E．9．「この文章によると，以下のどの記述が正しいか」

3の「研究者たちは当初，トランスユーラシア語は3000年前のモンゴルの山間部から広がったと考えていたが，ロッベエツと彼女の同僚たちがその想定は誤りだと結論づけた」が第3・4文（Until now, …the language family.）の内容と一致する。第5文（The team did…）以降では，調査方法や新たな発見の具体的な内容が述べられている。1の「研究者たちは当初，トランスユーラシア語はヨーロッパおよびアジア北部の広い地域で話されていたと考えていたが，ロッベエツと彼女の同僚たちによる最近の調査がその地域は中国北東部に限定されていたことを示した」については，第 3 文（Until now, …）に研究者たちの想定について「3000 年前のモンゴルの山間部」と記述があるため，誤りである。「トランスユーラシア語がヨーロッパおよびアジア北部の広い地域で話されている」という記述は第 2 文（Transeurasian languages are …）にあるが，これは現在の事実である。また，「中国北東部に限定されていた」といった記述もみられない。2 の「研究者たちは当初，トランスユーラシア語が広がった理由は，単一の場所における作物の栽培から，動物を飼う場所を見つけるためにある地域から別の地域へと移動するという農業活動における変化によるものと考えていた」は第 3 文（Until now, …）と矛盾する。元来は「馬に乗った遊牧民によって広がったと考えていた」とあり，その遊牧民は農業を行っていなかったとあるため，不適。

10.「この文章において与えられている情報から何が推察できるか」

1 の「中国北東部から世界の他の地域へ 9000 年前に言語が広がっていったことの一因がキビの栽培であったことについての新たな発見は，トランスユーラシア語の歴史についての私たちの理解をすっかり変えてしまうかもしれない」が第 3・4 文（Until now, … the language family.）および第 6 文（Doing so allowed …）で述べられている調査結果の内容と一致する。2 の「3000 年前のモンゴルで馬に乗った遊牧民の移動がトランスユーラシア語を広げることにつながったという元々の想定の正当性を疑うに足りる十分な証拠がないため，言語学者たちは新しい理論を採用しそうにない」は「正当性を疑うに足りる十分な証拠がない」，「新しい理論を採用しそうにない」といった記述が本文にない。3 の「ロッベエツと彼女の同僚たちによって行われたトランスユーラシア語についての最近の研究にもかかわらず，言語学者たちは言語群の歴史をたどるために考古学的かつ遺伝子学的なエビデンスは用いずに，言語それ自体の研究にとどまるよう忠告されている」もそういった記述は本文にみられないため，不適である。

II **解答** 1.〈解答例〉Intercultural education in a multicultural world

2. 文化と教育は密接に結びついており，互いに切り離すことはできない。社会の一体性や平和的な共生を実現する上で，人権思想に基づいた，社会の多様性や価値観が考慮された異文化教育が担う役割は大きい。多文化社会において平等な教育を行うことは難しく，一般的な指針の調和と特定の文化的な背景の要求とのバランスをとる必要があるが，異文化集団間の相互理解や対話を通して持続可能な共生を目指す教育が望まれている。（150字以上200字以内）

3．〈解答例〉In primary and secondary schools, students can learn about other cultures in terms of differences in clothing, food, or traditions. Schools can also invite guest speakers from different cultures to create interest among students. In high schools and universities, students can be encouraged to have different perspectives and values through interactive class activities such as group discussions, debates, and presentations. Cultural exchange programs can also be helpful to gain first-hand experience of and appreciation for other cultures.（80語以内）

◆全　訳◆

≪多文化世界における異文化教育≫

急速な変化を経験し，文化的，政治的，経済的，そして社会的な激変が従来の生活様式（の正当性）を問う世界において，教育は社会的団結と平和的な共存を促進する上で主要な役割を果たしている。異なる文化，信念，信仰をもつ学生同士の対話を促進するプログラムを通じて，教育は持続可能で寛容な社会に対して重要で意義深い貢献をすることができる。

異文化教育はすべての人々に質の高い教育を提供するという課題に対する回答である。それは人権という視点の中で構成されており，世界人権宣言（1948年）において次のように述べられている。

> 教育は人格の完全な発達および人権と基本的自由の尊重を強化することに向けられるべきである。教育はすべての国家，人種，そして宗教団体の間の理解，寛容，そして友好関係を促進し，平和を維持するために国際連合の活動を促進すべきものである。

教育と多文化主義の問題を議論する際の主要な課題は，互いに相反する世界観を調和させる際に生じる固有の緊張に対処することである。このような緊張は多文化世界で共存する価値観の多様性を反映している。しばしばそれらは単一の「二者選択」という解決策では解決することができない。しかしながら，相反する側面の間での活動的な交流が，教育と多文化主義についての議論に豊かさを与えるものである。

ある顕著な緊張は異文化教育それ自体の性質から生じる。それは普遍主義と文化的な多元主義の双方を調整するものである。これはとりわけ人権の普遍性を強調する必要性がある一方で，これらの権利の側面の正当性に疑いを投げかけるかもしれない文化的な差異を維持する必要がある場合においても明白である。ある国において，すべての子どもたちに１つのカリキュラムを提供することと，その反対に異なる文化的，言語的なアイデンティティを反映している複数のカリキュラムを提供するということの間において，差異と多様化という概念もまた緊張を提示しうる。言い換えれば，一般的な公正性の原理と文化的に特徴的なあらゆる教育システムの傾向との間においてである。異文化教育の課題は，一般的な指針との調和と，特定の文化的な背景が要求するものとのバランスを確立し，維持することである。

文化はさまざまな方法で定義される。したがって，文化は「ある社会の構成員がその社会に属していない人と自分たちを区別し，その社会の構成員たちがお互いを認識するためのすべてのしるし」として定義されている。文化はまた「芸術や文学に加えて，生活様式，共生の方法，価値体系，伝統や信仰（を含む）……ある社会や社会的集団の一連の顕著な精神的，物質的，知的，感情的な特徴」であるともみなされている。文化は個人的・社会的アイデンティティの中核にあり，社会的なまとまりという枠組み内で集団のアイデンティティを調和させる際の主要な構成要素である。文化を議論する際は，社会の一員としての個人の考え方，信じ方，感じ方，そして行動の仕方を形成するすべての要素が言及される。

教育は「人間のあらゆる面での発達とその人間の社会生活における参加の手段」である。それはあらゆる年齢において，家族や地域社会，あるいは職場環境のような多くの組織の活動を通じて起こり得る。それはまた自然環境との関わりを通じて，とりわけそのような関わりが社会的，文化的に決定される際にも起こり得る。これら多くの影響から，学校は最も周知された教育機関であり続け，その役割は社会の発展の中心となっている。学校は知識の伝達と，社会において生涯に渡って学習者たちに力を与える能力や姿勢，価値観を創り出すことを通じて，学習者たちの潜在能力を伸ばすことを目指している。

文化と教育という概念は，本質的に結びついている。文化は教育的な内容，運営方法，そして状況に影響を与える。なぜなら，私たちの準拠枠や考え方，行動の仕方，信念，そして私たちの感情さえも形作るからである。教育に関わるすべての当事者――教師と学習者，カリキュラム作成者，政策立案者，そして地域の構成員といった人たち――は，教える内容とその伝え方に対して，自分たちの文化的な視点や文化的な願望を注ぎ込む。しかし，教育は文化の存続に不可欠なものでもある。集団的かつ歴史的な事象として，文化は教育を通じて継続的に伝達され，豊かにされることなくしては存続できない。そして組織だった教育はしばしば，まさにこの目的を達成することを目標としている。

「多文化」という用語は，人間社会の文化的に多様な性質を表している。それは民族的あるいは国家的な文化の要素について述べられるだけではなく，言語的，宗教的そして社会経済的な多様性を含むものでもある。間文化性は力強い概念であり，文化集団間の発達していく関係を指すものである。それは「多様な文化の存在と公正な交流，そして対話と相互に対する敬意を通じて，共通の文化的な表現を生み出す可能性」と定義されている。間文化性とは多文化主義を前提とするものであり，局地的，地域的，国家的，あるいは国際的なレベルでの「異文化的」なやりとりと対話から生じるものである。

民主主義を強化するため，教育システムは社会の多文化的な性質を考慮に入れる必要があり，異なる文化的集団間の平和的な共存と肯定的な交流に積極的に貢献することを目指す必要がある。伝統的に２つのアプローチがある。多文化教育と異文化教育である。多文化教育はこれらの文化の受容，あるいは少なくとも寛容を生み出すために他の文化についての学習を用いる。異文化教育は，受動的な共存を越えることを目指し，異なる文化集団に対する理解と敬意，そして異文化集団間の対話を創り出すことを通じて多文化社会でともに暮らしていくための発展的かつ持続可能な方法を実現することを目的としている。

◀解　説▶

１．英文は冒頭でテーマが示されることが多い。この文章の第１段は「文化的，政治的，経済的，そして社会的な激変が従来の生活様式を問う世界において，教育は…重要で意義深い貢献をすることができる」とあるように，教育の重要性が強調されている。また，第 2 段以降では Intercultural education「異文化教育」が具体的に述べられ，第 3 段の冒頭では the issue of education and multiculturalism「教育と多文化主義の問題」という表現が登場し，第 7 段の冒頭では Concepts of culture and education are, in essence, intertwined.「文化と教育という概念は，本質的に結びついている」と述べられている。これらを踏まえ，〔解答例〕では Intercultural education in a multicultural world「多文化世界における異文化教育」とした。なお，この文章はユネスコの education and multiculturalism「教育と多文化主義」についてのものである。

2．要約は「抽象的」→「具体例」へと展開する英文の基本的なルールに従い，抽象部分を抜き出し，具体例を字数調整として用いるというセオリーがある。しかし，この文章に関しては，「教育」や「文化」というメインのトピックである抽象部分が他の段落でも絡めて述べられるなど，抽象部分と具体例を分けることが難しい。よって，上述の 1 でもポイントとして挙げた「多文化世界における異文化教育」に沿って，異文化教育の課題と目的を中心にまとめるとよいだろう。異文化教育は多文化世界が背景にあるので，「教育」，「文化」の双方のテーマに触れることが可能である。

3．「学校や大学において異文化教育がどのように教えられるべきかを具体例を踏まえて書く」という問題である。問題文に schools and universities とあるので，小学校，中学校，高校，大学といった時期を例として挙げ，どの段階でどのような教育が望ましいかを具体的に書くとよいだろう。〔解答例〕では，小・中学校での多文化の紹介と興味づけといった取り組み，そして高校や大学では多文化へのさらなる理解を促すような授業スタイルやプログラムの実施について触れている。

//////////////////// · memo · ////////////////////

2022年度

問題と解答

■一般選抜（個別学部日程）：法学部

問題編

▶試験科目・配点

方式	テスト区分	教　科	科目（出題範囲）	配点
A方式	大学入学共通テスト	外国語	英語（リーディング，リスニング），ドイツ語，フランス語，中国語，韓国語のうち１科目選択	65 点
		国　語	国語	100 点
		地歴・公民・数学	日本史Ａ，日本史Ｂ，世界史Ａ，世界史Ｂ，地理Ａ，地理Ｂ，現代社会，倫理，政治・経済，「倫理，政治・経済」，数学Ⅰ，「数学Ⅰ・Ａ」，数学Ⅱ，「数学Ⅱ・Ｂ」のうち１科目選択	35 点
	独自問題	総合問題	国語総合（古文・漢文を除く）と，「日本史Ｂ」（17 世紀以降），「世界史Ｂ」（17 世紀以降），「政治・経済」との総合問題とする。	200 点
B方式	大学入学共通テスト	外国語	英語（リーディング，リスニング），ドイツ語，フランス語，中国語，韓国語のうち１科目選択	100 点
		国　語	国語	65 点
		地歴・公民・数学	日本史Ａ，日本史Ｂ，世界史Ａ，世界史Ｂ，地理Ａ，地理Ｂ，現代社会，倫理，政治・経済，「倫理，政治・経済」，数学Ⅰ，「数学Ⅰ・Ａ」，数学Ⅱ，「数学Ⅱ・Ｂ」のうち１科目選択	35 点
	独自問題	総合問題	英語（コミュニケーション英語Ⅰ・Ⅱ・Ⅲ，英語表現Ⅰ・Ⅱ）と，「日本史Ｂ」（17 世紀以降），「世界史Ｂ」（17 世紀以降），「政治・経済」との総合問題とする。	200 点

▶備　考

- 合否判定は総合点による。ただし，場合により特定科目の成績・調査書を考慮することもある。
- 大学入学共通テストの得点を上記の配点に換算する。英語の得点を扱う場合には，リーディング 100 点，リスニング 100 点の配点比率を変えずにそのまま合計して200点満点としたうえで，上記の配点に換算する。

- 大学入学共通テストの選択科目のうち複数を受験している場合は，高得点の1科目を合否判定に使用する。
- 試験日が異なる学部・学科・方式は併願ができ，さらに同一日に実施する試験であっても「AM」と「PM」の各々で実施される場合は併願ができる。
- 試験時間帯が同じ学部・学科・方式は併願できない。

試験日	試験時間帯	学 部	学科（方式）
2月18日	AM	法	法（A） ヒューマンライツ（A）
	PM	法	法（B） ヒューマンライツ（B）

総合問題

◀A 方 式▶

(90分)

I 次の文章を読み，以下の設問(問1～問12)に答えなさい。

①人が行動するにあたっては，理由があるものです。ここでいう理由は，「なぜそうするのが正しいのか」とか「なぜそれが善いことなのか」を説明する理由で，実践的理由といわれているものです。原因と結果の関係を説明したり，数学的な論理のつながりを説明する論理的理由とは区別されます。人は，いろいろと理由を考え併せて，どういう行動をとるかを自分で決めるものです。

ところが，ときに人は自分の判断ではなく，他者の判断に従うことがあります。なぜそうするかについても理由があるはずです。自分の判断よりは，この人の判断に従うことに理由がある，そうした存在(「この人」)のことを権威と呼ぶことにしましょう。

権威に従うことに理由があるのはどういう場合でしょうか。この問題に関する法哲学・政治哲学の世界での②標準的な説明は，以下のようなものです。

人が行動するのには理由があります。何が適切な理由かは，自分自身で判断する，これが原則です。　(a)　，ことがらの性質によっては，自分自身で判断するよりも，他者に判断してもらった方が，自分自身に当てはまる理由に，よりよく適合した行動をとることができることがあります。そうした場合には，その他者(権威)に従う理由があります。③自分よりもそのことがらについて優れた知識を持っている人の言うことをきく，というのもその例です。語学の修得にあたって，自学自習よりは良い教師について習った方が効率的でしょう。教師の方が，自分がとるべき行動が何かをより適切に判断する能力を備えているので，教師を権威として取り扱うことには理由があります。

さて，国家もその支配下で暮らす人たちに向かって，各自の判断ではなく，国家の判断に従えと言うことがしばしばあります。典型例は法律を作って，それに従えという場合です。つまり，［(b)］は自分が権威だと主張します。こうした主張に理由があるのはどのようなときでしょうか。

語学の教師との類比でまず考えられるのは，国家が一般市民よりも優れた知識を持っている場合ということになりますが，どういう場合がそれにあたるかとなると，なかなか答えが難しくなります。個別の政策課題について政府が予め持っている知識が一般社会で暮らしている人たちに比べて，明らかに優れているかとなると，少なくとも一般的にそうだとは言いにくいところがあります。個別の問題については，それぞれ専門家がいるはずで，そうした専門家の意見を聞いた方がよいでしょう。

幸いなことに，国家が一般市民より優れた知識を持っていると想定しなくても，国家を権威として取り扱うことに理由のある場合がかなりあります。調整問題の解決が求められている場合がその代表例です。調整問題は，大雑把に言うと，みんなが他のみんなと同じように行動しようと思っているのだが，みんながどう行動するか確実な予測ができないので困っている状態，と描写することができます。優れた知識の有無は問題になりません。

［A］

次の問題は，では国家を権威として取り扱うべきことがらは，どれほどの広がりを持っているのかです。これは，どのようなことがらを国家が解決すべき「調整問題」としてとらえるべきか，あるいは，その問題についてそもそも「優れた知識」なるものがありうるのか，という問題でもあります。

人がどのような宗教を信ずるべきかについても，政府が決めて，それに国民が従うべきだという建前をとる国もあります。人がいかに行動すべきか，その行動の理由が何かは各自が判断するのが原則だという出発点に立つ以上は，かりに国が信ずるべき宗教を決めるべきだと言うためには，その理由を示すことが必要となります。少なくとも，「正しい宗教」が何かについて，国家がより優れた知識を持っているということはなさそうです。では，調整問題でしょうか。

④<u>あることがらが調整問題であるためには，そのことがらについて，大多数の人々は，どの結論になっても構わない，とにかく他の大多数の人々と同じことがしたい，あるいは，他の大多数の人々の選択と衝突しないような選択をしたい，と考えていることが前提となります。</u>

世の中には，たしかにそうしたことがらはたくさんあります。［ (c) ］，あらゆることがらがそうだとは，普通，人は考えません。自分がどう行動すべきか，どういう選択をすべきかは，自分が決める。なぜでしょうか。二通りの説明の仕方があります。

一つは，自分がどのような選択をすべきかは，自分自身が一番よく承知しているから，というものです。たとえば，朝食に何を食べるかについて，何を食べたときより幸福になるかは，自分自身が一番よく分かっているから，自分で判断すべきでしょう。［ (d) ］

もう一つの説明の仕方があります。生きていく上で行き当たる選択は，単純なものとは限りません。どんな職業を選ぶべきか。たとえば，将軍としての人生とバレリーナとしての人生は両立しないだけではなく，どちらがよい人生であるかを比較することもできません。足し引き計算の対象とはならない選択が求められています。

比較することができないということ ―― 価値の「比較不可能性」と言われます ―― は，こういうことです。比べようのない選択肢に直面して，それでも人は選択します。そうした選択を通じて，人は自分がどのような人間であるか(人間となるか)を選びます。それが人というものです。予算の制約の範囲内で自分の効用の最大化を目指す自動機械にすぎないわけではないでしょう。国家が国民各人の選択になるべく介入すべきではないわけは，それが，人間が人間らしく生きる余地を可能な限り保障することにつながるからです。

宗教は，人の生きる意味，この宇宙が存在する意味を与えてくれる，信ずる人にとっては，とても大切なものではないでしょうか。だとすれば，どれでもよいから，周りの多くの人と同じものを信ずればよいというものではありません。［ B ］

いかに行動すべきか，どのような選択をすべきかをなぜ自分自身で判断すべきかについては，二通りの説明がありました。私は，それが，［ (e) ］から，という理由を全く無視することはできないとは思いますが，むしろ，第二の理由づけの方が，法との付き合い方を検討するときには重要だと考えます。そして，そうした理由づけは，⑤近代国家あるいは立憲主義という考え方が生まれた時代の，ヨーロッパのいろいろな思想家の考え方とも平仄(ひょうそく)が合っています。彼らが直面したのは，宗教改革後の世界でさまざまな世界観が激しく衝突する状況から，いかにして人間らしい生活を送ることのできる社会の枠組みを構築していくことができるか，という問題でした。

――長谷部恭男『法とは何か　法思想史入門〔増補新版〕』(河出ブックス，2015年)
第1部「国家はどのように考えられてきたか」をもとに作成

問1　下線部①の具体例として**適当でないもの**を，次の選択肢の中から1つ選び，解答用紙(その1)の解答番号 [1] にマークしなさい。

1　私は犬を飼う。
2　私は兄になる。
3　私は友人へあいさつをする。
4　私は週刊誌を買う。

問2　下線部②の類義語として最も適当なものを，次の選択肢の中から1つ選び，解答用紙(その1)の解答番号 [2] にマークしなさい。

1　統一的な
2　抽象的な
3　平均的な
4　具体的な

問3　[(a)] に入る接続詞として最も適当なものを，次の選択肢の中から1つ選び，解答用紙(その1)の解答番号 [3] にマークしなさい。

1　つまり
2　しかし
3　したがって
4　たとえば

問4　下線部③に関連して，その具体例として**適当でないもの**を，次の選択肢の中から1つ選び，解答用紙(その1)の解答番号 [4] にマークしなさい。

1　車が故障したため，医師の指示に従う。
2　山登りにあたって，山岳ガイドの指示に従う。
3　テニスの上達のために，テニススクールのコーチの指示に従う。
4　隣人に訴訟を提起されたため，弁護士の指示に従う。

問5　[(b)] に入る語として最も適当なものを，次の選択肢の中から1つ選び，解答用紙(その1)の解答番号 [5] にマークしなさい。

1　法哲学・政治哲学

2　一般市民

3　法律

4　国家

問6　下線部④に関連して，筆者のいう調整問題の具体例として**適当でないもの**を，次の選択肢の中から1つ選び，解答用紙(その1)の解答番号 [6] にマークしなさい。

1　故意に人を殺した場合には，刑罰を科す。

2　車が道を走る場合には，左側を通行する。

3　法定通貨を，円にする。

4　一般旅券(有効期限10年)の色を，赤にする。

問7　[(c)] に入る接続詞として最も適当なものを，次の選択肢の中から1つ選び，解答用紙(その1)の解答番号 [7] にマークしなさい。

1　なぜならば

2　したがって

3　要するに

4　しかし

問8　[(d)] は，下記(ア)〜(ウ)の3つの文によって構成される。これらを並び替えたとき，その順番として最も適当なものを，次の選択肢の中から1つ選び，解答用紙(その1)の解答番号 [8] にマークしなさい。

(ア)　国家としては，国民各自の自由な選択になるべく介入しないようにすることが，社会の幸福の最大化につながるというわけです。

(イ)　社会全体としても，各自に判断させたときに，全体の幸福の量も最大化するでしょう。

(ウ)　各自に判断させたときに各人はより効果的に幸福になることができます。

1　(ア) → (イ) → (ウ)

2 (イ) → (ア) → (ウ)

3 (ウ) → (ア) → (イ)

4 (ウ) → (イ) → (ア)

問9 [(e)] に入る文として最も適当なものを，次の選択肢の中から1つ選び，解答用紙(その1)の解答番号 [9] にマークしなさい。

1 国家が一般市民より優れた知識を有する

2 調整問題である

3 社会全体の幸福の最大化につながる

4 価値が比較不可能である

問10 下線部⑤に関連して，イギリスの立憲王政の基礎となった法として最も適当なものを，次の選択肢の中から1つ選び，解答用紙(その1)の解答番号 [10] にマークしなさい。

1 権利の章典

2 反トラスト法

3 議会法

4 政教分離法

問11 [A] には，国家を権威として取り扱う理由の要約が入る。国家を権威として取り扱う理由を，解答用紙(その2)の解答番号 [Ⅰ－問11] に，100字程度で要約しなさい。〔解答欄：125字〕

問12 [B] では，人々の宗教を誰が決めるべきかについて筆者の考えが述べられている。これまでの文章からすると，筆者は，どのような理由で，誰が，信ずる宗教を決めるべきであると考えているだろうか。解答用紙(その2)の解答番号 [Ⅰ－問12] に，100字程度で記述しなさい。〔解答欄：125字〕

Ⅱ　次の文章を読み，以下の設問(問1～問11)に答えなさい。

社会運動①とは，権威や権力を持つ者，また，そうした権威や権力の保持を可能とする制度やその制度の背後にある文化的価値づけに対する，集合的で組織的かつ一定期間にわたる異議申し立てのことを指す。社会運動の手段には，デモやストライキといった，時として警察や軍隊との衝突を伴う実力に訴える行為だけでなく，署名活動，不買運動，SNSのハッシュタグを使った意思表示等も含まれる。日本における最近の例を挙げれば，2011年3月に起きた東京電力福島第一原発の爆発事故をきっかけとする反原発運動では，2012年7月に，7万5千人(警察発表)が参加する集会が行われた。また，2015年の平和安全法制反対運動では，3万人(警察発表)が国会を取り囲んだ。世界に目を向ければ，2018年末にはフランスで，燃料税の引き上げに端を発した「黄色いベスト」運動が発生し，フランス全土で8万9千人の警察官が動員される事態となった。フランスでは，翌2019年末にも，年金制度改革に反対する大規模ストライキが発生し，47日間にわたりパリの交通はほぼ麻痺した。 (a) においても，2019年にEU離脱の是非を問う国民投票の再実施を求めて，100万人がデモに参加したことが報じられている。アジア圏においても， (b) において2014年の「雨傘運動」から続く民主化運動では，2019年6月のデモに33万8千人(警察発表)が参加し，2016年に当時の大統領の辞任を求めた韓国の「キャンドルライト・デモ」は，ソウル市だけで200万人の参加者を数えたと報じられた。こうした世界の状況と比較すると，日本の社会運動は (c) ことが指摘できる。

こうした日本の状況の背景の一つとして，今日の日本社会において社会運動に付与される否定的なイメージがある。社会運動には，ともすると「自分勝手に一方的な主張をしている」，「空気が読めない」，「変わった人のすることだ」といったイメージが付与されがちである。こうしたイメージの形成に寄与しているのは，日本の政治体制と社会運動が相容れないものだという考え方だろう。すなわち，日本は民主主義国家であるから，物理的な行動をもって一方的な主張をするのではなく，話し合いで物事を解決すべきだ，あるいは，今日の日本の政府や国会は，選挙を通して多くの人の信任を得ている②のだから，このような正当性を持つ統治機構の決定に異議を唱える社会運動には正当性がないという議論である。

しかしながら，上で例に挙げた国は全て民主主義国家を標榜③する国であるし，これらの国以外の多くの民主主義国家においても，社会運動は頻繁に発生している。そうすると，民主主義国家と社会運動は相容れないものだと決めつけることはできなさそうである。それでは，<u>民主主義のもとで社会運動が発生するのはなぜなのだろうか</u>④。

まず，民主主義に内在する問題が指摘されうる。民主主義については，「人民」に主権があること，「個人の自由」を尊重すること，絶えず「進歩」すること，という相互に規制的な原理のバランスの上に成り立っているという指摘がある。この指摘に従えば，これらの要素の特定の部分が切り離されたり，行き過ぎたりすることでバランスが崩れると，民主主義を脅かす状況が発生することになる。例えば，［(d)］の暴走は，公共性を軽視し，「人民」の共同体を突き破り，他の個人を隷属させる結果を招く。他方で［(e)］の極大化は，自らの集団的アイデンティティーへの固執を招き，［(d)］や多元主義を圧殺するポピュリズムに行き着くことになる。このように，民主主義そのものに自らを脅かす要素が内包されているのである。

こうした原理的な問題に加えて，民主主義には手続上の問題も存在する。民主主義を具体化する制度や手続に欠陥があると，市民の意思は政策決定に十分に反映されない。現行の代議制民主主義についても，多くの問題点が指摘されている。例えば，<u>選挙制度はどのように設計しても，一票の格差や死票などの問題が生じ，民意を完全に反映することはできない</u>⑤。また，政治の直面する課題が多様化し，市民の意見や利害も多様化している現代においては，多数派においても，完全な意味での民意の反映は困難であるし，選挙後に，自身が投票した政党や候補者を支持しない人も出てくるだろう。そして，なにより，最終的には議会における多数決によって政治的決定が行われるため，少数者の意見が反映される可能性は限りなく少ない。こうした制度上の欠陥は，政治に対する<u>アパシー</u>⑥を市民に生じさせ，それが投票率の低下にもつながっていくことになる。

このように，民主主義には様々な問題が存在する。これに対して，社会運動は，民主主義の下でくみ取られなかった意見を表明する手段として有効に機能しうる。そして，社会運動の提起する問題は，時として，代議制民主主義の過程に取り込まれ，解決されることもあるし，少なくとも一定の影響を与えることができる。これまでにも，性的少数者の権利や少数民族の権利など，社会運動を通じて表明された少数者の権利主張が，代議制民主主義の過程を通じて実現してきた例はある。このように，社会運動は民主主義と相容れないものではなく，むしろ［(g)］な存在であると言えるのである。

——野宮大志郎「社会運動は民主主義国家に必要か？」友枝ほか編『今を生きるための社会学』(丸善出版　2021年),
ツヴェタン・トドロフ著　大谷尚文訳『民主主義の内なる敵』(みすず書房　2016年)
を参考に作成

問１　下線部①について，過去の代表的な社会運動またはそれを担った組織の名称と，それが発生した国の組み合わせとして最も適当なものを，次の選択肢の中から１つ選び，解答用紙(その１)の解答番号 [11] にマークしなさい。

1　5月革命＝フランス　　公民権運動＝アメリカ　　連帯＝ポーランド
2　5月革命＝ロシア　　公民権運動＝イギリス　　連帯＝フランス
3　5月革命＝ロシア　　公民権運動＝アメリカ　　連帯＝フランス
4　5月革命＝フランス　　公民権運動＝イギリス　　連帯＝ポーランド

問２ [(a)] に入る国名として正しいものを，次の選択肢の中から１つ選び，解答用紙(その１)の解答番号 [12] にマークしなさい。

1　ハンガリー
2　トルコ
3　イギリス
4　イタリア

問３ [(b)] に入る地名として正しいものを，次の選択肢の中から１つ選び，解答用紙(その１)の解答番号 [13] にマークしなさい。

1　台湾
2　香港
3　北京
4　シンガポール

問４ [(c)] に入る記述として最も適当なものを，次の選択肢の中から１つ選び，解答用紙(その１)の解答番号 [14] にマークしなさい。

1　政府の政策に反対するものではない
2　暴力的な手段を用いている
3　資本主義体制を批判している

4 比較的小規模なものにとどまる

問5 下線部②について，日本においては，国会の信任に基づいて内閣が成立し，内閣が国会に責任を負う議院内閣制をとっている。日本の議院内閣制に関する記述として正しいものを，次の選択肢の中から1つ選び，解答用紙(その1)の解答番号 15 にマークしなさい。

1 国会議員の多数によって信任される人物であれば，内閣総理大臣は国会議員でなくともよいが，文民でなければならない。

2 国務大臣になる人物は，全て国会議員である必要がある。

3 内閣は，衆議院において不信任を議決された場合には，必ず総辞職しなければならない。

4 衆議院において不信任が議決される場合以外でも，衆議院が任期満了前に解散されることがある。

問6 下線部③の読み仮名として正しいものを，次の選択肢の中から1つ選び，解答用紙(その1)の解答番号 16 にマークしなさい。

1 ひょうしょう

2 ひょうぼう

3 ひょうじ

4 ひょうけい

問7 (d) 及び (e) に入る語句の組み合わせとして最も適当なものを，次の選択肢の中から1つ選び，解答用紙(その1)の解答番号 17 にマークしなさい。

1 (d)=「個人の自由」 (e)=「進歩」

2 (d)=「進歩」 (e)=「人民」

3 (d)=「進歩」 (e)=「個人の自由」

4 (d)=「個人の自由」 (e)=「人民」

問8 下線部⑤に関連して，ある議会の総定数9議席を定数1の9つの小選挙区選挙によって選出するとする。各選挙区にはそれぞれ10人の有権者がいる。X党と

Ｙ党の２つの政党が全ての選挙区に１人ずつ候補者を立てており，この選挙に投票する有権者はＸ党かＹ党かどちらかの候補者に必ず投票するとする。このとき，全ての選挙区において投票率が50％であった場合，Ｘ党が議会において多数派となるためには，全体で最低何人の有権者がＸ党の候補者に投票すればよいか。その有権者の人数として最も適当なものを，次の選択肢の中から１つ選び，解答用紙(その１)の解答番号 18 にマークしなさい。

1　27

2　54

3　15

4　25

問９　下線部⑥の意味として最も適当なものを，次の選択肢の中から１つ選び，解答用紙(その１)の解答番号 19 にマークしなさい。

1　適応力

2　無気力

3　対抗心

4　優越感

問10　 (g) に入る語句として最も適当なものを，次の選択肢の中から１つ選び，解答用紙(その１)の解答番号 20 にマークしなさい。

1　象徴的

2　対照的

3　補完的

4　弁証的

問11　下線部④について，民主主義国家において社会運動が発生する理由を，本文の趣旨に沿って，解答用紙(その２)の解答番号 Ⅱ－問11 に，200字程度で記述しなさい。〔解答欄：250字〕

Ⅲ 次の文章を読み，以下の設問(問1～問12)に答えなさい。

民法750条*は，婚姻の際に夫婦の名字(姓)を統一するよう定めている(夫婦同氏制)。このように，婚姻に際して夫婦別姓を認めない現行の規定が，憲法24条**に反しないかどうかが争われた事例で，最高裁判所(①)大法廷は，2021(令和3)年6月23日，これを合憲とする判断を下した。なお，民法750条を合憲とする最高裁判所の判断は，2015(平成27)年12月16日に続き，2回目である。以下は，2021年6月23日の最高裁判所大法廷決定の抜粋である。

なお，最高裁判所の意見には，法廷(多数)意見の他に，各裁判官が執筆する少数意見(補足意見，意見，反対意見)が付されることがある。

法廷(多数)意見

「民法750条の規定が憲法24条に違反するものでないことは，当裁判所の判例とするところであ〔る〕。

…なお，夫婦の氏についてどのような制度を採るのが立法政策として相当かという問題と，夫婦同氏制を定める現行法の規定が憲法24条に違反して無効であるか否かという憲法適合性の審査の問題とは，次元を異にするものである。本件処分の時点において本件各規定が憲法24条に違反して無効であるといえないことは上記のとおりであって，この種の制度の在り方は，平成27年大法廷判決の指摘するとおり，国会で論ぜられ，判断されるべき事柄にほかならないというべきである。(②)」

裁判官深山卓也，同岡村和美，同長嶺安政の補足意見

「確かに，平成27年大法廷判決以降も，女性の有業率は上昇するとともに共働き世帯の数も増加(③)しており，これに伴い，婚姻の際に氏を改めることにより職業活動において不利益を被る女性が更に増加していることがうかがえる。また，平成29年に内閣府が実施した世論調査の結果等において，選択的夫婦別氏制の導入に賛成する者の割合が増加しているなどの国民の意識の変化がみられる。…

しかしながら…法制度をめぐる国民の意識のありようがよほど客観的に明らかといえる状況にある場合にはともかく，選択的夫婦別氏制の導入について，今なおそのような状況にあるとはいえない(④)から，これを上述した女性の有業率の上昇等の社会の変化と併せ考慮しても，本件各規定が憲法24条に違反すると評価されるに至ったとは

いい難い。」

裁判官三浦守の意見

「…平成27年大法廷判決は，旧民法…施行以来，夫婦同氏制が我が国社会に定着してきたと評価している。しかし，昭和22年の上記改正までは，氏は家の呼称とされ，妻は婚姻により夫の家に入ることを原則とする家制度が定められていたものであり，それは，法律上妻の行為能力を著しく制限するなど，両性の本質的平等とはおよそ相容れない⑤ものであった。

また，上記改正により，家制度は廃止されたものの，夫婦及び子が同一の氏を称する原則が定められたことから，氏は，一定の親族関係を示す呼称として，男系の氏の維持，継続という意識を払拭するには至らなかったとの指摘には理由がある。さらに，高度経済成長期を通じて，夫は外で働き妻は家庭を守るという，性別による固定的な役割分担…と，これを是とする意識が広まったが，そのような意識は，近年改善傾向にあるものの，男性の氏の維持に関する根強い意識等とあいまって，夫婦の氏の選択に関する上記傾向を支える要因となっていると考えられる。⑥」

裁判官宮崎裕子，同宇賀克也の反対意見

「…家族という概念は，憲法でも民法でも定義されておらず，その外延は明確ではない。社会通念上は，その概念は多義的である。…また，夫婦とその未婚子から成る世帯⑦は，ますます減少しており，世帯の実態は多様化している。そのような中にあって，夫婦とその未婚子から成る世帯のみを家族と捉え，そのことをもって，氏はかかる家族の呼称としての意義があることが，氏名に関する人格権を否定する合理的根拠になるとは考え難い。…この点を勘案すると，子の氏とその両親の氏が同じである家族というのは，民法制度上，多様な形態をとることが容認されている様々な家族の在り方の一つのプロトタイプ⑧…にすぎないと考えられる。そして，現実にも，夫婦とその未婚子から成る世帯は，時代を追うごとにますます減少しており，世帯や家族の実態は極めて多様化し，子の氏とその子が家族として暮らす者の氏が異なることもまれでなくなっている。したがって，そのプロトタイプたる家族形態において氏が家族の呼称としての意義を有するというだけで人格的利益の侵害を正当化することはできないと考える。

…女子差別撤廃条約は1981年（昭和56年）に発効しており，我が国は1980年（昭和

55年)にこれを [(a)] し，1985年(昭和60年)には国会で [(b)] され，[(c)] もされている。我が国においては，憲法98条2項により，条約は公布とともに国内的効力を有すると解されており…したがって，立法府は，女子差別撤廃条約についても，法的拘束力がある文言で規定されている限り，同条約が定める義務に違反する法律を改廃し，義務に反する新規立法を回避し，もって同条約を誠実に遵守⑨する義務がある。」

＊　民法750条「夫婦は，婚姻の際に定めるところに従い，夫又は妻の氏を称する。」

＊＊　憲法24条1項「婚姻は，両性の合意のみに基いて成立し，夫婦が同等の権利を有することを基本として，相互の協力により，維持されなければならない。」

同条2項「配偶者の選択，財産権，相続，住居の選定，離婚並びに婚姻及び家族に関するその他の事項に関しては，法律は，個人の尊厳と両性の本質的平等に立脚して，制定されなければならない。」

問1　下線部①に関連する記述として正しいものを，次の選択肢の中から1つ選び，解答用紙(その1)の解答番号 [21] にマークしなさい。

1　最高裁判所は，最高裁判所長官を含め，10名の裁判官で構成される。

2　通常の裁判を通じて，一切の法律・命令などが憲法に違反しないかどうかを決定する権限，いわゆる違憲審査権(憲法81条)を有するのは，最高裁判所のみである。

3　最高裁判所は，法律・命令などが憲法に違反しないかどうかについて，それまでの判例(先例)と異なる判断を行う場合は，必ず大法廷で行わなければならない。

4　1947年に現在の憲法が施行されて以来，最高裁判所が，法律の規定を違憲と判断したことは一度もない。

問2　下線部②の趣旨として最も適当なものを，次の選択肢の中から1つ選び，解答用紙(その1)の解答番号 [22] にマークしなさい。

1　今後，民法750条を改正して，夫婦別姓を定めることは可能である。

2　今後，民法750条を改正して，夫婦別姓を定めることは違憲である。

3　今後，民法750条を改正して夫婦別姓を定めるには，その前提として，最高裁判所で現行の民法750条が違憲であるとの判断が下されなければならない。

4　そもそも民法750条が憲法に違反するかどうかについては，裁判所が判断すべき事柄ではない。

問3　下線部③に関連して，職場における男女平等を目指して，1985年に制定され，労働条件などにおける女性差別の禁止を内容とする法律の名称として正しいものを，次の選択肢の中から1つ選び，解答用紙(その1)の解答番号 23 にマークしなさい。

1　男女共同参画社会基本法

2　男女雇用機会均等法

3　育児・介護休業法

4　労働契約法

問4　下線部④に関連して，以下のグラフ(ア)〜(エ)は2017(平成29)年に内閣府が実施した「家族の法制に関する世論調査」の結果の一部である。このうち，夫婦別姓の導入を求める立場の人が，自分たちの主張を補強するために用いるデータとして最も適当なものを，次の選択肢の中から1つ選び，解答用紙(その1)の解答番号 24 にマークしなさい。

(ア)　問：現在の法律では，婚姻によって，夫婦のどちらかが必ず名字(姓)を変えなければならないことになっているが，婚姻前から仕事をしていた人が，婚姻によって名字(姓)を変えると，仕事の上で何らかの不便を生ずることがあると思うか。

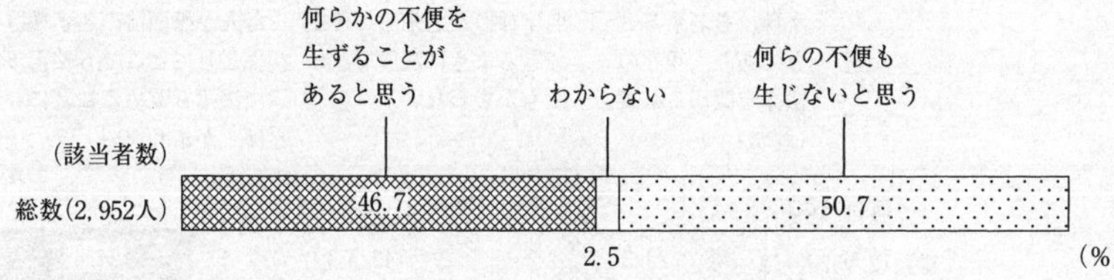

(イ)　問：婚姻によって，自分の名字(姓)が相手の名字(姓)に変わったとした場合，そのことについて，どのような感じを持つと思うか(複数回答)。

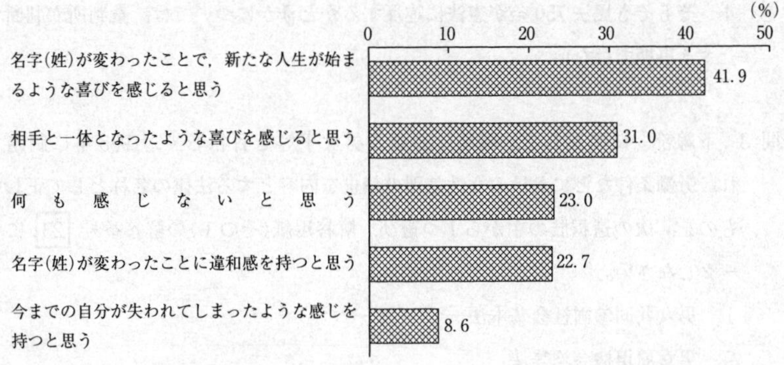

(ウ)　問：夫婦・親子の名字(姓)が違うと，夫婦を中心とする家族の一体感(きずな)に何か影響が出てくると思うか。

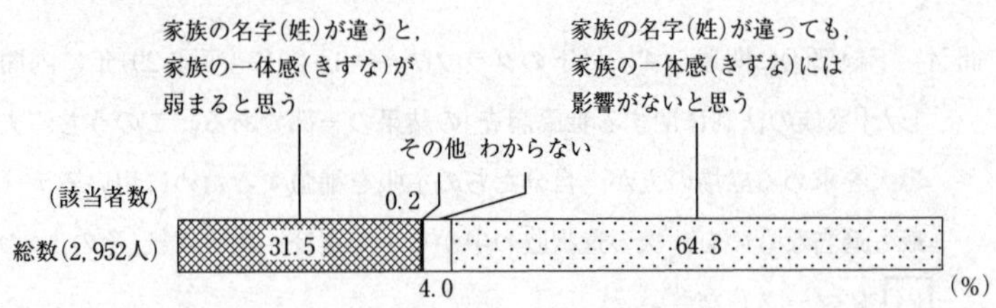

(エ)　問：現在は，夫婦は必ず同じ名字(姓)を名乗らなければならないことになっているが，「夫婦が希望する場合は夫婦別姓を選択できるように法律を改めた方がよい」という意見について，どう思うか。

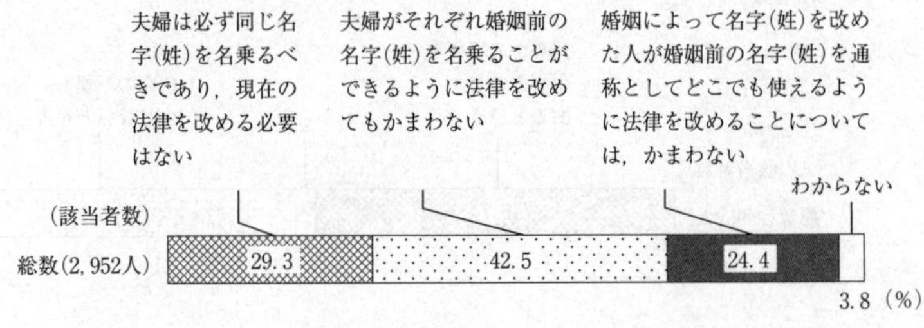

―平成29年度「家族の法制に関する世論調査」の概要をもとに作成

1　(ア)

2　(イ)

3　(ウ)

4　(エ)

問5　下線部④に関連して，問4のグラフ(ア)〜(エ)のうち，夫婦の姓について，現行のまま(夫婦同氏制)でよいとする立場の人が，自分たちの主張を補強するために用いるデータとして最も適当なものを，次の選択肢の中から1つ選び，解答用紙(その1)の解答番号 25 にマークしなさい。

1　(ア)

2　(イ)

3　(ウ)

4　(エ)

問6　下線部⑤に関連して，女性の解放を目的として1911年に平塚らいてうらによって結成された文学団体の名称として正しいものを，次の選択肢の中から1つ選び，解答用紙(その1)の解答番号 26 にマークしなさい。

1　赤瀾会

2　新婦人協会

3　女性同盟

4　青鞜社

問7　下線部⑤に関連して，女性の地位が低かったのは，日本のみならず，世界各国においても同様であった。たとえば，1789年のフランス革命の際に採択された人権宣言では，「人は…権利において平等」であることが謳われた一方，参政権は男性にしか認められていなかった。それでは，フランスで女性にも参政権が認められたのはいつか。年号として正しいものを，次の選択肢の中から1つ選び，解答用紙(その1)の解答番号 27 にマークしなさい。

1　1918年

2　1920年

3　1944年

4　1945年

問 8　下線部⑥に関連して，ここで指摘されているような，性別による固定的な役割分担意識が現れている発言として**適当でないもの**を，次の選択肢の中から1つ選び，解答用紙(その1)の解答番号 [28] にマークしなさい。

1　「夫もなるべく妻の家事を手伝うべきだ。」

2　「子どもがいる女性に出張を伴う仕事を頼むべきではない。」

3　「PTAの会長は男性の方がふさわしい。」

4　「男性用トイレにもおむつ交換台を設置すべきだ。」

問 9　下線部⑦について，このような家族を何というか。次の選択肢の中から1つ選び，解答用紙(その1)の解答番号 [29] にマークしなさい。

1　直系家族

2　核家族

3　小家族

4　単独家族

問10　下線部⑧の類義語として**適当でないもの**を，次の選択肢の中から1つ選び，解答用紙(その1)の解答番号 [30] にマークしなさい。

1　完成形

2　原型

3　典型

4　基本形

問11　[(a)] ～ [(c)] に入る言葉の組み合わせとして最も適当なものを，次の選択肢の中から1つ選び，解答用紙(その1)の解答番号 [31] にマークしなさい。

1　(a)：批准　(b)：公布　(c)：締結

2　(a)：締結　(b)：批准　(c)：公布

3　(a)：批准　(b)：締結　(c)：公布

4　(a)：公布　(b)：締結　(c)：批准

問12　下線部⑨の読み仮名として正しいものを，次の選択肢の中から１つ選び，解答用紙(その１)の解答番号 32 にマークしなさい。

1　そんす

2　そんじゅ

3　じゅんしゅ

4　じゅんす

◀B 方 式▶

（90 分）

I　(Questions 1〜5)： Read the following text and answer the questions. Choose the best answer for each question, and mark the number on your answer sheet.（解答用紙その 1 を使用）

In 2024, Japan will introduce its new 5,000-yen bank note, featuring a portrait of a onetime Washington schoolgirl. Her name was Tsuda Ume, and her story is part fairy tale, part geopolitical diplomatic assignment.

Tsuda arrived in Washington in 1871, one of five girls sent by the Japanese government to learn the ways of the West. At just 7, she was the youngest of the group, which included a 10-year-old, an 11-year-old and two girls in their midteens. Little Ume brought with her pictures of her house and family in Tokyo and one of her hand resting in the hand of her mother — "and this," wrote a journalist, "seems to be a pleasant picture to the little wanderer."

Presumably, the little wanderer kept the photos with her for the decade she spent living in Georgetown under the care of foster parents Adeline and Charles Lanman. Charles Lanman was an artist and author. As interesting as his life was — he served as assistant to U.S. Secretary of State Daniel Webster, compiled directories of Congress and assembled the first White House library — Tsuda may have made a bigger mark.

Why send a child 7,000 miles away to live with strangers in a strange land?

When Tsuda arrived in Washington, Japan had recently emerged from a civil war in which the ruling shogunate had fallen to supporters of ([A]). The new government was eager to learn about the West, as part of its efforts to transform Japan into a modern nation state and equalize relations with Western powers.

"Suddenly they're reversing the closed-country philosophy and throwing themselves wide open," said Janice P. Nimura, who wrote about Tsuda and the other girls in her 2015 book, "Daughters of the Samurai."

As part of this newfound curiosity, Japanese diplomats traveled the world on a two-year fact-finding mission known as the Iwakura Embassy. Led by the statesman Iwakura Tomomi, the mission toured through the United States, Britain, and mainland Europe, before returning home to Japan via the Middle East and Asia. Its tasks included arranging to drop off the five girls in Eastern U.S. cities.

"All five of these girls came from families from the losing side in the civil war," Nimura said. "In some cases, their families were starving. They'd lost everything." By offering their children, she said, these elite, financially strapped families could lighten their burden while also earning prestige.

Japan's leaders were keen to learn about American agriculture, industry, jurisprudence and culture. There was also the recognition, Nimura said, that women were treated differently in the United States from in Japan and that this might be a factor in America's success. The thinking, Nimura said, was, "Maybe we should educate our women so they could create an enlightened generation of men to lead Japan."

Tsuda and the others were test subjects. The girls were dropped off with no instructions, and no one really knew what to do with them. Ume was placed with the Lanmans, who were childless and lived in a house on what is now Porter Street. Adeline Lanman came from Washington's wealthy Dodge family. Charles Lanman was the secretary to the Japanese legation.

The Lanmans took to Tsuda immediately. "They called her their 'sunbeam from the land of the rising sun' and doted on her," Nimura said. "She had a much better life as a pampered only child in Washington than she ever would have had in Tokyo."

A very bright and gregarious child, Tsuda soon settled into her new surroundings, becoming an object of fascination in Washington, and excelling in her studies. When the Georgetown girls school she attended held its commencement in June 1874, Tsuda was awarded prizes in composition, writing, arithmetic and deportment. And when students rose in turn to read aloud, Tsuda was the only one to have memorized her selection: a poem called "The White-Footed Deer" by William Cullen Bryant.

In 1882, Tsuda went home to a country she didn't recognize. She no longer spoke Japanese and had converted to Christianity. After a few years, she returned to the United States and attended Bryn Mawr, where she developed the idea of founding her own school in Japan.

Said Nimura: "Tsuda got a sense this was a thing you could be: a single woman with a career. There was no model for that in Japan."

In 1900, Tsuda opened a school in Japan to teach female instructors of English. That school has grown into Tokyo's Tsuda University. Before founding her school, Tsuda toured the United States seeking funds. She wrote that she was "struck particularly with the position American women hold—

the great influence they exercise for good; the power given them by education and training; the congenial intercourse between men and women, and the sympathy in the homes between brothers and sisters, husbands and wives. Why cannot such things exist in my own country?"

It's arguable whether such conditions really existed for most U.S. women in the 1870s — and to what degree they exist in Japan now. But soon, Tsuda will be on the money.

1. According to the text, what is true about Tsuda Ume?
   ① She became more famous than Daniel Webster.
   ② She did not have a good relationship with her mother in Tokyo.
   ③ She enjoyed walking around aimlessly when she was a child.
   ④ She probably had a bigger impact on the world than Charles Lanman.

2. Which of the following words best completes the blank space ([A]) in the text?
   ① the emperor
   ② the United Kingdom
   ③ the United States
   ④ Tokugawa Yoshinobu

3. Why did the Japanese government send Tsuda and four other girls to the United States?
   ① Because the government couldn't look after them.
   ② Because the government had made a specific plan to make Tsuda a model student so as to influence the United States.
   ③ Because the government wanted them to receive an education in the United States and become future leaders in Japan.

出典追記：In 1871, Japan sent a 7-year-old schoolgirl to Washington to learn about America, The Washington Post on March 28, 2020 by John Kelly

④ Because the government wanted to test the idea that educated Japanese women would exert a modernizing influence on Japanese men.

4. What was Tsuda's experience in the United States like?

① She enjoyed it so much that she decided to stay in the United States permanently and pursue a career.

② She found it difficult to make friends.

③ She was very lonely because she was the only child at the Lanmans'.

④ She was very successful both socially and academically.

5. What is the author's view of most women in the United States in the 1870s?

① Their position was not necessarily as good as Tsuda thought it was.

② They gave Tsuda money to open a school in Japan.

③ They often played sport and were very good at it.

④ They were more powerful and better educated than men.

II　(Questions 6～11)： Choose the most appropriate words from the selection below (①～⑦) to fill the gaps in the text (6～11), and mark the number on your answer sheet. One of the words (①～⑦) will not be used. (解答用紙その1を使用)

The first lesson of economics is the issue of scarcity, or (6) resources. That is to say, if we use our restricted budget for buying one type of good food, there is an opportunity cost — we cannot spend that money on other goods such as entertainment. Opportunity cost is an intrinsic aspect of most economic choices. We may like the idea of lower income tax, but there will be an opportunity cost — in this case, less government revenue to (7) on health care and education.

Another example of opportunity cost is that no one likes to pay for parking, but would we be better off if parking was free? Most likely not. If parking was free, demand might be (8) than supply, causing people to waste time driving around looking for a parking spot. Free parking would also encourage people to drive into city centres rather than use less environmentally friendly forms of transport. It would (9) congestion; therefore, although we would pay less for parking, we would face extra less obvious costs.

If we like chocolate cake, why do we not eat three per day? The reason is diminishing returns. The first chocolate cake may (10) us total satisfaction; the second cake only half the amount. The third may make us sick. People may have different opinions about when diminishing returns set in. Some people may feel this is after the first cake, other people only after considerably more. There are also diminishing returns to money. That is why we don't spend all our time working — extra money gives increasingly less satisfaction and will (11) leisure time.

出典追記：Applying economics in everyday life, Economicshelp on 20 July, 2021 by Tejvan Pettinger

① give　② greater
③ increase　④ limited
⑤ much　⑥ reduce
⑦ spend

Ⅲ （Questions 12〜21）： Choose the word that best fills the blank（　　）and write the number（①〜④）on your answer sheet.（解答用紙その1を使用）

12. We were asked to drop（　　）the clothes by 6 PM at the latest.
① by　② on　③ off　④ with

13. I would have（　　）almost anything to have been able to see them live in concert.
① asked　② done　③ left　④ made

14. If I have a choice I always（　　）the stairs.
① get　② ride　③ take　④ walk

15. That professor is famous for assigning so much（　　）.
① homework　② readings　③ report　④ works

16. The less time you spend online the more productive you（　　）.
① are　② do　③ make　④ spend

17. You have every right to just take the（　　）off today.
① day　② holiday　③ vacation　④ work

18. Even though we had seen it coming, we weren't really (　　).

① able　② predicting　③ prepared　④ waiting

19. She quit that job since she just wasn't (　　) out for dealing with customer complaints.

① cut　② kind　③ ready　④ talked

20. (　　) do you respond when someone says you're good-looking?

① How　② What　③ Which　④ Who

21. The Delta variant of COVID-19 appears to be highly (　　).

① available　② contagious　③ infected　④ pandemic

Ⅳ

Write a short essay (about 50 words) in English about the topic below. Give reasons for your choice. (別紙の解答用紙その 2 に記入しなさい。)

・Describe an influential politician from the 20th century.

V　次の文章を読み，下記の設問に解答せよ。

図表［８－１］は，各国の給付型奨学金と教育ローンの比率を比較したものです。

日本学生支援機構の奨学金は「貸与」であるため，この図表では教育ローンに分類されています。

この図表を見れば分かるように，日本では政府による日本学生支援機構の奨学金が貸与のみであることもあって，教育ローンの比率がとても高く，給付型奨学金の比率はＯＥＣＤ（ 22 ）諸国のなかで最低となっています。ほぼ貸与型奨学金のみであり，実質的には教育ローンが圧倒的比率を占めている日本は，ＯＥＣＤ諸国のなかで 23 存在だといえるでしょう。

図表８－１　給付型奨学金と教育ローンの比率

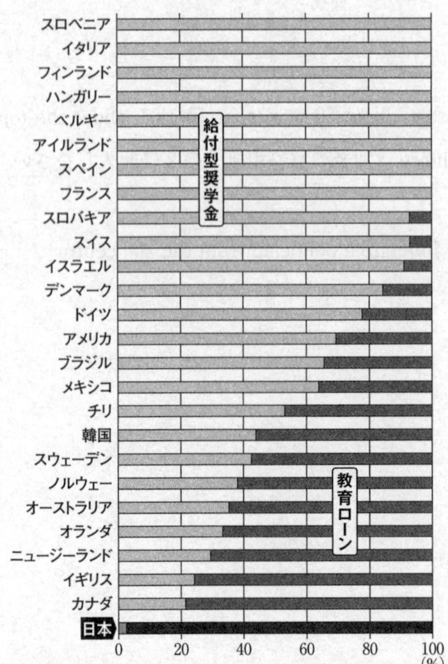

ＯＥＣＤ「Education at a Glance 2010」から

奨学金が貸与中心であることに加えて，日本は大学授業料が国際的に見ても高い方に位置します。

図表［8－2］は，授業料と学生支援体制について国際比較を示したものです。学生支援体制とは主として奨学金のことを指します。日本は諸外国と比較して授業料が高く，[24] 学生支援体制が充実していない国であることが分かります。

日本について「学生やその家庭は相当な家庭負担を強いられている可能性がある」と，ＯＥＣＤは指摘しています。

図表８－２　授業料と学生支援体制の国際比較

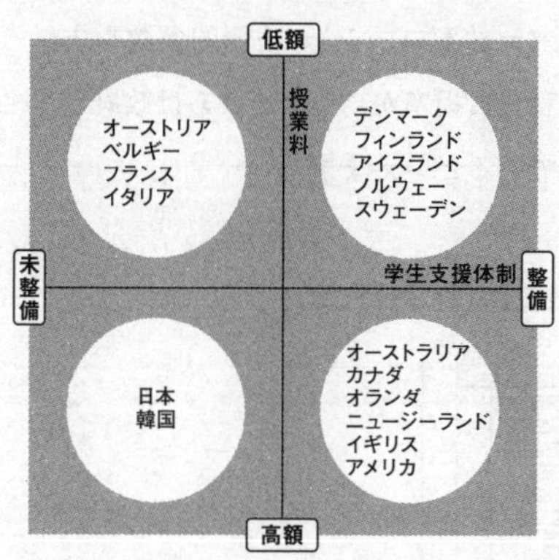

ＯＥＣＤ「Education at a Glance 2015」から

図表８－３　公私負担の割合（2011年）高等教育段階

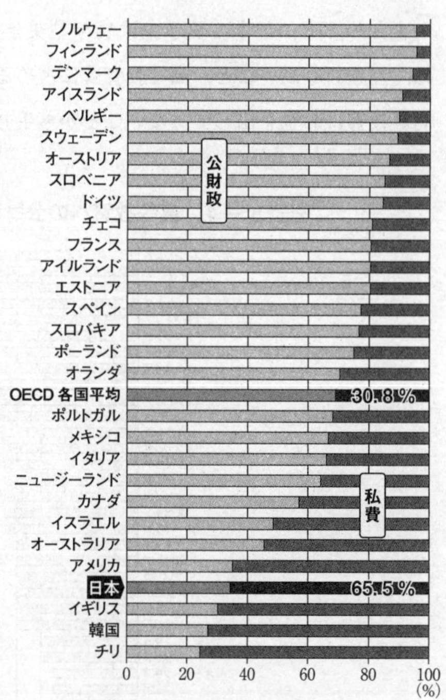

ＯＥＣＤ『図表でみる教育』(2014年版) から

そのことは前のページの図表[８－３]でも，明確に見えてきます。

図表[８－３]によれば，日本は高等教育段階での総教育支出のうち，私費負担でまかなわれている割合がＯＥＣＤ平均30.8%の２倍以上の65.5%にも達しています。ＯＥＣＤ諸国のなかでも私費負担率の高い国であることが分かります。

図表[８－４]を見れば，そうした状況がどうして生み出されているのかが分かります。

図表[８－４]は，高等教育への公財政支出の対ＧＤＰ(　ア　)比を国際比較で見たものです。これを見れば日本が，ＯＥＣＤのなかで最も高等教育への公財政支出の比率が低いことが分かります。日本は政府が高等教育に最もお金を出していない国なのです。

まとめると，日本の奨学金は貸与型奨学金(＝教育ローン)が圧倒的多数を占め，授業料も高いこと，高等教育費に占める私費負担率が高く，それらは政府が高等教育にお金を出していないことから生じているといえます。

図表８－４　高等教育への公財政支出(対ＧＤＰ比)

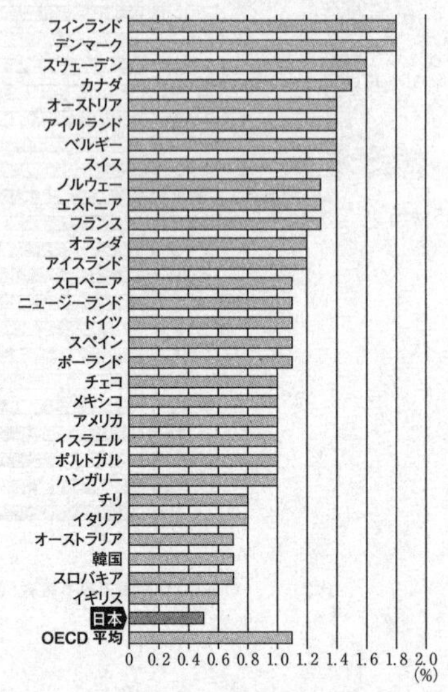

ＯＥＣＤ『図表でみる教育』(2012年版)から

[出典　大内裕和『奨学金が日本を滅ぼす』朝日新書，2017年]

22. [22] に入る語を次の中から選べ。(解答用紙その1を使用)

① 経済協力開発機構　② 経済開発協力機構

③ 国際協力開発機構　④ 国際開発協力機構

23. [23] に入る最もふさわしい語を次の中から選べ。(解答用紙その1を使用)

① 平均的　② 典型的　③ 逆説的　④ 例外的

24. [24] に入る最もふさわしい語を次の中から選べ。(解答用紙その1を使用)

① それどころか　② それでも

③ かつ　④ やはり

A) [ア] に入る日本語は何か。(別紙の解答用紙その3に記入しなさい。)

25. 高等教育とは，日本ではどの段階の教育を指すか。次の中から選べ。(解答用紙その1を使用)

① 高等学校

② 高等学校以上の学校

③ 大学，短期大学，大学院

④ 大学，大学院，短期大学，高等専門学校，専門学校

VI 次の文章を読み，下記の設問に解答せよ。

人間にとって，自由とは魅力的で必要なものだと一般的には信じられていますが，しかし過去の歴史を振り返れば，ある時代のある国に生きる国民が，せっかく獲得した自由を自らの意志で手放し，その代わりに，国民の自由を国家指導者が制約する「権威主義」の国家体制を選び取った事例も存在したことに気付きます。

その典型例が，1930 年代前半のドイツでした。

第一次世界大戦に敗北したドイツは，皇帝の地位が廃止されて帝国から共和国へと生まれ変わり，当時の世界で最も先進的と評された「 イ 」の下で，民主的な国家として歩み始めていました。しかし，戦勝国(26)から課せられた莫大な賠償金と，周辺国への領土の割譲，屈辱的な内容の軍備制限などにより，当時のドイツ国民の多くは自尊心の拠り所を見失った状態に置かれ，大恐慌に起因する経済状況の悪化がそうした心理面での不安をさらに増大させていました。

そんな時，彼らの前に現れたのが，アドルフ・ヒトラーを指導者とする 27 ドイツ労働者党(通称ナチ党)でした。ナチス政権下のドイツは，過去のふたつの帝国(神聖ローマ帝国とドイツ帝国)を継承する「第三帝国」という異名が示すように，ヒトラー総統という国家指導者を絶対的な権威として称揚する権威主義国でしたが，国民の多くが彼の掲げる理念に共鳴して，頼りになる「強い指導者」が自分たちを正しい道へと導いてくれると信じました。

しかし実際には，ヒトラーが権力の座についてから 6 年後，ドイツは第二次世界大戦を引き起こし，さらにその 6 年後にはドイツ全土が焼け野原となって破滅的な敗戦を喫し，敗戦国ドイツは 28 年まで，東と西のふたつの国へと分割される結果となりました。

当時のドイツ人はなぜ，そんなヒトラーとナチ党を支持してしまったのか？

反ユダヤ主義のナチ党が政権を掌握した直後にドイツを離れ，スイス経由でアメリカに移住したユダヤ系ドイツ人の心理学者エーリッヒ・フロムは，1941 年にアメリカで一冊の書物を著しました。『自由からの逃走』(日高六郎訳，東京創元社，初版 1951 年，新版 1965 年。以下の引用は新版より)と題されたその本は，ドイツ国民が「自由を保障してくれる」 イ を捨てて「権威への服従を国民に求める」ヒトラーとナチ党を熱烈支持するにいたった経過を，心理学の観点から分析したものでした。

同書の冒頭で，エーリッヒ・フロムは民主主義の社会では手放しで礼賛(ウ)されることが多い「自由」という概念が，実は万人にとって魅力的であるとは限らないこと，むしろ「自由に伴うマイナス面」から逃れたいという感情を抱く人が多いことを指摘します。

> 自由は近代人に独立と合理性とをあたえたが，一方個人を孤独におとしいれ，そのため個人を不安な無力なものにした。この孤独はたえがたいものである。かれは自由の重荷からのがれて新しい依存と従属を求めるか，あるいは人間の独自性と個性とにもとづいた積極的な自由の完全な実現に進むかの二者択一に迫られる。（p.4）

そして彼は，多くのドイツ人が，自由の副産物としての孤独や不安から逃れたいという心理に導かれて「自己の外部の，いっそう大きな，いっそう力強い全体［ナチ党を支持する集団］の部分となり，それに没入し，参加」(p.174)したと分析します。

> ゆるぎなく強力で，永遠的で，魅惑的であるように感じられる力の部分となることによって，ひとはその力と栄光にあやかろうとする。(略)新しい安全と新しい誇りとを獲得する。(略)決断するということから解放される。すなわち自分の運命に最後的な責任をもつということから，どのような決定をなすべきかという疑惑から解放される。かれはまたかれの生活の意味がなんであり，かれがなにものであるかという疑惑からも解放される。（p.174）

人は自由を捨てて強大な「権威」に服従し，それと一体化する道を自ら意志で選ぶことによって，その「権威」が持つ力や栄光，誇りを我がものにしたかのような高揚感に浸ることができ，また迷いや葛藤，自分の存在価値への疑問なども「権威」が取り払ってくれるので，自由とは異質な「解放感」を得ることができる。そんな心理面の「メリット」があるからこそ，人々は権威主義に惹かれるのだと，彼は読み解いています。

［出典　山崎雅弘『歴史戦と思想戦―歴史問題の読み解き方』集英社新書，2019 年］

B）［イ］に入る語は何か。なお，2 カ所の［イ］には同じ語が入る。（別紙の解答用紙その 3 に記入しなさい。）

26. ㉖にいう「戦勝国」にあたる国々を次の中から選べ。（解答用紙その 1 を使用）

① オーストリア＝ハンガリー，ロシア，イギリス

② オーストリア＝ハンガリー，フランス，イギリス

③ オスマントルコ，日本，フランス，アメリカ

④ ロシア，イギリス，フランス，日本，アメリカ

※ 26 については，選択肢に正解がないことが判明したため，全員正解の措置が取られたことが大学から公表されている。

27. ［27］に入る語を次の中から選べ。（解答用紙その 1 を使用）

① 社会民主主義　　② 国民民主主義

③ 社会国家主義　　④ 国家社会主義

28. ［28］に入る年数を次の中から選べ。（解答用紙その 1 を使用）

① 1961　② 1975　③ 1990　④ 2001

C）(ウ)を付した漢字の読みを記せ。（別紙の解答用紙その 3 に記入しなさい。）

D）著者は，フロムの分析を引きながら，権威主義に惹かれる人間について述べていますが，あなたはこの論旨についてどのように考えますか。文中で挙げられている例や現代の日本社会の事象など，任意の例にふれながら，350字程度で論じて下さい。（別紙の解答用紙その 3 に記入しなさい。）

〔解答欄：400 字〕

解答編

総合問題

◀A 方 式▶

I **解答** 問1．2 問2．3 問3．2 問4．1 問5．4
問6．1 問7．4 問8．4 問9．3 問10．1

問11．国家を権威として取り扱う理由は，国家は，個別の課題について優れた知識を持っているとは限らないが，国民が他の大多数の人々と同調したくても皆の行動の方向がはっきりわからず困るような調整問題について，法律を作ることで方向性を示すことができるからである。(100字程度)

問12．何が正しい宗教かについて国家が優れた知識を持つわけではなく，宗教はそれを選択して信じる人に，生きる意味や宇宙が存在する意味を与えてくれるものであり，人間らしく生きることを保障するには，その人自身が決めるべきだと考えている。(100字程度)

◀解 説▶

≪国家と権威との関係性≫

問1．下線部の内容は，「なぜそうするのが正しいのか」「なぜそれが善いことなのか」を説明するような「理由」であり，この「なぜ」に対する「理由」の説明にならない選択肢を選ぶ。1・3・4は〈なぜ犬を飼うのか〉〈なぜあいさつをするのか〉〈なぜ週刊誌を買うのか〉と本人に理由説明を求めることができるが，2だけは〈なぜ兄になるのか〉という問いかけが成立しない。

問2．下線部の次の段落で，権威に従う理由を，「原則」とそれにあてはまらない場合を示し，全般的な説明をしている。ここから「標準的」は一般的，代表的な説明と理解でき，3の「平均的な」が最も適している。

1．統一見解とは読み取れない。

2．語学の例があり抽象論ではない。

4．権威に従う理由の具体的説明ではない。

問3．接続詞の問題であり，前後の文脈から展開をおさえる。空所は，行動理由の原則と，それに外れる場合をつないでおり，逆接の展開だと読み取れるので，2の「しかし」が最適。

問4．「自分よりもそのことがらについて優れた知識を持っている人の言うことをきく」具体例としてあてはまらないものを読み取る問題。車の故障で医師の指示に従うのは，知識を持っている人の言うことをきいていない例。

問5．空所の前の文脈を確認すると，国家が国民各自の判断ではなく国家の判断に従えと言い，法律を作るという内容であり，「国家」自身が自分は権威だと主張している。法哲学や法律が権威を主張しているわけではないし，国家で暮らす人たちの主張でもない。

問6．ここでの「調整問題」は，そのことがらについて，大多数の人々にとってどのような結論でも問題なく，他の人々と同じようにしたい，衝突しないようにしたい，という問題。殺人に対する刑罰はどのような結論になっても構わないと大多数の人が思える問題ではない。

問7．空所の前後の文脈を確認すると，世の中には大多数の人々と同じようにしたいと思うような調整問題はたくさんあるが，あらゆることがらがそうだとは考えない，という明らかに逆説の展開。逆接の接続詞「しかし」が最適。

問8．「自分自身が一番よく分かっているから，自分で判断すべき」という内容の直後であることに着目し，判断がどのように幸福につながっていくかを考えると，3つの文の順番が見えてくる。各自の判断が幸福につながり，それが社会全体の幸福に結びつくので，国家は自由な選択に介入しないようするという展開が最適であり，(ウ)→(イ)→(ア)の順が正しい。

問9．空所後に，「むしろ，第二の理由づけの方が…重要」とあり，空所は，第一の理由を無視できない理由が入ることが読み取れる。第一の理由は，(d)の段落にあるように，自分で判断することが幸福につながるという考えであり，問8で見たように，それが社会の幸福の最大化になるという考え方。この読み取りから，3の説明が最適。

問10．1が適切。権利の章典は1689年，イギリスの名誉革命で制定された。

問11．国家を権威として取り扱う理由を，本文から読み取り要約する問題。空所の直前からわかるように，国家が調整問題を解決してくれるという内容が必須。国家を権威として取り扱う理由なので，国民の側の視点から説明することが大切だろう。また，理由を問われている場合，通常なら〈…から。〉〈…という理由。〉という文末になるが，今回は空所補充なので，文中に入れられる形で要約する。

問12．宗教についての本文の言及を読み取ると，「正しい宗教」が何かについて国家が優れた知識を持っているわけではなく（下線部④の直前），宗教は人の生きる意味や宇宙が存在する意味を与えてくれるものであり（空欄Bの段落），人間が人間らしく生きるにはその人自身が選択すべきだという筆者の考えが読み取れる（空欄Bの前段落）。この内容を100字程度で記述する。

Ⅱ **解答**　問1．1　問2．3　問3．2　問4．4　問5．4
問6．2　問7．4　問8．3　問9．2　問10．3

問11．民主主義には構造上と手続き上の2つの問題がある。前者は民主主義が人民主権・個人の人権の尊重・絶えず「進歩」することという相互規制的なバランスの上に成り立っており，バランスが崩れると民主主義そのものに自らを脅かす要素が内包されているという問題である。後者は代議制をとる以上，少数者の意見が反映される可能性が限りなく少ないという問題である。これらの問題点を解消するために社会運動が発生している。（200字程度）

◀解　説▶

≪社会運動と民主主義≫

問2．3が適切。空欄直後の「EU離脱の是非を問う国民投票の再実施」などから判断できる。

問4．4が適切。近年，日本では100万人を超えるような規模の社会運動は発生していないことから判断できる。

問5．4が適切。

1．誤り。内閣総理大臣は国会議員から選ばれる。

２．誤り。国務大臣は過半数が国会議員であればよい。

３．誤り。不信任決議の後，10 日以内に衆議院を解散しない場合には，内閣は総辞職をしなければならない。

問７．４が適切。

(d)「進歩」の暴走が公共性を軽視するものとはいえないため，「個人の自由」が入ると考えられる。

(e)極大化が「集団的アイデンティティーへの固執を招」くのだから，「人民」が入ると考えられる。

問８．３が適切。各選挙区で有権者 10 人，投票率 50％なので５人が投票すると考えられる。また，議会で多数派となるためには９のうち最低５の選挙区でＸ党の候補者が勝利する必要がある。各選挙区で勝利するためには３票を獲得する必要があるので，最低でも 3×5＝15 票が必要となる。

問 11．社会運動が発生する理由として，民主主義に内在する構造上の原理的な問題と，手続き上の問題があることを指摘し，それらの問題点の解消のために社会運動が有効に機能することについてまとめる必要がある。

Ⅲ　**解答**　問１．３　問２．１　問３．２　問４．３　問５．２
問６．４　問７．３または４　問８．４　問９．２
問 10．１　問 11．２　問 12．３

◀解　説▶

≪夫婦別姓をめぐる最高裁判決≫

問１．３が適切。

１．誤り。最高裁判所は 15 名の裁判官で構成される。

２．誤り。違憲審査権はすべての裁判所がもつ。

４．誤り。尊属殺重罰規定など，10 を超える違憲判決が最高裁判所から出されている。

問２．１が適切。現行の民法 750 条は違憲ではないということと，今後の民法 750 条の改正を含めた夫婦の氏に関する議論は，国会ですべきであるということを述べている。

問４．３が適切。夫婦別姓に賛成する立場としては「家族の名字（姓）が違っても，家族の一体感（きずな）には影響がない」と６割以上の人が答えている(ウ)のグラフが自説を補強するのに有効なデータとなる。

問5．２が適切。夫婦別姓に反対する立場としては，婚姻で名字（姓）が変わることについて，肯定的な回答が上位に示されている(イ)のグラフを用いるのがよい。

問8．４が適切。おむつ交換は女性のみがするという固定的な役割分担意識から脱却しようとする発言といえる。

問11．２が適切。空欄を含む文章は，女子差別撤廃条約の締結から公布までの流れを記述している。一般的な条約の採択から公布までの流れを踏まえれば，解答を導くことができる。署名→国会における締結の承認→批准→公布。批准の直後に公布となっているのは２のみである。

◀B　方　式▶

I　解答　1－④　2－①　3－④　4－④　5－①

◆全　訳◆

≪津田梅子の人生≫

2024年，日本は新しい5000円札を導入する予定であり，かつてのワシントンの女学生の肖像を採用している。彼女の名は津田うめ。彼女の物語は一部がおとぎ話，部分的には地政学的な外交任務である。

津田はワシントンに1871年に到着した。彼女は日本政府によって西洋の様式を学ぶために派遣された5人の少女のうちの1人だった。ちょうど7歳であり，彼女はこの集団の中で最も幼かった。この集団には10歳が1人，11歳が1人，そして十代半ばの少女が2人含まれていた。幼いうめは東京の彼女の家と家族の写真を持ってきており，彼女の手の一方は彼女の母親の手の上に置かれていた。「そしてこれが，」とあるジャーナリストが記している。「その小さな放浪者にとって心地よい写真のようです」

推測するに，この小さな放浪者は彼女がジョージタウンで里親であるアデリーンとチャールズ＝ランマンの世話の下で暮らしていた10年の間，これらの写真を持っていたのだろう。チャールズ＝ランマンは芸術家で作家だった。国務長官のダニエル＝ウェブスターに補佐官として仕え，国会の人名簿を編纂し，最初のホワイトハウスの図書館を構築した彼の人生は興味深いものであるが，津田は彼よりもより大きな功績を残したのかもしれないのだ。

子供を見知らぬ土地の見知らぬ人々と暮らすために7000マイルも遠くへと送り出す理由は何だろうか？

津田がワシントンに到着したころ，日本は，統治を行っていた幕府が天皇の支持者たちに敗れた内戦から抜け出したところだった。日本を現代国家へと転換し，西欧の列強との関係を平等にする努力の一環として，新政府は西洋について学ぶことを切望していた。

「突然，日本は鎖国哲学を転換し，広く開かれた国となったのです」と，2015年の著作『少女たちの明治維新』で津田とその他の少女たちについて書いたジャニス＝P.ニムラは述べた。

この新しく発見した好奇心の一環として，日本の外交団は，岩倉使節団として知られる２年間の実態調査任務を負って世界を旅した。政治家である岩倉具視によって率いられ，使節団はアメリカ，イギリス，そしてヨーロッパ本土を旅し，中東とアジアを経由して日本に戻った。その任務には，５人の少女をアメリカ東部の都市に降ろすように手配することも含まれていた。

「これらの少女５人すべてが内戦の敗者側の家族出身でした」とニムラは述べている。「家族が飢えている場合もありました。そうした家族はすべてを失ったのです」 子供たちを提供することによって，これらの財政難にある上流階級の家族たちは負担を軽減し，その一方で名声もまた得たのです，と彼女は語っている。

日本の指導者たちはアメリカの農業，産業，法学，そして文化を学びたがっていた。アメリカでは日本と違った風に女性が扱われており，そしてこのことがアメリカの成功の要因かもしれないという認識もまたあった，とニムラは述べている。考えとしては，「日本を引っ張っていく見識のある男性の世代をつくり出せるよう，女性たちを教育すべきなのかもしれない」というものだったとニムラは語っている。

津田とその他の少女たちは被験者だった。少女たちは何の指示もなく下船させられ，誰も彼女たちをどうするのか知らなかった。うめはランマン家に託された。ランマン家には子供がおらず，現在のポーター通りで暮らしていた。アデリーン＝ランマンはワシントンの裕福なドッジ家の出身だった。チャールズ＝ランマンは日本の公使館の秘書官だった。

ランマン家はすぐに津田を好きになった。「ランマン家は彼女のことを『日出ずる地からの私たちの太陽の光』と呼び，溺愛しました」とニムラは述べている。「彼女は東京で得られたであろうものよりもずっとよい暮らしを，甘やかされた一人っ子としてワシントンで送りました」

聡明で社交的な子供であった津田は，すぐに新しい環境に馴染み，ワシントンで魅了の対象となり，学業でも優れた成績を残した。彼女が通ったジョージタウンの女学校が 1874 年 6 月に学位授与式を開催した際，津田は作文，書写，算術そして礼儀作法で表彰された。そして学生たちが順番に起立して音読した際，津田は自身が選んだ詩を暗記していた唯一の学生だった。その詩はウィリアム＝カレン＝ブライアントの「白い足の雄鹿」であった。

1882 年，津田は彼女の記憶にはない祖国へと帰国した。彼女はもはや日本語を話さず，キリスト教に改宗していた。数年後，彼女はアメリカへと戻ってブリンマー大学に通い，そこで日本に自身の学校を設立するという考えをもつようになった。

「津田は，これが自分がなり得るものだと感じ取ったのです。キャリアのある未婚の女性です。日本にはその手本となる人はいませんでした」とニムラは語っている。

1900 年，津田は女性の英語指導者を指導するため，日本で学校を開いた。この学校が東京の津田塾大学になった。設立前，津田は資金を求めてアメリカを回った。彼女は「とりわけアメリカの女性が得ている地位に感じ入っています。彼女たちがずっと行使する大きな影響力，教育と訓練によって彼女たちに与えられた力，男女間の親しい付き合い，家庭における兄弟姉妹間や夫婦間の思いやり。なぜそのようなものが私の母国では存在できないのでしょう？」と書いた。

そのような状況が実際に 1870 年代においてほとんどのアメリカの女性に存在していたのかどうか，そして現在の日本においてどの程度存在するのかは議論の余地がある。しかし間もなく，津田の考えは適切なものになるだろう。

◀解　説▶

1.「本文によると，津田うめについて何が正しいか」

①「彼女はダニエル＝ウェブスターよりも有名になった」，②「彼女は東京で母親とよい関係ではなかった」，③「彼女は子供の頃，当てもなくさまよい歩くことを楽しんだ」は本文に記述なし。④「彼女はおそらくはチャールズ＝ランマンよりも世界に大きな影響を与えた」が，第 3 段最終文（As interesting as …）の後半部分と一致する。

2.「本文の空欄 A を埋める最もよい語句はどれか」

in which 以下の関係代名詞節は直前の civil war「内戦」の説明となっている。「統治を行っていた幕府が何の支持者たちに敗れたのか」を答えればよい。正解は①の「天皇」である。

3.「なぜ日本政府は津田と他の 4 人の少女たちをアメリカ合衆国に送っ

たのか」

第9段最終文（The thinking, Nimura …）参照。「日本を引っ張っていく見識のある男性の世代をつくり出せるよう，女性たちを教育すべき」とある。この部分が④「政府は，教養ある日本人女性が日本人男性たちに近代化された影響力を行使するという考えを試してみたかったから」と一致する。①「政府は彼女たちの世話をすることができなかったから」，②「政府はアメリカ合衆国に影響を与えるため，津田を模範となる学生にするための明確なプランがあったから」は本文に記述なし。また③「政府は彼女たちにアメリカで教育を受け，日本で将来の指導者になってもらいたかったから」は，上述の第9段最終文の内容と矛盾する。

4.「アメリカ合衆国での津田の経験はどのようなものだったか」

第12段第1文（A very bright and …）参照。「ワシントンで魅了の対象となり，学業でも優れた成績を残した」とあることから，④「社交的にも学術的にも成功した」が正解となる。①「彼女はアメリカでの経験を非常に楽しんだので，アメリカに永久に留まってそこでのキャリアを求めることを決めた」は第13段第1文（In 1882, Tsuda …）などと矛盾。彼女は帰国している。②「彼女は友人を作るのに苦労した」は上述の第12段第1文と矛盾。③「ランマン家で唯一の子供だったため，非常に孤独だった」は，第11段最終文（“She had a …）に「東京で得られたであろうよりもずっとよい暮らしを送った」とあることに矛盾する。

5.「1870年代におけるアメリカ合衆国でのほとんどの女性についての筆者の見解はどのようなものか」

第15段第4文（She wrote that …）に，津田がアメリカの女性が得ている地位や影響力などについて感心している様子が述べられている。最終段第1文（It’s arguable whether …）には，筆者の意見として「そのような状況が実際に1870年代のアメリカの女性に存在していたかは議論の余地がある」と述べられている。よって①の「彼女たちの地位は必ずしも津田が思っていたほどいいものではなかった」が正解として適切である。②「彼女たちは津田に日本で学校を開くためのお金を与えた」，③「彼女たちはしばしばスポーツをし，非常にそれが得意であった」，④「彼女たちは男性よりも力強く，より高い教育を受けていた」は本文に記述がない。

解答　6－④　7－⑦　8－②　9－③　10－①　11－⑥

◆全　訳◆

≪経済学の最初のレッスン≫

経済学の最初の授業は欠乏，すなわち限られた資源の問題である。つまり，もしも私たちが制限された予算を１種類の美味しい食品を購入するために使えば，機会費用が生じる。私たちがそのお金を娯楽のような他のものに使うことはできないのである。機会費用は，ほとんどの経済的選択の本質的な側面である。私たちは低額の所得税という考えを好むかもしれないが，そこには機会費用がある。この場合においては，ヘルスケアや教育に使うための政府の歳入が少なくなるということである。

機会費用の別の例は，駐車料金を払うことが好きな人はいないが，もしも駐車が無料なら暮らし向きはよくなるだろうか，ということである。そうではないだろう。もしも駐車が無料なら，需要が供給よりも大きくなり，このため人々は駐車スペースを探して走り回り，時間を無駄にすることになる。無料の駐車場はまた，人々が環境によりやさしい移動手段を使うよりもむしろ，市の中心部へ車で来ることを促進するのである。それは渋滞を増加させる。それゆえ，私たちは駐車に対して支払う金額は少なくなるが，目には見えにくい余分な費用に直面するのである。

もしも私たちがチョコレートケーキが好きなら，なぜ私たちは１日３つずつ食べないのだろう？　その理由は収穫逓減である。最初のチョコレートケーキは私たちに完全な満足を与えてくれるかもしれない。２つ目はその半分しかない。３つ目を食べると気分が悪くなるかもしれない。いつ収穫逓減が現れるかについては人々の意見は異なるかもしれない。最初のケーキの後にこれを感じる人もいれば，もっと食べた後になって感じる人もいるだろう。また，お金に関する収穫逓減もある。そういうわけで私たちはすべての時間を働いて過ごさないのである。つまり，余分なお金はますます少ない満足しか与えてくれず，余暇の時間を減ずるのである。

編集部注：第２段５行目末尾の less について，全訳では原文に従って more として訳している。

◀解　説▶

6．直前の or は前の scarcity「欠乏，不足」の言い換えとなっている。

よって名詞 resource を修飾する形容詞 limited「制限された」を選ぶ。

7．直前の to が不定詞だと考えられるので，動詞の原形を選ぶ。修飾する語が revenue「歳入」であること，直後に前置詞 on があることから，「(お金などを) ～に使う」という意味になる spend が正解となる。

8．直後の than に注目する。比較級が入ると考えられるので，greater を選ぶ。

9．直前に「市の中心部へ車で来ることを促進する」とある。よって，そのことで空所直後の congestion「渋滞」がどのようになるのかを考えれば，increase「増加する」が適切であるとわかる。

10. 直後が〈人＋もの〉という形になっているので，第4文型をとる動詞を選ぶ。give *A* *B* で「*A* に *B* を与える」となるので「私たちに完全な満足を与えてくれる」という文意が成立する。

11. 助動詞 will の直後なので，動詞の原形を選ぶ。直前に「満足が少ない」とあることから「余暇の時間を減ずる」となる reduce が正解となる。

III 解答

12―③　13―②　14―③　15―①　16―①　17―①
18―③　19―①　20―①　21―②

◀解　説▶

12.「私たちは遅くとも午後6時までに衣類を納入するように頼まれた」

drop off には「～を納入する，(品物などを車などから) 下ろす」といった意味がある。ちなみに drop by は「立ち寄る」，drop on は「人を訪問する，偶然出会う」といった意味である。

13.「彼らをコンサートで生で見ることができるなら，私はほぼ何でもしたでしょう」

仮定法過去完了の文章。「見るために何でもした」という文章を作る必要があるので，②の done を選ぶ。ask「頼む」，leave「放っておく」，make「作る」では意味が通る文章にならない。

14.「選択肢がある場合，私はいつも階段を使います」

take the stairs で「階段で行く」といった意味の表現である。④の walk を使う場合，walk up stairs「階段を上る」などとする必要がある。

15.「あの教授は非常に多くの課題を出すことで有名です」

much がヒントになる。②と④は複数形となっているので不可。③の

report も可算名詞である。よって「課題，宿題」という意味で不可算名詞の①を選ぶ。

16.「オンラインで過ごす時間が少なければ少ないほど，あなたは生産的になります」

The＋比較級～, the＋比較級…「～すればするほどますます…」の構文である。productive「生産的な」が形容詞なので②や④は不可。You are more productive. という元の形の文章を考えてみればわかりやすいだろう。

17.「あなたは今日休みを取る権利があります」

take a day off で「1日休みを取る」という意味のイディオムである。休むのが今日だとはっきりわかっているので，問題文ではどれでもよい1日を表す a ではなく the が用いられている。

18.「それが来るのを目にはしていたが，私たちは実際に準備ができていなかった」

譲歩を表し，「～だけれど」という意味になる Even though に注目する。「目にしていた」と対照的な意味になるよう「準備ができていない」となる prepared を選ぶ。

19.「彼女はただ顧客の苦情に対処することに向いていなかったので，その仕事をやめた」

cut out for ～ で「～に向いている」といった意味である。主に否定文で用いることが多い。

20.「誰かがあなたにかっこいいですねと言ったとき，どのように反応しますか」

質問に対し，どのような方法，手段で対応するかを答える場合は how を用いる。答えの部分が名詞になる場合には what を用いる。

21.「新型コロナのデルタ変異株は非常に感染力が高い」

contagious は「伝染性の，直接感染する」といった意味である。infected は「感染した」という意味で直前の highly と結びつかない。infectious であれば正解となる。なお pandemic は形容詞では「広域に及ぶ」，名詞では「感染病の大流行」といった意味である。

Ⅳ **解答例** I think Nelson Mandela is one of the most influential politicians of the 20th century. He changed the world for the better by fighting against racial discrimination. Additionally, he taught us that it does not matter if we fall; what is important is for us to rise every time we do. (about 50 words)

◀解　説▶

≪20 世紀の影響力のある政治家≫

「20 世紀の影響力のある政治家について描写する」というテーマ英作文である。具体的な指示はないので〔解答例〕のように業績のみを述べてもよいし，自分が受けた影響などを入れることも可能だろう。

解答 22―①　23―④　24―③　A．国内総生産　25―④

◀解　説▶

≪日本の高等教育における奨学金事情≫

22. ①が適切。OECD が Organisation for Economic Co-operation and Development の略であるという知識があれば判断できる。

23. ④が適切。日本の貸与型奨学金は図表では教育ローンに分類され，給付型奨学金の比率が最低の日本は OECD の中で例外的な存在といえる。

24. ③が適切。図表 8 － 2 の象限から考える。縦の軸は授業料を示しており，日本は「授業料高額」に分類される。横の軸は学生支援体制（奨学金）の整備度合いを示す。日本の奨学金は十分な整備がされているとはいえないので，日本は授業料が高額「かつ」学生支援体制が充実していない国となる。

25. ④が適切。高等学校までが中等教育に該当する。高等学校卒業後の学びを高等教育という。

Ⅵ **解答** B．ワイマール憲法
26. ※　27―④　28―③　C．らいさん

D．〈解答例〉フロムの警鐘は現代において一層重要となっていると考える。世の中で流布される意見に違和感を覚えた人が，もっとよく調べよう

としてインターネットで検索し,「この発言者なら信じられる」と感じる発言を見つけたとき，さらにそれを裏付ける根拠をインターネット上で見つけようとすることがある。これを繰り返すと，次第に「見たい情報」ばかりが提供されるフィルターバブルの状態に陥りかねない。その中で，信じられる「発言者」がいつしか自らにとっての「権威」となり，使命感から世間に「正しい」情報を伝えようとして偏った意見を拡散させてしまったり，そうした行動を通して高揚感をもち，行動をエスカレートさせていったりするケースもある。こうした事例は，現代においても権威主義に惹かれてしまう危険性を示唆しているのではないだろうか。(350 字程度)

※ 26 については，選択肢に正解がないことが判明したため，全員正解の措置が取られたことが大学から公表されている。

◀解　説▶

≪20 世紀のドイツと現代の比較≫

B．ワイマール憲法が適切。社会権を初めて導入するなど，当時もっとも民主的な憲法であると評価された。

28. ③が適切。1989 年にベルリンの壁が崩壊し，翌年にドイツが統一された。

D．インターネット上で，特定の偏った主張をする動画などが検索結果に現れたり，場合によっては知り合いにそれらの動画の視聴を勧められたりといった経験はないだろうか。〔解答例〕では具体的な内容についての言及はしていないが，いわゆる「フィルターバブル」についても説明し，現代における権威主義につながりかねない事例について言及した。その上で，20 世紀のフロムの警鐘が現代において一層重要となっていることを指摘している。

■一般選抜（個別学部日程）：国際政治経済学部

問題編

▶試験科目・配点

〔国際政治学科〕

方式	テスト区分	教　科	科目（出題範囲）	配点
A方式	大学入学共通テスト	外国語	英語（リーディング，リスニング）	50 点
		国　語	国語（近代以降の文章）	25 点
		地歴・公民・数学	日本史B，世界史B，地理B，現代社会，倫理，政治・経済，「倫理，政治・経済」，「数学Ⅰ・A」，「数学Ⅱ・B」のうち１科目選択	25 点
	独自問題	論述・総合問題	「地理歴史，公民」（17 世紀以降の「日本史」，17 世紀以降の「世界史」，「政治・経済」），読解力・論理的思考力を問う問題（問題に英文を含む）	100 点
B方式	英語資格・検定試験		指定する英語資格・検定試験のスコア・級を「出願資格」とする。	—
	大学入学共通テスト	外国語	英語（リーディング，リスニング）	60 点
		国　語	国語（近代以降の文章）	40 点
	独自問題	論述・総合問題	「地理歴史，公民」（17 世紀以降の「日本史」，17 世紀以降の「世界史」，「政治・経済」），読解力・論理的思考力を問う問題（問題に英文を含む）	100 点

〔国際経済学科〕

<table>
<tr><th>テスト区分</th><th>教　科</th><th>科目（出題範囲）</th><th>配点</th></tr>
<tr><td rowspan="3">大学入学
共通テスト</td><td>外国語</td><td>英語（リーディング，リスニング）</td><td>50 点</td></tr>
<tr><td>国　語</td><td>国語（近代以降の文章）</td><td>25 点</td></tr>
<tr><td>地歴・
公民・
数学</td><td>日本史Ｂ，世界史Ｂ，地理Ｂ，現代社会，倫理，政治・経済，「倫理，政治・経済」，「数学Ⅰ・Ａ」，「数学Ⅱ・Ｂ」のうち１科目選択</td><td>25 点</td></tr>
<tr><td>独自問題</td><td>論述・
総合問題</td><td>「地理歴史，公民」（17 世紀以降の「日本史」，17 世紀以降の「世界史」，「政治・経済」），数量的理解および読解力・論理的思考力を問う問題（問題に英文を含む）</td><td>100 点</td></tr>
</table>

〔国際コミュニケーション学科〕

<table>
<tr><th>方式</th><th>テスト区分</th><th>教　科</th><th>科目（出題範囲）</th><th>配点</th></tr>
<tr><td rowspan="4">Ａ方式</td><td rowspan="3">大学入学
共通テスト</td><td>外国語</td><td>英語（リーディング，リスニング）</td><td>50 点</td></tr>
<tr><td>国　語</td><td>国語（近代以降の文章）</td><td>25 点</td></tr>
<tr><td>地歴・
公民・
数学</td><td>日本史Ｂ，世界史Ｂ，地理Ｂ，現代社会，倫理，政治・経済，「倫理，政治・経済」，「数学Ⅰ・Ａ」，「数学Ⅱ・Ｂ」のうち１科目選択</td><td>25 点</td></tr>
<tr><td>独自問題</td><td>論述・
総合問題</td><td>「英語」，読解力・論理的思考力を問う問題（問題に英文を含む）</td><td>100 点</td></tr>
<tr><td rowspan="4">Ｂ方式</td><td colspan="2">英語資格・検定試験</td><td>指定する英語資格・検定試験のスコア・級を「出願資格」とする。</td><td>—</td></tr>
<tr><td rowspan="2">大学入学
共通テスト</td><td>外国語</td><td>英語（リーディング，リスニング）</td><td>60 点</td></tr>
<tr><td>国　語</td><td>国語（近代以降の文章）</td><td>40 点</td></tr>
<tr><td>独自問題</td><td>論述・
総合問題</td><td>「英語」，読解力・論理的思考力を問う問題（問題に英文を含む）</td><td>100 点</td></tr>
</table>

▶備　考

- 合否判定は総合点による。ただし，場合により特定科目の成績・調査書を考慮することもある。
- 大学入学共通テストの得点を上記の配点に換算する。英語の得点を扱う場合には，リーディング100点，リスニング100点の配点比率を変えずにそのまま合計して200点満点としたうえで，上記の配点に換算する。
- 大学入学共通テストの選択科目のうち複数を受験している場合は，高得点の1科目を合否判定に使用する。
- 国際政治経済学部国際政治・国際コミュニケーション学科B方式の受験を希望する者は，以下のスコア・証明書等の提出が必要※①。

実用英語技能検定	従来型，英検S-CBT，英検CBT，英検2020 1day S-CBT，英検S-Interview，英検2020 2days S-Interviewを有効とする。	準1級以上
IELTS※②		5.0以上
TOEFL iBT®※③		57点以上

※①　出願時に提出する英語資格・検定試験は1種類のみとする。また，異なる実施回の各技能のスコアを組み合わせることはできない。英語資格・検定試験のスコアおよび級は，合否判定では使用しない。

※②　Academic Module オーバーオール・バンド・スコアに限る。Computer-delivered IELTSを含む。

※③　TOEFL iBT® Home Edition，TOEFL iBT® Special Home Editionを含む。
Test Date Scoresのスコアに限る。
MyBest™Scoresは不可。
ITP（Institutional Testing Program）は不可。

- 試験日が異なる学部・学科・方式は併願ができ，さらに同一日に実施する試験であっても「AM」と「PM」の各々で実施される場合は併願ができる。
- 試験時間帯が同じ学部・学科・方式は併願できない。

試験日	試験時間帯	学　部	学科（方式）
2月17日	AM	国際政治経済	国際政治（A・B） 国際経済 国際コミュニケーション（A・B）

論述・総合問題

（70 分）

◀国際政治学科▶

I　次の資料１～７は核兵器廃絶に向けた国際的な取り組み(International Efforts to Eliminate Nuclear Weapons)に関連した国内外の資料である。これらを読んで問いに答えなさい。ただし，条約Ａ～Ｄは，部分的核実験禁止条約(PTBT)，核兵器拡散防止条約(NPT)，包括的核実験禁止条約(CTBT)，核兵器禁止条約(TPNW)のいずれかである。

資料１：条約Ａ

Article 1

1. Each State Party undertakes never under any circumstances to:

(a) Develop, [α], produce, manufacture, otherwise acquire, possess or stockpile nuclear weapons or other nuclear explosive devices;

(b) Transfer to any recipient whatsoever nuclear weapons or other nuclear explosive devices or control over such weapons or explosive devices directly or indirectly;

(c) Receive the transfer of or control over nuclear weapons or other nuclear explosive devices directly or indirectly;

(d) Use or threaten to use nuclear weapons or other nuclear explosive devices;

(e) Assist, encourage or induce, in any way, anyone to engage in any activity prohibited to a State Party under this Treaty;

(f) Seek or receive any assistance, in any way, from anyone to engage in any activity prohibited to a State Party under this Treaty;

(g) Allow any stationing, installation or deployment of any nuclear weapons or other nuclear explosive devices in its territory or at any place under its jurisdiction or control.

資料２：条約Ｂ

Article I

Each nuclear-weapon State Party to the Treaty undertakes not to transfer to any recipient whatsoever nuclear weapons or other nuclear explosive devices or control over such weapons or explosive devices directly, or indirectly; and not in any way to assist, encourage, or induce any non-nuclear-weapon State to manufacture or otherwise acquire nuclear weapons or other nuclear explosive devices, or control over such weapons or explosive devices.

資料３：条約Ｃ

Article I

1. Each of the Parties to this Treaty undertakes to prohibit, to prevent, and not to carry out any nuclear weapon [α] explosion, or any other nuclear explosion, at any place under its jurisdiction or control:

(a) in the atmosphere; beyond its limits, including outer space; or under water, including territorial waters or high seas; or

(b) in any other environment if such explosion causes radioactive debris to be present outside the territorial limits of the State under whose jurisdiction or control such explosion is conducted. It is understood in this connection that the provisions of this subparagraph are without prejudice to the conclusion of a Treaty resulting in the permanent banning of all nuclear [α] explosions, including all such explosions underground, the conclusion of which, as the Parties have stated in the Preamble to this Treaty, they seek to achieve.

資料４：条約Ｄ

Article I

1. Each State Party undertakes not to carry out any nuclear weapon [α] explosion or any other nuclear explosion, and to prohibit and prevent any such nuclear explosion at any place under its jurisdiction or control.

2. Each State Party undertakes, furthermore, to refrain from causing, encouraging, or in any way participating in the carrying out of any nuclear weapon [α] explosion or any other nuclear explosion.

資料５：日本の署名時の宣言

日本国政府は，核兵器の拡散が核戦争の危険を増大させると信じており，核兵器の拡散を防止することは世界平和維持に関する日本国政府の政策と一致するものであるので，この条約の精神に賛成してきた。

日本国政府は，以下に述べる基本的考え方に基づきこの条約に署名する。

日本国政府は，この条約が核軍縮の第一歩になるものと確信し，またこの条約を効果あらしめるため，できるだけ多くの国がこの条約に参加することを望むものである。特に，核兵器を保有していながら，未だこの条約に参加の意図を示していないフランス共和国政府及び中華人民共和国政府が速やかに条約に参加して，核軍縮のための交渉を誠実に行なうよう希望するが，それまでの間でも，この条約の目的に反するような行動をとらないよう希望する。

この条約は現在の核兵器国に対してのみ核兵器の保有を認めるものである。このような差別はすべての核兵器国が核兵器を自国の軍備から撤廃することによって窮極的には解消されなければならないものであるが，それまでの間核兵器国は特別な地位にあると同時に特別の責任を負うものであるとの自覚がなければならない。

この条約は，核兵器その他の核爆発装置又はその管理の取得のみを禁止の対象とするものである。従って，非核兵器国は，この条約によって，原子力平和利用の研究，開発，実施及びこれらのための国際協力をいかなる意味においても妨げられてはならないし，これらの活動のいかなる面においても差別的な取扱いをされてはならない。

日本国政府は，以上の基本的考え方に基づき次の諸点に強い関心を有することを表明する。

これらの問題は，日本国政府が本条約を批准するに当り，また将来条約締約国として条約運用の再検討に参加する際においても，強い関心を払うであろうことを強調する。

資料6

Now, let me describe to you the trajectory we need to be on. First, the United States will take concrete steps towards a world without nuclear weapons. To put an end to Cold War thinking, we will reduce the role of nuclear weapons in our national security strategy, and urge others to do the same. Make no mistake: As long as these weapons exist, the United States will maintain a safe, secure and effective arsenal to deter any adversary, and guarantee that defense to our allies — including the Czech Republic. But we will begin the work of reducing our arsenal.

To reduce our warheads and stockpiles, we will negotiate a new Strategic Arms Reduction Treaty with the Russians this year. (Applause.) President Medvedev and I began this process in London, and will seek a new agreement by the end of this year that is legally binding and sufficiently bold. And this will set the stage for further cuts, and we will seek to include all nuclear weapons states in this endeavor.

資料7

Today is an important milestone for nuclear security and non-proliferation, and for U.S.-Russia relations. It fulfills our common objective to negotiate a new Strategic Arms Reduction Treaty. It includes significant reductions in the nuclear weapons that we will deploy. It cuts our delivery vehicles by roughly half. It includes a comprehensive verification regime, which allows us to further build trust. It enables both sides the flexibility to protect our security, as well as America's unwavering commitment to the security of our European allies.

問1　条約A～Dの中で最初に成立した条約として最も適切なものを次の選択肢から選んで解答用紙(その1)にマークしなさい。解答番号 1

① 条約A
② 条約B
③ 条約C
④ 条約D

問2　条約A～Dの中で最後に成立した条約として最も適切なものを次の選択肢から選んで解答用紙(その1)にマークしなさい。解答番号 2

① 条約A
② 条約B
③ 条約C
④ 条約D

問3　空欄 α に入る最も適切な英単語(4文字)を解答用紙(その2)に記述しなさい。

問4　条約A～Dが採択された際の中華人民共和国，フランス，ソ連またはロシア，英国および米国の投票行動は次に示すとおりである。条約A～Dと投票行動1～4の組み合わせとして最も適切なものを次の選択肢から選んで解答用紙(その1)にマークしなさい。解答番号 3

	中華人民共和国	フランス	ソ連／ロシア	英国	米国
投票行動1	不参加	棄権	賛成	賛成	賛成
投票行動2	賛成	賛成	賛成	賛成	賛成
投票行動3	不参加	不参加	不参加	不参加	不参加
投票行動4	(採択に付されていない)				

① 条約A：投票行動３　条約B：投票行動２　条約C：投票行動１　条約D：投票行動４

② 条約A：投票行動３　条約B：投票行動１　条約C：投票行動４　条約D：投票行動２

③ 条約A：投票行動４　条約B：投票行動２　条約C：投票行動１　条約D：投票行動３

④ 条約A：投票行動４　条約B：投票行動１　条約C：投票行動２　条約D：投票行動３

問５ 日本の署名時の宣言の対象となった条約として最も適切なものを次の選択肢から選んで解答用紙(その１)にマークしなさい。解答番号 [4]

① 条約A

② 条約B

③ 条約C

④ 条約D

問６ 日本に対して効力が発生している条約の数として最も適切なものを次の選択肢から選んで解答用紙(その１)にマークしなさい。解答番号 [5]

① １つ

② ２つ

③ ３つ

④ ４つ

Ⅱ　日本は1994年以来国連総会に対して核兵器廃絶決議案を提出してきた。決議案の賛成国，反対国，棄権国，共同提案国の数は次の図に示すとおりである。

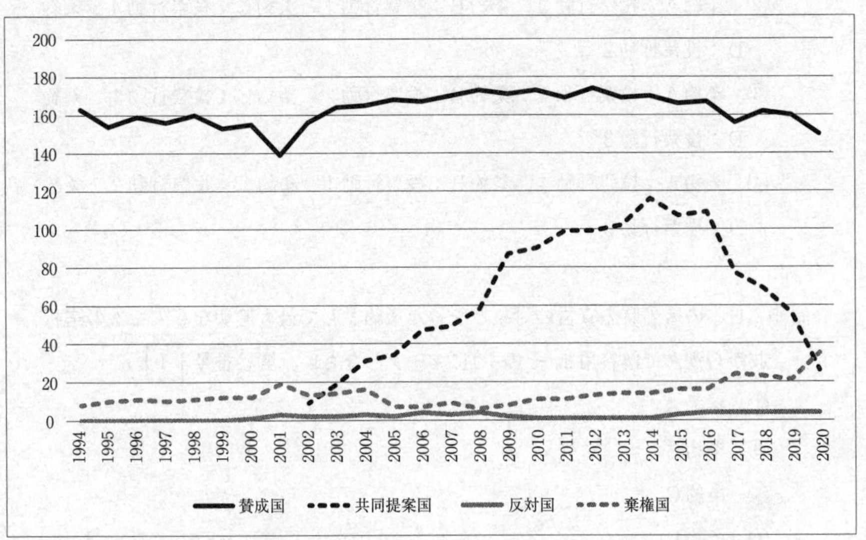

問 1　2009年に共同提案国の数が急増し，その後は100か国前後で推移した背景として考えられることを，Ⅰの資料6と資料7を踏まえて，16字以上25字以内で解答用紙(その2)に記述しなさい。

問 2　共同提案国の数が2016年以降大幅に減少している背景として考えられることを共同提案国とその内訳に関する次の表を踏まえて，16字以上25字以内で解答用紙(その2)に記述しなさい。

	2016年	2017年	2018年	2019年
共同提案国	109か国	77か国	69か国	56か国
核兵器禁止条約の採択に賛成した国	64か国	36か国	28か国	17か国
核兵器禁止条約の採択に反対した国	1か国	0か国	1か国	1か国
核兵器禁止条約の採択に棄権した国	1か国	1か国	1か国	1か国
核兵器禁止条約の交渉に不参加の国	43か国	40か国	39か国	37か国

III 次の資料1～9は［ β ］に関連した国内外の資料である。これらを読んで問いに答えなさい。

資料1：日ソ中立条約(1941 年 4 月 25 日両国批准)

第二条

締約国ノ一方カ一又ハ二以上ノ第三国ヨリ軍事行動ノ対象ト為ル場合ニハ他方締約国ハ該紛争ノ全期間中中立ヲ守ルヘシ

第三条

本条約ハ両締約国ニ於テ其ノ批准ヲ了シタル日ヨリ実施セラルヘク且五年ノ期間効力ヲ有スヘシ両締約国ノ何レノ一方モ右期間満了ノ一年前ニ本条約ノ廃棄ヲ通告セサルトキハ本条約ハ次ノ五年間自動的ニ延長セラレタルモノト認メラレルヘシ

資料2：日ソ中立条約の廃棄に関するソ連覚書(1945 年 4 月 5 日)

日「ソ」中立条約ハ独「ソ」戦争及日本ノ対米英戦争勃発前タル一九四一年四月十三日調印セラレタルモノナルカ爾来事態ハ根本的ニ変化シ日本ハ其ノ同盟国タル独逸ノ対「ソ」戦争遂行ヲ援助シ且「ソ」連ノ同盟国タル米英ト交戦中ナリ斯ル状態ニ於テハ「ソ」日中立条約ハ其ノ意義ヲ喪失シ其ノ存続ハ不可能トナレリ

依テ同条約第三条ノ規定ニ基キ「ソ」連政府ハ茲ニ日「ソ」中立条約ハ明年四月期限満了後延長セサル意向ナル旨宣言スルモノナリ

資料3：サンフランシスコ平和条約(1951年)

Article 2

(c) Japan renounces all right, title and claim to the Kurile Islands, and to that portion of Sakhalin and the islands adjacent to it over which Japan acquired sovereignty as a consequence of the Treaty of Portsmouth of September 5, 1905.

Article 25

For the purposes of the present Treaty the Allied Powers shall be the States at war with Japan, or any State which previously formed a part of the territory of a State named in Article 23, provided that in each case the State concerned has signed and ratified the Treaty. Subject to the provisions of Article 21, the present Treaty shall not confer any rights, titles or benefits on any State which is not an Allied Power as herein defined; nor shall any right, title or interest of Japan be deemed to be diminished or prejudiced by any provision of the Treaty in favor of a State which is not an Allied Power as so defined.

資料4：サンフランシスコ平和会議における吉田茂総理大臣の受諾演説(1951年)

With respect to the Kuriles and South Sakhalin, I cannot yield to the claim of the Soviet Delegate that Japan had grabbed them by aggression. At the time of the opening of Japan, her ownership of two islands of Etoroff and Kunashiri of the South Kuriles was not questioned at all by the Czarist government. But the North Kuriles north of Urruppu and the southern half of Sakhalin were areas open to both Japanese and Russian settlers. On May 7, 1875 the Japanese and Russian Governments effected through peaceful negotiations an arrangement under which South Sakhalin was made Russian territory, and the North Kuriles were in [γ] made Japanese territory.

But really, under the name of " [γ] " Japan simply ceded South Sakhalin to Russia in order to settle the territorial dispute. It was under the Treaty of Portsmouth of 1905 concluded through the intermediary of President Theodore Roosevelt of the United States that South Sakhalin became also Japanese territory.

Both Sakhalin and the North and South Kuriles were taken unilaterally by Russia as of September 20, 1945, shortly after Japan's surrender. Even the islands of Habomai and Shikotan, constituting part of Hokkaido, one of Japan's four main islands, are still being occupied by Soviet forces simply because they happened to be garrisoned by Japanese troops at the time when the war ended.

資料5：第12回国会　衆議院　平和条約及び日米安全保障条約特別委員会(1951年)

○高倉委員　・・・まず領土の問題でありますが，過般のサンフランシスコの講和條約の第二條の(C)項によりますると，日本国は千島列島の主権の放棄を認められたのである。しかしその千島列島というものはきわめて漠然としておる。北緯二五・九度以南のいわゆる南西諸島の地域の條文におきましては，詳細に区分されておるのでありまするが，千島列島は大ざつぱではつきりしていないのであります。そこで講和條約の原文を検討する必要があります。條約の原文にはクリル・アイランド，いわゆるクリル群島と明記されておるように思いますが，このクリル・アイランドとは一体どこをさすのか，これを一応お聞きしたいと思います。

○西村(熊)政府委員　條約にある千島列島の範囲については，北千島と南千島の両者を含むと考えております。しかし南千島と北千島は，歴史的に見てまつたくその立場が違うことは，すでに全権がサンフランシスコ会議の演説において明らかにされた通りでございます。あの見解を日本政府としてもまた今後とも堅持して行く方針であるということは，たびたびこの国会において総理から御答弁があつた通りであります。

資料6：日ソ共同宣言(1956年)

九　日本国及びソヴィエト社会主義共和国連邦は，両国間に正常な外交関係が回復された後，平和条約の締結に関する交渉を継続することに同意する。

ソヴィエト社会主義共和国連邦は，日本国の要望にこたえかつ日本国の利益を考慮して歯舞群島及び色丹島を日本国に引き渡すことに同意する。ただし，これらの諸島は，日本国とソヴィエト社会主義共和国連邦との間の平和条約が締結された後に現実に引き渡されるものとする。

資料7：日ソ共同声明(1991年)

四　［イ］日本国内閣総理大臣及び［ロ］ソヴィエト社会主義共和国連邦大統領は，歯舞群島，色丹島，国後島および択捉島の帰属についての双方の立場を考慮しつつ領土画定の問題を含む日本国とソヴィエト社会主義共和国連邦との間の平和条約の作成と締結に関する諸問題の全体について詳細かつ徹底的な話し合いを行った。これまでに行われた共同作業，特に最高レベルでの交渉により，一連の概念的な考え方，すなわち，平和条約が，領土問題の解決を含む最終的な戦後処理の文書であるべきこと，友好的な基盤の上に日ソ関係の長期的な展望を開くべきこと及び相手側の安全保障を害すべきでないことを確認するに至った。

ソ連側は，日本国の住民と上記の諸島の住民との間の交流の拡大，日本国民によるこれらの諸島訪問の簡素化された無査証の枠組みの設定，この地域における共同の互恵的経済活動の開始及びこれらの諸島に配備されたソ連の軍事力の削減に関する措置を近い将来とる旨の提案を行った。日本側は，これらの問題につき今後更に話し合うこととしたい旨述べた。

資料8：日ロ関係に関する東京宣言(1993年)

2　日本国総理大臣及びロシア連邦大統領は，両国関係における困難な過去の遺産は克服されなければならないとの認識を共有し，択捉島，国後島，色丹島及び歯舞群島の帰属に関する問題について真剣な交渉を行った。双方は，この問題を歴史的・法的事実に立脚し，両国の間で合意の上作成された諸文書及び法と正義の原則を基礎として解決することにより平和条約を早期に締結するよう交渉を継続し，もって両国間の関係を完全に正常化すべきことに合意する。この関連で，日本国政府及びロシア連邦政府は，ロシア連邦がソ連邦と国家としての継続性を有する同一の国家であり，日本国とソ連邦との間のすべての条約その他の国際約束は日本国とロシア連邦との間で引き続き適用されることを確認する。

資料9：ロシア連邦憲法(2020年改正)

第67条第2.1項

ロシア連邦は，その主権および領土的一体性の保護を保証する。ロシア連邦の領土の一部の割譲に向けられた活動ならびにそのような活動(ロシア連邦と隣国との範囲の確定，ならびに国境の画定および再画定を除く)を呼びかけることをしてはならない。

第67.1条第3項：

ロシア連邦は，祖国の防衛者の功績に敬意を払い，歴史の真実を守ることを保障する。国民の祖国防衛の偉業の意義を矮小化してはならない。

問1　空欄 [β] に入る適切な英語を5ワード以上8ワード以内で解答用紙(その2)に記述しなさい。

問2　これらの資料から読み取れる内容として**正しいものには①**，**誤っているものには⓪**を解答用紙(その1)にマークしなさい。

ア　1905年のポーツマス条約の規定によってサハリン島南部は日本領となった。解答番号 [6]

イ　サンフランシスコ平和条約において日本は(択捉島と国後島を含む)千島列島に関するすべての権利を放棄した。解答番号 [7]

ウ　第二次世界大戦において日本と戦争をした国であるソ連にはサンフランシスコ平和条約の規定が連合国として適用される。解答番号 [8]

エ　サンフランシスコ平和会議における受諾演説で，吉田首相は歯舞群島と色丹島は北海道の一部だと主張した。解答番号 [9]

オ　1956年の日ソ共同宣言においてソ連は歯舞群島及び色丹島が日本固有の領土であることを認めた。解答番号 [10]

カ　1991年の日ソ共同声明で日本は北方領土の帰属についてソ連の立場を一部認めることを確認した。解答番号 [11]

キ　1991年にソ連が解体したことにより，日本とソ連間に締結された日ソ共同宣言は無効となったため，1993年に日本とロシアの間で日ロ関係に関する東京宣言が出された。解答番号 [12]

ク　2020年にロシア連邦憲法が改正されたことによって，ロシアにおいて領土の割譲を目的としたすべての活動は憲法違反となった。解答番号 [13]

問 3　資料1と資料2に照らして，日ソ中立条約が失効した年月日として最も適切なものを次の選択肢から選んで解答用紙(その1)にマークしなさい。解答番号 [14]

① 1945年4月5日
② 1945年8月8日
③ 1946年4月13日
④ 1946年4月25日

問 4　資料4の空欄 [γ] に入る最も適切な英単語(8文字)を解答用紙(その2)に記述しなさい。

問 5　資料7の空欄 [イ] に [ロ] にあてはまる人名の組み合わせとして最も適切なものを次の選択肢から選んで解答用紙(その1)にマークしなさい。解答番号 [15]

① イ：海部俊樹　ロ：ゴルバチョフ
② イ：海部俊樹　ロ：エリツィン
③ イ：宮澤喜一　ロ：ゴルバチョフ
④ イ：宮澤喜一　ロ：エリツィン

問 6　資料7の下線部に関して，日本国民による北方領土への訪問が「無査証」で行われる理由を16字以上25字以内で解答用紙(その2)に記述しなさい。

IV 二国間関係において総領事館(本問では領事館，領事事務所を含み，名誉領事館は含まないものとする)を開設する場合がある。領事関係に関するウィーン条約についての資料を読み，日本とブラジル，中国，パナマ，韓国，ロシア，米国との関係における総領事館の開設数を示した表と各国が日本国内に開設している総領事館の所在地と数を表した図を踏まえて，問いに答えなさい。

資料　領事関係に関するウィーン条約

第1条(定義)

1　この条約の適用上，

(a)「領事機関」とは，総領事館，領事館，副領事館又は代理領事事務所をいう。

(b)「領事管轄区域」とは，領事機関について領事任務の遂行のために定められた地域をいう。

(以下略)

第4条(領事機関の設置)

1　領事機関は，[ハ]の同意がある場合にのみ，[ニ]の領域内に設置することができる。

2　領事機関の所在地及び種類並びに領事管轄区域は，[ホ]が決定するものとし，[ヘ]の承認を受けなければならない。

(以下略)

第5条(領事任務)

領事任務は，次のことから成る。

(a)[ト]において，国際法の認める範囲内で[チ]及びその国民(自然人であるか法人であるかを問わない。)の利益を保護すること。

(b)この条約の定めるところにより，派遣国と接受国との間の通商上，経済上，文化上及び科学上の関係の発展を助長することその他両国間の友好関係を促進すること。

(中略)

(d)　派遣国の国民に対し旅券又は渡航文書を発給し及び派遣国への渡航を希望する者に対し査証又は適当な文書を発給すること。

(e)　派遣国の国民（自然人であるか法人であるかを問わない。）を援助すること。

（以下略）

注：外国が日本国内に領事機関を設置する場合，接受国は日本であり，派遣国は当該外国である。

表　総領事館の開設数

国名	日本国内に所在する当該国の総領事館の数	当該国の国内に所在する日本国総領事館の数
A	9	2
B	6	7
C	5	17
D	3*	7
E	3	4
F	2*	0

*　総領事館の1つは東京都に所在

図　各国の総領事館の所在地と数

a市	4か国
b市	1か国
c市	3か国
東京都	2か国
d市	1か国
e市	4か国
f市	1か国
豊中市	1か国(ロシア)
g市	3か国
h市	2か国
i市	1か国
j市	3か国
長崎市	1か国(中国)
k市	1か国

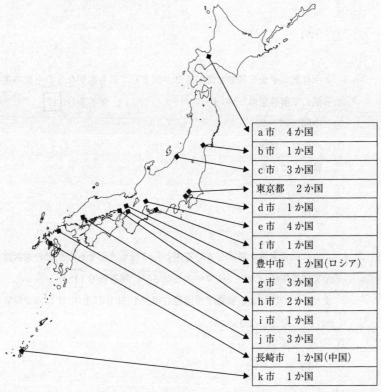

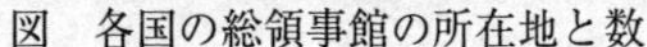

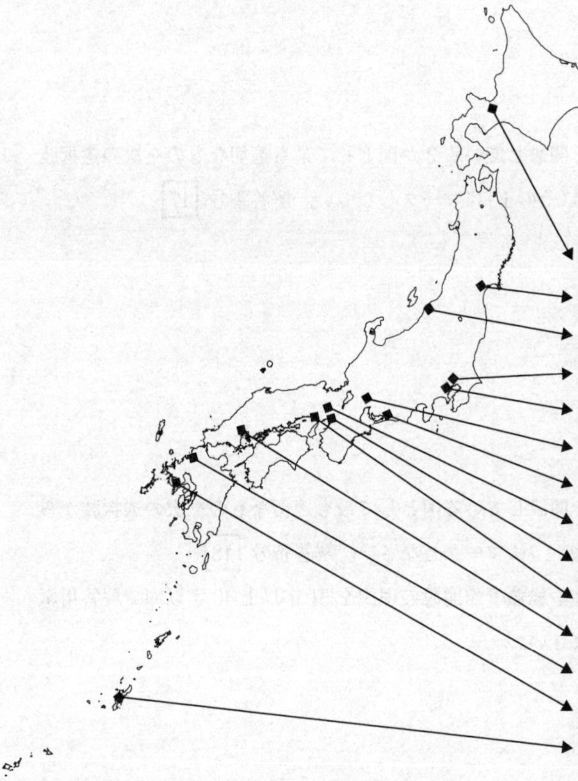

問1　C国の国内に所在する日本国総領事館の数は17であり世界各国の中で最も多い。**この理由として考えられること2つ**をそれぞれ16字以上25字以内で解答用紙(その2)に記述しなさい。

問2　f市に総領事館を開設している国として最も適切なものを次の選択肢から選んで解答用紙(その1)にマークしなさい。解答番号 16

また，この国による総領事館開設の理由を31字以上40字以内で解答用紙(その2)に記述しなさい。

①　ブラジル

②　中国

③　パナマ

④　ロシア

⑤　米国

問 3　h市に総領事館を開設している2か国として最も適切なものを次の選択肢から選んで解答用紙(その1)にマークしなさい。解答番号 17

①　中国，パナマ

②　パナマ，韓国

③　韓国，ロシア

④　ロシア，米国

⑤　米国，中国

問 4　k市に総領事館を開設している国として最も適切なものを次の選択肢から選んで解答用紙(その1)にマークしなさい。解答番号 18

また，この国による総領事館開設の理由を31字以上40字以内で解答用紙(その2)に記述しなさい。

①　ブラジル

②　中国

③　パナマ

④　ロシア

⑤　米国

問 5　空欄 ハ と空欄 ニ に入る語句の組み合わせとして最も適切なものを次の選択肢から選んで解答用紙(その1)にマークしなさい。解答番号 19

①　ハ　接受国　　ニ　接受国

②　ハ　接受国　　ニ　派遣国

③　ハ　派遣国　　ニ　接受国

④　ハ　派遣国　　ニ　派遣国

問 6　空欄 [ホ] と空欄 [ヘ] に入る語句の組み合わせとして最も適切なものを次の選択肢から選んで解答用紙(その 1)にマークしなさい。解答番号 [20]

① ホ　接受国　ヘ　接受国

② ホ　接受国　ヘ　派遣国

③ ホ　派遣国　ヘ　接受国

④ ホ　派遣国　ヘ　派遣国

問 7　空欄 [ト] と空欄 [チ] に入る語句の組み合わせとして最も適切なものを次の選択肢から選んで解答用紙(その 1)にマークしなさい。解答番号 [21]

① ト　接受国　チ　接受国

② ト　接受国　チ　派遣国

③ ト　派遣国　チ　接受国

④ ト　派遣国　チ　派遣国

◀国際経済学科▶

I 以下の英文を読んで各問に答えなさい。(解答番号 1 ～ 3)

In the 1890s, just as the United States entered the second industrial revolution and the transcontinental railroad finished erasing the American frontier, one of the world's first business consultants, Frederick Winslow Taylor, gave birth to the idea of "scientific management" (also known as Taylorism) by applying the scientific method to manufacturing processes. Taylor's business card read "Systematizing Shop Management and Manufacturing Costs a Specialty," an expertise he'd developed working as an industrial apprentice patternmaker, a machine shop laborer, a gang boss, foreman, research director, and finally chief engineer. He'd also earned his correspondence degree in mechanical engineering.

Based on these experiences, Taylor tried to understand why differences existed among workers' productivity and how best to get everyone up to top speed. His answer? (a) . He thought his main tools, time and motion studies, would help him discover the "one best way" to do any given task. In Taylor's view, managing workers involved figuring out, say, the most efficient way to shovel (the "best" weight to lift with a shovel was, according to Taylor's study, 21 pounds) and making sure each worker used it.

Scientific management was the "worker as (b) cog(注1)" approach — one that many modern office workers might relate to. If Taylor's original ideas have been tempered by at least a bit of humanity in their modern application, the principles of Taylorism are still at the core of what is considered good management, whether reflected in the HBS(注2) curriculum, Six Sigma(注3) certifications for reducing defects, or the best-practice checklist at Accenture(注4). Decisions on how to deploy organizational resources have to be based on information: which types of cloth are selling fastest, which ones generate the highest profits, which employees deserve promotion, and which ones need to be let go. It was this avalanche of data that led the railroads to develop nineteenth-century information systems. To rise above the disarray that reigns on Tarapur's(注5) factory floors requires modern information systems to manage their records.

Not everyone needs to know the last detail of what's happening in the factory. The foreman who manages inventory, for instance, does need to keep tabs on pretty much every scrap of yarn. But higher up the org(注6) pyramid — where Mr. Samata(注7) and other factory owners sit, or to Alfred P. Sloan's(注8) corner office at GM(注9) — executives need to see only summary information on the flow of goods through the production process. Too much detail would be overwhelming.

So not only does effective management require efficient information gathering, but also the facts and figures need to be distributed to those who need them. Mr. Samata shouldn't be micromanaging the storage closet, though in the absence of effective management systems, he does. And Alfred P. Sloan shouldn't be agonizing over how to distribute tasks on the assembly line, or manage the formation of a hubcap design team. Top managers should occupy themselves with the larger strategic questions facing their companies: Should we expand to a second plant? Bring parts production in house? Raise prices on next year's model? Call the union's bluff in wage negotiations? Once these decisions are made, instructions make their way back down the hierarchy — yet more flow of information — on what needs to get done; then the process repeats itself. If management systems are working properly, it's possible to keep tabs on whether everything is getting done, and also figure out what to do next.

注 1　cog：「歯車」のこと

注 2　HBS：Harvard Business School の略

注 3　Six Sigma：品質管理手法の一つ

注 4　Accenture：コンサルティング会社の名前

注 5　Tarapur：インドの都市

注 6　org：organization の略

注 7　Mr. Samata：本書で登場する架空の人物

注 8　Alfred P. Sloan：GM の社長を務めたアメリカの経営者

注 9　GM：自動車会社 General Motors の略

出典：Fisman, Ray; Sullivan, Tim. (2013) *The Org: The Underlying Logic of the Office,* Princeton University Press.

問 1　空欄 (a) にあてはまる語として最も適当なものを，次の選択肢のなかから一つ選び，マークしなさい。解答番号 1

① Diversification

② Automatization

③ Standardization

④ Centralization

問 2　空欄 (b) にあてはまる語として最も適当なものを，次の選択肢のなかから一つ選び，マークしなさい。解答番号 2

① significant

② inconvertible

③ intangible

④ interchangeable

問 3　この文章で述べている内容として最も適切なものを，次の選択肢のなかから一つ選び，マークしなさい。解答番号 3

① 経営にとって，労働者の個性や人間性が最も重要である。

② 詳細な情報を経営者のみに集めることが最も重要である。

③ 経営者は，戦略的な問題の大小にかかわらず意思決定を下すべきである。

④ 経営資源の配分に関する意思決定には情報が不可欠である。

Ⅱ 以下の各問に答えなさい。（解答番号 4 ～ 9 ）

問1 電力・石油を新動力源とし，その後の世界の生産能力を飛躍的に引き上げることとなった第2次産業革命の特徴として最も適切なものを，次の選択肢のなかから一つ選び，マークしなさい。解答番号 4

① ジョン＝ケイやハーグリーヴズらの発明家が大きな貢献をした。

② パソコンやインターネットの開発・普及によって，社会や生活が急速に変化した。

③ 明治政府の殖産興業政策を背景として，1890年代前後，近代的綿織物業が発達した。

④ 重化学工業・電機工業などが発展した。

⑤ 蒸気機関車や蒸気船の発明，運河網の拡大，道路の改良などにより，交通環境が飛躍的に発展した。19世紀後半には電信網も普及し，世界の一体化が急速に進んだ。

問2 1885年，イギリス植民地支配下にあったインド人の意見を諮問する機関として，イギリス人側，インド人側双方の意図が一致して結成された機関の名称として最も適切なものを，次の選択肢のなかから一つ選び，マークしなさい。解答番号 5

① 全インド＝ムスリム連盟

② タキン党

③ イスラーム同盟

④ 英印円卓会議

⑤ インド国民会議

問 3　1858(安政 5)年調印された日米修好通商条約に含まれるものとして，誤っているものを，次の選択肢のなかから一つ選び，マークしなさい。解答番号 6

① 日本に滞在するアメリカ人への領事裁判権を認めること。
② 南西諸島・小笠原諸島はアメリカの施政権下におくこと。
③ 神奈川・長崎・新潟・兵庫を開港すること。
④ 日本の関税について，日本に税率の決定権がなく，日米相互で協議して協定関税を定めること。
⑤ 江戸・大坂を開市すること。

問 4　19 世紀後半から 20 世紀初頭にかけて，日本と朝鮮との間で生じた出来事の年代を，古いものから新しいもの(古いもの　→　新しいもの)の順に正しく並べているものはどれか。最も適切なものを，次の選択肢のなかから一つ選び，マークしなさい。解答番号 7

① 征韓論　→　壬午軍乱　→　日清戦争　→　韓国併合
② 壬午軍乱　→　征韓論　→　韓国併合　→　日清戦争
③ 征韓論　→　日清戦争　→　壬午軍乱　→　韓国併合
④ 壬午軍乱　→　征韓論　→　日清戦争　→　韓国併合
⑤ 征韓論　→　壬午軍乱　→　韓国併合　→　日清戦争

問 5　オランウータンやゴリラなどの絶滅の恐れのある野生動植物の保護をはかるための条約は以下のうちどれか。最も適切なものを，次の選択肢のなかから一つ選び，マークしなさい。解答番号 8

① ラムサール条約
② ワシントン条約
③ マーストリヒト条約
④ アムステルダム条約
⑤ リスボン条約

問 6　主要 20 カ国の財務相・中央銀行総裁会議と，同じ 20 カ国の首脳会議(サミット)の 2 つを指して G20 と呼ぶ。以下の国のうち G20 に含まれない国はどれか。最も適切なものを，次の選択肢のなかから一つ選び，マークしなさい。解答番号 9

① 日本
② 英国
③ 米国
④ ドイツ
⑤ スペイン

論述問題の解答に際しては，句読点，記号は１マスに１文字，アラビア数字は１マスに２文字までとしなさい。

Ⅲ　以下の図１は，警察庁により公表されている 2001 年度から 2017 年度までの刑法犯のうちの初犯者数と，再犯者率の変化を描いたものである。再犯者率とは，再犯者数を初犯者数と再犯者数の合計である総検挙者数で割った値をパーセント表記にしたものであり，図１の右側の縦軸がその値を表している。また，左側の縦軸は初犯者数を表している。このグラフから，「再犯者率がここ 20 年ほど増加傾向にあるのは，初犯者数の減少によって生じている」という説明は必ずしも十分ではない理由を，式は使用せずに言葉で，150 字以内で説明しなさい。

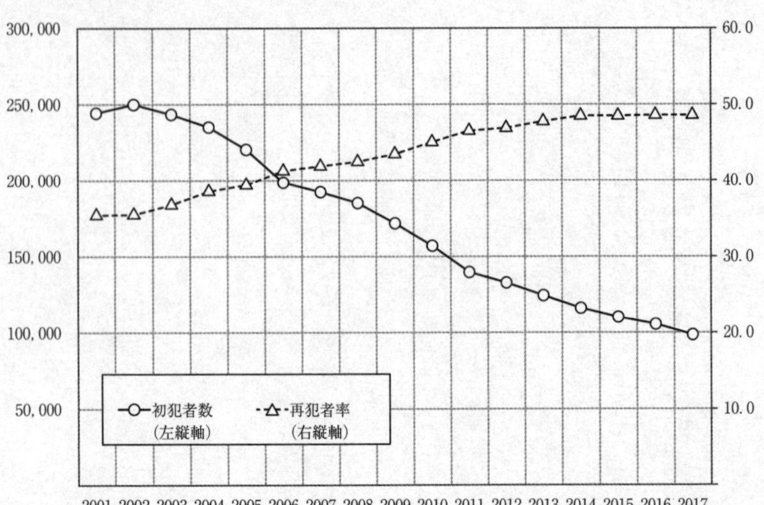

図１：初犯者数と再犯者率

Ⅳ 図2は1970年2月から2021年5月までの日本の物価上昇率と失業率を散布図にあらわしたものである。図中の直線はこの期間の物価上昇率(y)と失業率(x)の関係を近似的に直線であらわしたものである(y＝－0.2x＋0.8)。

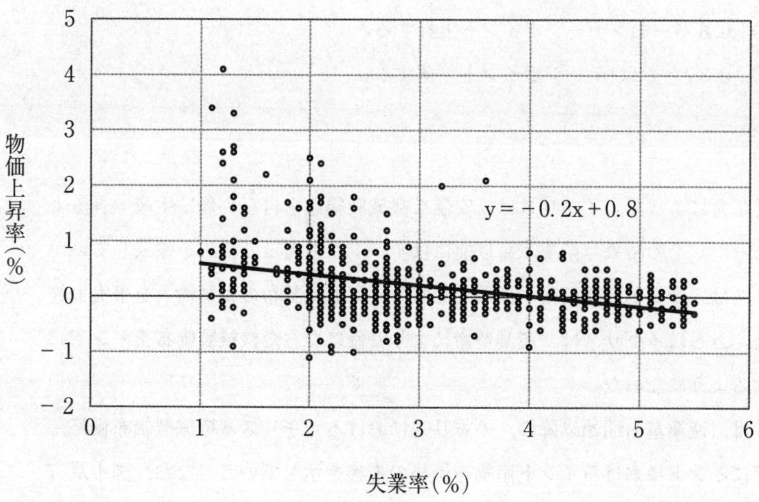

図2：物価上昇率と失業率

問1 「物価の上昇が失業率の下落を引き起こす」という命題が正しいことをこの散布図と近似直線のみから言えるか。以下の①および②のいずれかを選択し，その番号を解答用紙に記入しなさい。

① 言える。

② 言えない。

問2 問1であなたが選んだ答えの根拠について100字以内で説明しなさい。

問3 失業率が今よりも1パーセンテージポイント(たとえば3%から2%に)下がった時の物価上昇率の変化はどのようになると考えられますか。問題文中の近似的な直線（y＝－0.2x＋0.8)を用いて計算し，以下の選択肢①～⑥の中から最も適切なものを選択して，その番号を解答用紙に記入しなさい。

① 0.2パーセンテージポイント上昇する。

② 0.2パーセンテージポイント下落する。

③ 0.6パーセンテージポイント上昇する。

④ 0.6パーセンテージポイント下落する。

⑤ 0.8パーセンテージポイント上昇する。

⑥ 0.8パーセンテージポイント下落する。

V 産業革命によって，イギリスは，安価な機械製綿布を自ら大量に生産できるようになった。その結果，産業革命以前にはインドから大量の綿布を輸入していたイギリスは，産業革命開始後しばらくして，インド産綿布の大量輸入を事実上終了した。さらにイギリスは，産業革命により安価になった機械製綿布をインドに輸出するようになった。

図3は，産業革命開始以降の，イギリスにおけるイギリス産機械製綿布価格，ならびにインドにおけるインド産綿布価格の推移を示している。なお，図中双方の綿布価格とも，銀の重さを1単位として表記している。

図3を見て，以下の二つの問いに答えなさい。ただし，①イギリス産機械製綿布とインド産綿布の間に，品質による差はない，②輸出・輸入にかかる輸送費などの費用は，図の期間を通じ無視できる，という仮定のもとに解答を作成しなさい。

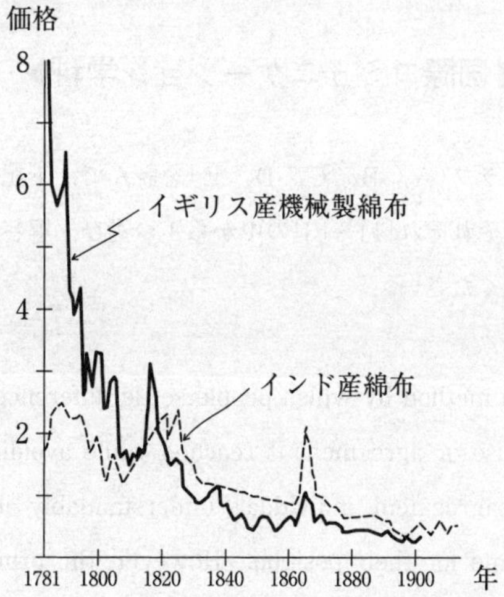

図 3　イギリス綿布とインド綿布の価格

出典：ロバート・アレン(2012)『なぜ豊かな国と貧しい国が生まれたのか』をもとに作成。

(注)　なお，元データでは，データ欠損のため，1805 年ころから 1860 年代前半まで，ところどころインド産綿布価格が記されていない。図では，欠損したデータを直線でつないでいる。

問 1　図 3 から，イギリスがインド産綿布の大量輸入を事実上終了したのは，次の 5 つの時期のうち，どの時期だと考えられるか。最も適切と考えられる時期の番号を，選択肢のなかから一つ選択し，その番号を解答用紙に記入しなさい。

① 1780 年以前

② 1781 年から 1800 年の間

③ 1820 年から 1840 年の間

④ 1860 年から 1880 年の間

⑤ 1900 年以降

問 2　問 1 で答えた時期を選んだ理由を，100 字以内で解答しなさい。

◀国際コミュニケーション学科▶

I 次の5つのパラグラフ(A，B，C，D，E)を読んで，下記の設問の答えとして最も適切なものをそれぞれ[1]～[3]の中から1つ選び，解答用紙(その1)の1から10にマークしてください。

A. Negotiation is a method by which people settle differences. It is a process by which compromise or agreement is reached while avoiding argument and dispute. In any disagreement, individuals understandably aim to achieve the best possible outcome for their position. However, the principles of fairness, seeking mutual benefit, and maintaining a relationship are the keys to a successful outcome. Specific forms of negotiation are used in many situations: international affairs, the legal system, government, industrial disputes, or domestic relationships are examples. A win-win outcome is one in which both sides feel they have gained something positive through the process of negotiation and that their point of view has been taken into consideration. Agreement can be achieved once understanding of both sides' viewpoints and interests has been considered. It is essential for everybody involved to keep an open mind in order to achieve an acceptable solution. Any agreement needs to be made perfectly clear so that both sides know what has been decided. If the process of negotiation breaks down and agreement cannot be reached, then rescheduling a further meeting is called for. At the subsequent meeting, any new ideas or interests should be taken into account and the situation looked at afresh. It may also be helpful to look at other alternative solutions and/or bring in another person to mediate.

1. What is essential when negotiating with others?

[1] It is essential that we avoid arguments and disputes by making sure that we achieve the best possible outcome for our own position.

出典追記：What is Negotiation?, SkillsYouNeed

[2] It is essential that we be fair with each other, find solutions that are beneficial to both sides, and continue to have good relations with each other.

[3] It is essential that we reschedule a future meeting so that any new ideas or interests may be considered and alternative solutions can be proposed.

2. You and your friend want to go to a restaurant together. You want to eat Chinese food. Your friend wants to eat Italian food. Which of the following statements best describes a "win-win outcome" as described in the text?

[1] You talk more and find out that you both like Indian food, so the two of you decide to go to an Indian restaurant.

[2] You both agree to stay home since neither you nor your friend is willing to give in to the other and it is the best way to avoid having an argument.

[3] You both find another person to mediate and agree to let that person make a final decision as to whether the two of you will go to a Chinese or an Italian restaurant.

B. The World Health Organization (WHO) is the UN agency charged with spearheading international public health efforts. In its seventy-year life, the WHO has logged both successes, such as eradicating smallpox, and perceived failures, such as its delayed response to the Ebola outbreak in 2014. In response, the WHO has undertaken reforms to improve its ability to fight future epidemics and boost the health of the hundreds of millions of people still living in extreme poverty. Created in 1948 as part of the United Nations, the WHO has a broad mandate to guide and coordinate international health policy. Its primary activities include developing partnerships with other global health initiatives, conducting research, providing technical support, and monitoring health trends around the world. Some of the WHO's most lauded successes include its child vaccination programs, which contributed to the eradication of smallpox in 1979 and a 99 percent reduction in polio infections in recent decades, and its leadership during the 2003 severe acute respiratory syndrome (SARS) epidemic.

3. What is the main purpose of the World Health Organization?

[1] The main purpose of the WHO is to undertake reforms that improve its ability to fight future epidemics and improve the health of people who still live in severe poverty.

[2] The main purpose of the WHO is to guide and coordinate health policy across nations through activities such as conducting research and monitoring health trends around the world.

[3] The main purpose of the WHO is to eradicate smallpox and reduce polio infections, as well as to assume leadership if there is another outbreak of the SARS epidemic.

4. How effective has the WHO been in responding to international health problems?

[1] Its performance has been perfect. The WHO has successfully responded to every major health problem that has occurred in the world since its founding in 1948.

[2] The failures far outweigh the successes. Although it has attempted to reform itself, the WHO has not yet fulfilled its mandate to spearhead international public health efforts.

[3] The record is mixed. Although the WHO has many highly praised successes, some people think that it responded too slowly to the outbreak of Ebola in 2014.

C. The history of the politics of nation-state [an independent country and its government considered together] building reveals how the conscious

出典追記：[B] What Does the World Health Organization Do?, Council on Foreign Relations promotion of language convergence [everyone using the same language] was part of the development of the nation-state. The national language takes on a number of important roles in the nation-building process. First, it has a utilitarian [useful and practical] role. It becomes the medium of communication which permits the nation to function efficiently in its political and economic life, particularly as democracy develops. Second, a unified language is held to promote cohesion [people feeling close together], allowing the nation to develop a shared culture. There is a symbolic dimension to this: to know and to use the national language is part of the definition of belonging to the nation. Third, if it can be demonstrated that the language of the group is both different from that of neighbours and with some measure of inner cohesion, this can be used as one of the arguments in any bid to be treated as a separate nation. Thus the political leaders of the nationalist era of both actual and aspirant [countries hoping to become] nation-states believed that it was essential to encourage a single community of communication.

5. Which of the following statements is supported by the passage?

[1] Political leaders in the nationalist era pursue having a shared language with neighbouring countries in order to promote international political debate, which is an important part of the nation-building process.

[2] Political leaders in the nationalist era make efforts to have a unified language among people in their countries so that citizens can communicate effectively with each other, which is important to the nation-building process.

[3] Political leaders in the nationalist era make efforts to have a single recognized language in their countries so that the leaders of other nations will admit them into international organizations which encourage a single community of communication.

6. Which of the following policies would probably be supported by nationalist

出典追記：Language Policy and Language Planning by Sue Wright, Palgrave Macmillan political leaders in countries that have a variety of regional languages?

[1] Selecting one of the regional languages to be the sole language for the entire nation.

[2] Choosing a global language such as English to be the single language of the entire nation.

[3] Cherishing the variety of regional languages and adopt all of them as national languages.

D. In the humanities, property is theft, violence, the cause of wars and quarrels in the world. To biologists, property is the possession or defense of food, mates, or territory. By that account many animals have property. But property is not inherently evil, and in fact indicates a willingness to respect that what is "yours" by definition cannot be "mine." Recognizing this trait sets Homo sapiens apart from the rest of the animal kingdom. Humans have the custom of property because when our body sees, hears, and touches the physical world, it connects a certain person to a certain thing by classifying the thing as "mine." Homo sapiens is the only animal whose mind classifies a thing as "mine." Primatologists [scientists who study apes, monkeys, humans, etc.] have good reason to believe that chimpanzees think things like "I want this," but "I want this" does not mean the same thing as "This is mine" in the human animal [i.e., humans as members of the biological animal kingdom]. Mine means mine and it serves as the core for the custom of property in all human groups. In every language someone can say, "This is mine."

7. According to the passage, which of the following statements is true?

[1] Humans are the only animals that have the concept of "ownership."

[2] All animals have the concept of "ownership."

[3] Chimpanzees have a stronger concept of "ownership" than humans.

8. Which of the following statements CANNOT be inferred from the

information given in the passage?

[1] The ability to classify objects into those belonging to "me" and those belonging to "you" is a trait that is unique to humans.

[2] Primatologists believe that the desire chimpanzees have for objects does not in itself mean that they have a sense that something belongs to them.

[3] The concept of "property" is identical in the humanities and biology.

E. Media bias is the bias of journalists and news producers within the mass media, concerning the selection of events and stories that are reported, and how they are covered. The term "media bias" implies a pervasive or widespread bias contravening [going against] the standards of journalism, rather than the perspective of an individual journalist or article. The direction and degree of media bias in various countries are widely disputed. Practical limitations to media neutrality include the inability of journalists to report all available stories and facts, and the requirement that selected facts be linked into a coherent narrative. Because it is impossible to report everything, selectivity is inevitable. Government influence, including overt and covert [open and hidden] censorship, biases the media in some countries. Market forces that result in a biased presentation include the ownership of the news source, concentration of media ownership, the selection of staff, the preferences of an intended audience, and pressure from advertisers.

9. Which of the following best describes the main topic of the passage?

[1] How journalists link selected facts into a coherent narrative.

[2] Various aspects of media bias.

[3] What kind of negative effects media bias brings about.

10. Which of the following is an instance of a practical limitation to media neutrality as mentioned in the passage?

［1］ Censorship by the government and pressures from the market.

［2］ The perspective of an individual journalist.

［3］ The impossibility of reporting everything happening in the world.

Ⅱ 次の文章を読んで，下記の３つの設問に答えてください。解答用紙（その２）を使ってください。

Free trade agreements [FTAs] are treaties that regulate the tariffs, taxes, and duties that countries impose on their imports and exports. The most well-known U.S. regional free trade agreement is the North American Free Trade Agreement [NAFTA, recently renegotiated as the United States — Mexico — Canada Agreement (USMCA)]. The advantages and disadvantages of free trade agreements affect jobs, business growth, and living standards. Key takeaways [some main points]:

Free trade agreements are contracts between countries to allow access to their markets. FTAs can force local industries to become more competitive and rely less on government subsidies [financial support]. They can open new markets, increase GDP [Gross Domestic Product], and invite new investments. However, FTAs can also open a country to degradation [deterioration] of natural resources, loss of traditional livelihoods, and local employment issues. Countries must balance the domestic benefits of free trade agreements with their consequences.

Free trade agreements are designed to increase trade between two or more countries. Increased international trade has the following six main advantages:

(1) Increased Economic Growth: The U.S. International Trade Commission estimated that NAFTA [now USMCA] could increase U.S. economic growth by 0.1%－0.5% a year.

(2) More Dynamic Business Climate: Without free trade agreements,

countries often protected their domestic industries and businesses. This protection often made them stagnant [they made no progress] and non-competitive on the global market. With the protection removed, they became motivated to become true global competitors.

(3) Lower Government Spending: Many governments subsidize local industries. After the trade agreement removes subsidies, those funds can be put to better use.

(4) Foreign Direct Investment: Investors will flock to the country. This adds capital to expand local industries and boost domestic businesses. It also brings in U.S. dollars to many formerly isolated countries.

(5) Expertise: Global companies have more expertise than domestic companies to develop local resources. That's especially true in mining, oil drilling, and manufacturing. Free trade agreements allow global firms access to these business opportunities. When the multinationals partner with local firms to develop the resources, they train them on the best practices. That gives local firms access to these new methods.

(6) Technology Transfer: Local companies also receive access to the latest technologies from their multinational partners. As local economies grow, so do job opportunities. Multinational companies provide job training to local employees.

The biggest criticism of free trade agreements is that they are responsible for job outsourcing. There are seven total disadvantages.

(1) Increased Job Outsourcing: Why does that happen? Reducing tariffs on imports allows companies to expand to other countries. Without tariffs, imports from countries with a low cost of living cost less. It makes it difficult for U.S. companies in those same industries to compete, so they may reduce their workforce. Many U.S. manufacturing industries did, in fact, lay off workers as a result of NAFTA. One of the biggest criticisms of NAFTA is that it sent [American] jobs to Mexico.

(2) Theft of Intellectual Property: Many developing countries don't have

laws to protect patents, inventions, and new processes. The laws they do have aren't always strictly enforced. As a result, corporations often have their ideas stolen. They must then compete with lower-priced domestic knock-offs [imitation products].

(3) Crowd Out Domestic Industries: Many emerging markets are traditional economies that rely on farming for most employment. These small family farms can't compete with subsidized agribusinesses in the developed countries. As a result, they lose their farms and must look for work in the cities. This aggravates [worsens] unemployment, crime, and poverty.

(4) Poor Working Conditions: Multinational companies may outsource jobs to emerging market countries without adequate labor protections. As a result, women and children are often subjected to grueling [very difficult] factory jobs in sub-standard conditions.

(5) Degradation of Natural Resources: Emerging market countries often don't have many environmental protections. Free trade leads to depletion of timber, minerals, and other natural resources. Deforestation and strip-mining reduce their jungles and fields to wastelands.

(6) Destruction of Native Cultures: As development moves into isolated areas, indigenous cultures can be destroyed. Local peoples are uprooted. Many suffer disease and death when their resources are polluted.

(7) Reduced Tax Revenue: Many smaller countries struggle to replace revenue lost from import tariffs and fees.

Trade protectionism is rarely the answer. High tariffs only protect domestic industries in the short term. In the long term, global corporations will hire the cheapest workers wherever they are in the world to make higher profits.

A better solution than protectionism is the inclusion of regulations within trade agreements that protect against the disadvantages. Environmental safeguards can prevent the destruction of natural resources and cultures. Labor laws prevent poor working conditions. The World Trade Organization enforces free trade agreement regulations.

Developed economies can reduce their agribusiness subsidies, keeping emerging market farmers in business. They can help local farmers develop sustainable practices. They can then market them as such to consumers who value that. Countries can insist that foreign companies build local factories as part of the agreement. They can require these companies to share technology and train local workers.

1. Write a title for this passage in English which clearly indicates its main topic.

2. 上記の文章の要旨を 150 字以上 200 字以内(句読点を含む)の日本語でまとめてください。

3. Write a short essay of not more than 80 words in English in which you answer the following question: What is your opinion about free trade agreements? Should they be encouraged or restricted? State your opinion and give reasons to support it.

解答編

論述・総合問題

◀国際政治学科▶

I **解答**　問1．③　問2．①　問3．test
問4．②　問5．②　問6．②

◀解　説▶

≪核兵器廃絶への国際的な取り組み≫

核軍縮は「政治・経済」で頻出テーマであるが，本問では細かい知識も問われているうえ，（おそらく大半の受験生が読み慣れていない）英文の条約を読解する必要もある。総じて難度が高いといえる。

問1・問2．条約A～Dの中で最初に成立した（採択された）ものと最後に成立したものを選ぶ。各条約の成立を時系列に並べると，以下のとおり。

1963年　部分的核実験禁止条約（PTBT）
1968年　核兵器拡散防止条約（NPT）
1996年　包括的核実験禁止条約（CTBT）
2017年　核兵器禁止条約（TPNW）

この4条約がA～Dのどれに該当するかは簡単に見極められないため，条文をよく読み，消去法で考える。まず，比較的手掛かりがつかみやすいのがBで，条文の冒頭にEach nuclear-weapon State Party … undertakes not to transfer … とある。これは「核保有国が（核兵器を他国に）譲渡しない」という主旨であることから，核兵器拡散防止条約と判断できる。なお，条約AのArticle 1(b)にもundertakes never … toの対象として，Transferが明記されているが，(a)(c)～(g)の冒頭にも動詞が列挙されており，禁じられる行為は広範であるのに対し，条約BではTransferの他は，非核保有国による核兵器製造等のassist, encourage, or induceに限られていることにも留意したい。

次に，条約Cは，Article Iの1冒頭で核実験（問3の解説で後述）・核爆発を禁止すると規定し，その禁止対象となる場所，環境を(a)以下で明記している。(a)ではin the atmosphere; beyond its limits, including outer space; or under waterとある。ここには「地下」が含まれていない。地下核実験が禁止対象外であることは，部分的核実験禁止条約の特徴であり，包括的核実験禁止条約との重要な違いである。よって，Cは部分的核実験禁止条約と推定できる。

そうすると，残る選択肢はA・Dと，包括的核実験禁止条約，核兵器禁止条約である。条約Aでは，各締約国（Each State Party）が，(a)～(g)の各項にあるように，核兵器の開発，実験，製造，備蓄，移譲，受領，使用，威嚇のための使用等をいかなる場合にも一切行わない，と規定している。この文面の細かさからも推察できるように，核廃絶に向けて踏み込んだ内容となっている。よって，核兵器禁止条約である。なお，核兵器禁止条約は，核保有国の核抑止力に依存する日本は参加していない。最後に残ったDが包括的核実験禁止条約である。

以上をまとめると，A：核兵器禁止条約，B：核兵器拡散防止条約，C：部分的核実験禁止条約，D：包括的核実験禁止条約。最初に成立した条約としては，③「条約C」が適当。最後に成立した条約としては，①「条約A」が適当。

問3．空欄αに入る4文字の英単語を記述する。まずαの形としては，条約Aの(a)直前に不定詞のtoが置かれ，developやproduceという動詞に挟まれている一方，条約C・Dではexplosion(s)と共に目的語をなす単語である。よって，動詞にも名詞（または形容詞）にもなる単語であることが条件となる。次に，核兵器廃絶の文脈では，複数の条約名に象徴されるように，「核実験」が重要な意味をもつことを想起する（PTBT: Partial Test Ban Treaty, CTBT: Comprehensive Nuclear Test Ban Treaty）。以上から，実験を意味するtestが適当。

問4．A～Dの条約が採択された際の各国の投票行動を選ぶ。やや複雑な問題ではあるが，選択肢の組み合わせは限られるので，消去法で解答したい。まず，表の5カ国はいずれも核保有国である。すべての国が「不参加」となっている投票行動3は核兵器禁止条約（A）である。核兵器禁止条約は，核保有国が強固に反対し，核の傘の下にある国も不参加である。また，「採択に付されていない」投票行動4は部分的核実験禁止条約（C）で，米国・英国・ソ連の間で成立したものである。中国が不参加，フランスが棄権としている投票行動1は，核兵器拡散防止条約（B）である。核兵器拡散防止条約の成立当初この2カ国は参加しなかった。なお，包括的核実験禁止条約（D）は，中国と米国などが批准せず発効していないが，両国とも署名（賛成）はしており，投票行動2と整合する。よって，②が適当。

問5．資料5の日本の宣言がA～Dのどの条約に対するものなのかを選ぶ。資料5の第1段落の「核兵器の拡散を防止することは…この条約の精神に賛成」という部分から，核兵器拡散防止条約に関する宣言だと判断できる。よって，②の「条約B」が適当。

問6．条約A～Dのうち，日本に対して効力が発生している条約の数を選ぶ。日本に対して効力が発生するには，日本が当該条約を批准していることだけでなく，そもそも条約自体が発効していなければならない。日本は，核兵器禁止条約以外の3条約は批准しているが，包括的核実験禁止条約は（問4の解説で言及したとおり）中国や米国などの未批准により，発効していない。よって，②の「2つ」が適当。

　**解答**　問1．米国が核軍縮に取り組む姿勢を明確に示したこと。（16字以上25字以内）

問2．核兵器禁止条約への態度に明確な違いが生じたこと。（16字以上25字以内）

◀解　説▶

≪国連における日本の核兵器廃絶決議案≫

問1．国連総会における日本の核兵器廃絶決議案に関し，共同提案国の数が2009年に急増し，その後100カ国前後で推移した背景を，資料6・7を踏まえて字数内で記述する。資料6・7とも核兵器廃絶に関するオバマ元米国大統領の演説等の一節である。資料6は，「核なき世界」を掲げた2009年のプラハ演説（第1段第4文のthe Czech Republicがヒントとなる），資料7は2010年に米国とロシアが新戦略兵器削減条約を締結した際に行った演説である（第2文のa new Strategic Arms Reduction

Treaty が新 START)。2つの資料を踏まえれば，米国の主導で核兵器廃絶の機運が高まったと考えるのが自然である。

問2．共同提案国の数が 2016 年を境に大幅に減少している背景を，表を踏まえて字数内で記述する。表を見ると，共同提案国のうち，核兵器禁止条約の採択に賛成した国の数が顕著に減少しており，同条約の採択に反対・棄権した国や交渉に不参加の国の数はあまり変わらない。Ⅰ問1・問2の解説の通り核兵器禁止条約が国連で採択されたのは 2017 年である。よって，日本が同条約の交渉に参加しなかったことで決議案への賛同を得にくくなり，共同提案国の減少につながったと推測できる。

Ⅲ 解答

問1．the Northern Territories Issue between Japan and Russia（5ワード以上8ワード以内）

問2．ア－①　イ－①　ウ－⓪　エ－①

オ－⓪　カ－⓪　キ－⓪　ク－⓪

問3．④　問4．exchange　問5．①

問6．北方領土は日本固有の領土であるとの認識に立つから。(16 字以上 25 字以内)

◀解　説▶

≪北方領土問題≫

問1．βに入る英語を記述する。資料1～9すべてに共通するテーマは，北方領土問題である。これを語数内で英訳する。〔解答〕では日本政府の立場に沿って issue という語を用いたが，第三者の視点を重視して主権を巡る領土紛争というニュアンスを込める場合は dispute と表現することが多い。

問2．資料1～9から読み取れる内容に基づき，ア～クの正誤を判断する。

ア．正文。資料 4 の第 2 段第 2 文に，It was under the Treaty of Portsmouth of 1905 … that South Sakhalin became also Japanese territory. とあり，アの記述と一致する。

イ．正文。資料5で，サンフランシスコ平和条約で日本が主権を放棄した千島列島（クリル・アイランド）がどこを指すのか，という高倉委員の質問に対し，西村政府委員の答弁では「條約にある千島列島の範囲については，北千島と南千島の両者を含む」とあり，イの記述と一致する。

ウ．誤文。ソ連は，サンフランシスコ平和条約に調印しておらず，同条約の規定は適用されない。

エ．正文。資料4の最終段第2文に the islands of Habomai and Shikotan, constituting part of Hokkaido, つまり「(日本の本土である）北海道の一部を構成する歯舞群島と色丹島」と吉田茂首相は明言しており，エの記述と一致する。

オ．誤文。資料6に「ソヴィエト社会主義共和国連邦は…歯舞群島及び色丹島を日本国に引き渡すことに同意」とあるが，「日本固有の領土」とは認めていない。

カ．誤文。資料7からは，「日本は北方領土の帰属についてソ連の立場を一部認める」旨の内容は読み取れない。

キ．誤文。資料8の最終文に「日本国とソ連邦との間のすべての条約…は日本国とロシア連邦との間で引き続き適用される」とあり，日ソ共同宣言は無効とはなっていない。

ク．誤文。資料9の第67条第2.1項には，「隣国との…国境の画定…を除く」という留保が付されており，すべての領土割譲活動が憲法違反となるわけではない。

問3．日ソ中立条約が失効した年月日を資料1・2から読み取って選ぶ。資料1の日ソ中立条約は第三条で「右期間満了ノ一年前ニ本条約ノ廃棄ヲ通告セサルトキハ」5年間延長されると規定されているが，資料2の覚書で「日『ソ』中立条約ハ…存続ハ不可能」とし「明年四月期限満了後延長セサル意向」とある。よって，この覚書の明年つまり翌年（日ソ中立条約発効の5年後に当たる）1946年4月25日に満了，失効したと考えられる。④が適当。

問4．γに入る8文字の英単語を記述する。資料4の第1段では，日露両国人の混住の地であった千島と南樺太の扱いについて，平和的交渉を経て，1875年5月に合意に至った内容が述べられている。この合意とは樺太・千島交換条約のことである。一方，γを含む英文の構造に注目すると，South Sakhalin was made Russian territory とある。これに続く日本に関する記述も類似した形になると推測でき，the North Kuriles were [in γ] made Japanese territory と，[in γ] を熟語や句として捉えるのが自然である。第2段でも，under the name of “γ” をかたまりで捉えないと，文法上成立しない。γ は前置詞の直後にあるため，名詞でなければならない。以上のとおり，文脈，英文の構造，字数制限から，樺太・千島交換条約の「交換」を意味する exchange が適当。

問 6．日本国民による北方領土への訪問が「無査証」で行われる理由を 16〜25 字で記述する。査証とはビザを指す。日本政府は「北方領土は日本固有の領土」との立場をとっている。したがって，北方領土への訪問は本来国内移動であって，ビザを取得しての訪問や北方領土内でのロシア法に服する行為は，ロシアの主権を認めることにつながってしまう。

Ⅳ **解答** 問 1．通商や投資等が活発で，経済的なつながりが深いこと。(16 字以上 25 字以内)

旅行者や在留者が多く，人的交流が盛んであること。(16 字以上 25 字以内)

問 2．①　【理由】様々な企業の工場があり，日系人を中心にブラジル人労働者が多く居住しているから。(31 字以上 40 字以内)

問 3．②

問 4．⑤　【理由】県内各地に米軍基地があり，米軍関係者等の保護や情報収集を行う必要があるため。(31 字以上 40 字以内)

問 5．①　問 6．③　問 7．②

◀解　説▶

≪総領事館≫

総領事館は，異国の地で暮らす自国民の保護や事務サポート，通商問題の処理，情報収集，文化活動などのために海外に設置される拠点である。これらの役割は，受験生の多くには馴染みが薄いと思われるが，問題文の資料〔領事関係に関するウィーン条約〕の第 5 条（領事任務）の(b)に明記されている。なお，同じく在外公館と呼ばれる大使館が首都に置かれ，外交を担うのに対し，領事館は主要都市に置かれ，自国民の保護や通商促進などを主な任務とする。

問 1．C 国において，日本国総領事館の数が最多である理由を 16〜25 字で 2 つ記述する。総領事館の設置は，その任務に鑑みれば，相手国の領域内に自国民が多数滞在・居住していることが大前提である。したがって，一国内に多数の日本総領事館が開設されているということは，当該国の幅広い地域に多数の日本国民が存在するという事実を意味する。また，長年にわたり，経済的にも深い関係をもつ国家間でなければ実現しないと考えられる。なお，以上の理由から想像できるようにC国は米国である。

問2．f市に総領事館を開設している国を選び，その設置理由を31～40字で記述する。国名は①「ブラジル」が適当。f市は静岡県の浜松市である。浜松市には楽器メーカーのヤマハやカワイ，自動車や二輪車のメーカーであるホンダやスズキが工場を構えており，多くのブラジル人が働いていることで知られている。ブラジルには日系人が多く，在留資格を得やすかったという事情もある。

問4．k市に総領事館を開設している国を選び，その設置理由を31～40字で記述する。国名は⑤「米国」が適当。k市は沖縄県浦添市である（なお，名称は在那覇米国総領事館）。米軍基地が置かれている沖縄には，米国人が多く居住しており，この点が開設理由となっていることは想像しやすいだろう。

問5～問7．領事関係に関するウィーン条約の空欄に補充すべき語句を選ぶ。文字通り，派遣国は派遣する側の国，接受国は受け入れる側の国である。具体的に考えればさほど難しくない。例えば，日本の領域内に米国が総領事館を設置する場合，日本の主権を侵害することは許されず，日本の同意が必要であるし，米国側は米国民の利益保護に努めるのが当然である。

◀国際経済学科▶

I **解答** 問1．③　問2．④　問3．④

◀解　説▶

≪効率的な組織管理の方法≫

問1．空欄(a)に入る英単語を選ぶ。空欄の直前の部分では，テイラーが各労働者の生産性に違いが存在することに気づき，全員の作業をトップスピードに上げる最適な方法を模索している。空欄(a)にはその答えが入る。空欄の直後の文章で discover the “one best way” to do any given task とあり，続く文章でも the most efficient way を見出し，それをすべての労働者に確実に実践させるとある。これは，最も効率的な方法で統一化，画一化するという意味なので，③Standardization が適当。日本語の「業務標準化」や「手続きの標準化」などの言葉を想起したい。なお課題文のキーワードでもある科学的管理法（scientific management）は，第1段に記載のとおりフレデリック＝テイラーが提唱した組織管理の方法であり，現代経営学の原点でもある。

問2．空欄(b)に入る英単語を選ぶ。空欄(b)を含む文章の前の段落からヒントを探す。問1と関連するが，テイラーが考えた科学的管理法とは，労働者の作業を最も効率的な1つの方法で統一することにある。つまり，労働者の個々の能力に依存しない方法であり，労働者を置き換え可能な存在とみなしていることになる。よって「交換可能」という意味である④interchangeable が適当。②inconvertible「交換できない」は逆の意味であるし，①significant「重要な」や③intangible「無形の」も科学的管理法における労働者の存在を表すには適切ではない。

問3．④が適当。第3段第3文の Decisions on how to deploy organizational resources have to be based on information という部分が根拠となる。

①不適。問2で見たとおり，経営にとっては，労働者は替えがきく存在であることが重要である。

②不適。最終段第1文に … the facts and figures need to be distributed

to those who need them. とあり，情報は経営者のみに集中させるのではなく，必要な人に与えるべきとある。

③不適。最終段第4文に Top managers should occupy themselves with the larger strategic questions … とあり，「問題の大小にかかわらず意思決定を下すべき」とは書かれていない。

解答　問1．④　問2．⑤　問3．②
問4．①　問5．②　問6．⑤

◀解　説▶

≪19世紀以降の国際情勢≫

いずれも基本事項なので確実に押さえておきたい。

問4．①が適当。征韓論（1873年）→壬午軍乱（1882年）→日清戦争（1894〜95年）→韓国併合（1910年）の順で起こった。

問6．⑤の「スペイン」が適当。G20はG7に中国やブラジルなどの新興国とEUを加えた集まり。スペインはEU加盟国ではあるが，単独でG20メンバーとなっているわけではない。G20サミットは2008年のリーマンショックを機に開催されるようになった。

Ⅲ　**解答**　再犯者率の増加は，①初犯者数が減少，再犯者数が増加または不変の場合だけでなく，②初犯者数と再犯者数が共に減少の場合にも起こり得る。特に②では，初犯者数の減少率よりも再犯者数の減少率が低い場合に再犯者率が増加する。図1では初犯者数と再犯者率しか注目していないが，再犯者数と減少率も考慮する必要がある。（150字以内）

◀解　説▶

≪再犯者率の分析≫

図1のように再犯者率が増加傾向にある理由について，「初犯者数の減少によって生じている」という説明が必ずしも十分ではない理由を150字以内で説明する。再犯者率の増加についての説明が不十分な点を考える際の手掛かりとして，図1と説明には描かれていない要素に着眼する必要がある。問題文で定義されている「再犯者率＝再犯者数／(初犯者数＋再犯者数)×100」のうち，欠けている要素は再犯者数である。再犯者率の増加

につながる再犯者数の変化を挙げて，字数内にまとめればよい。

初犯者数が減少し，再犯者数が増加する（または不変である）場合は当然想像しやすいが，「再犯者数が減少してもそれ以上に初犯者数が減少すれば，再犯者率は増加する」という点に言及できるかがポイントとなる。なお「初犯者数の減少」は事実であり，論述の前提となっている。初犯者数が増加するケースをあえて引き合いに出す必要はないだろう。

Ⅳ 解答

問1．②

問2．図2から読み取れるのは，物価が高くなるほど失業率が低くなるという傾向，すなわち負の相関関係にすぎず，物価上昇率と失業率のいずれか一方が原因となって他方という結果を引き起こすという因果関係ではないから。(100字以内)

問3．①

◀解　説▶

≪物価上昇率と失業率の相関関係≫

問1・問2.「物価の上昇が失業率の下落を引き起こす」という命題が，物価上昇率と失業率に関する図2の散布図と近似直線のみから正しいと言えるか否かを判断し，その根拠を説明する。この命題は，物価の上昇という原因が，失業率の下落という結果を生じさせる，ということを意味しており，因果関係について述べたものである。一方，図2は，物価上昇率と失業率の関係を表しているが，それは例えば，散布図から読み取れるような，物価上昇率が高いときには失業率は低いといった関係，あるいは近似直線から読み取れるような，失業率が高くなると物価上昇率は低くなるといった関係などであり，両者の関係性の大まかな傾向に過ぎない。こうした2つの事象の変化に連関が見られる関係性は，相関関係と呼ばれ，2つの変化の方向性が同じ場合を正の相関関係，異なる場合を負の相関関係という。つまり，図2から読み取れる物価上昇率と失業率の関係性は負の相関関係であり，一方の変化が原因となって他方の変化を引き起こすという因果関係までは読み取れない。したがって，物価上昇率と失業率に関する図2の散布図と近似直線のみから命題が正しいという証拠は得られない。以上から，問1は②「言えない。」が適当。なお，相関関係と因果関係の違いについては頻出事項なので，しっかりと理解しておきたい。

問3．近似直線の式（$y=-0.2x+0.8$）に具体的な数値を当てはめて計算してみればわかる。たとえば失業率xが3％から2％へと1パーセンテージポイント下がったとする。$x=3$のときの物価上昇率は$y=-0.2\times3+0.8=0.2$，$x=2$のときは$y=-0.2\times2+0.8=0.4$となるので，yは$0.4-0.2=0.2$パーセンテージポイント上昇する。よって①が適当。

V **解答** 問1．③

問2．1820年頃を境に，イギリス産機械製綿布の価格がインド産を下回っている。イギリス産綿布が同じ品質のインド産よりも安くなれば，イギリスがインド産を大量輸入するメリットはなくなるため，この時期だと考えられる。（100字以内）

◀解　説▶

≪産業革命による英印綿布貿易の変化≫

問1・問2．図3からイギリスがインド産綿布の大量輸入を事実上終了した時期を推定し，その理由を説明する。問題文には，産業革命開始後，イギリスはインド産綿布の輸入を終了し，安くなった自国産の機械製綿布をインドに輸出するようになったとある。加えて，①イギリス産とインド産の綿布の間に品質の差はなく，②輸出入にかかる輸送費などの費用も無視できる（つまり綿布価格に上乗せされない）とあり，①と②の仮定から，英印間の綿布貿易の動向は両国の綿布価格の格差のみによって決まる，と議論を単純化できる。したがって，イギリス産機械製綿布の価格がインド産綿布の価格を下回り，それが定着した時期がイギリスによるインド産綿布の大量輸入が事実上終了した時期と考えられる。

図3をみると，イギリス産機械製綿布の価格は1780年代から1810年代を通じて，揺り戻しを繰り返しつつも急激に下落し，1820年頃にインド産を下回っている。1830年代には一時両者の価格が同水準になる局面も見られたが，1840年代以降もイギリス産綿布の価格がインド産のそれを下回る状況が続いた。よって，問1は③の「1820年から1840年の間」が適当。問2では，イギリスにとってのインド産綿布輸入のメリットを価格の観点から字数内で説明すればよい。

◀国際コミュニケーション学科▶

I **解答** 1－2　2－1　3－2　4－3　5－2　6－1
7－1　8－3　9－2　10－3

◆全　訳◆

A．≪交渉の手法とは≫

交渉は人々が相違点を解決する手法である。それは，口論や争いを避けつつ妥協あるいは合意に達するプロセスである。あらゆる相違において，もっともなことであるが，人は自分たちの立場のために可能な限り最高の結果を成し遂げることを目指す。しかしながら公正の原理，お互いの利益を求めること，そして関係を維持することが成功といえる結果の鍵である。特定の交渉の形式が多くの状況において用いられる。国際問題，法制度，政府，産業における争い，家庭関係といったものが例である。双方に利益となる結果は，双方が交渉のプロセスを通じて何か建設的なものを得て，自分たちの視点が考慮されたと感じるものである。合意の達成が可能となるのは，双方の観点及び利益の理解が考慮されたときである。受け入れ可能な解決策を達成するため，関係者全員が心を開いた状態にしておくことが不可欠である。あらゆる合意は，双方が何が決められたのかを知っておけるよう，完全に明確にされる必要がある。もしも交渉のプロセスが決裂し，合意に達することができなければ，さらなる会合の再調整が求められる。後に続く会合では，あらゆる新しい考えもしくは利害が考慮され，状況があらためて検討されるべきである。他の代替となる解決策を検討する，及び（あるいは）別の仲裁者の参加も役に立つかもしれない。

B．≪WHO の主要な目的≫

世界保健機関（WHO）は国際的な公衆衛生活動の陣頭指揮を任されている国連の機関である。その 70 年の歴史において，WHO は天然痘の根絶のような成功及び 2014 年のエボラの大流行の際の対応の遅れのような，失敗だと受け取られていることの両方を記録してきた。対して，WHO は将来の伝染病と戦う能力を改善し，今なお極度の貧困の中で暮らしている何億もの人々の健康を促進するため，改革に着手している。1948 年に国連の一部として創設された WHO は，国際的な医療政策を指導し，調整するための幅広い権能を有している。その主要な活動には，他のグローバルな健康関係の取り組みとの提携を進展させることや，調査研究を行うこと，技術的な支援を提供すること，そして世界中の健康に関する傾向を監視することが含まれる。WHOの最も称賛されている成功の中には，1979年に天然痘を根絶し，最近数十年においてポリオの感染を99%減少させることに貢献した子供のワクチン接種プログラムや，2003年の重症急性呼吸器症候群（SARS）の世界的流行時におけるリーダーシップが含まれている。

C．≪国民国家における単一言語≫

国民国家（独立した国とその統治をまとめたものがそう見なされる）の建設の政治の歴史は，どのように言語収束（誰もが同じ言語を使うこと）の意識的な促進が国民国家の発展の一部であるかを明らかにする。公用語は国づくりの過程において数多くの重要な役割を担う。まず，実利的（役に立つ，実用的な）役割がある。公用語は，とりわけ民主主義が発達するにつれ，政治的・経済的な生活において国家が効率的に機能できるようにするコミュニケーションの伝達手段になる。次に，統合された言語は団結（人々がすぐ近くに一緒にいると感じること）を促進するために維持され，その国家が共通の文化を発達させるようにする。このことには象徴的な側面がある。公用語を知り使用することは，その国家に属しているという定義の一部なのだ。3つ目に，もしもある集団の言語が，その近隣の集団と異なり，かつある程度内部的な結束をもつことが立証されうるなら，このことは独立した国として取り扱われることを目指す根拠の1つとして利用されうる。それゆえ，国家主義者の時代における実際の国民国家と大望を抱いた（これからそうなろうとしている）国民国家の両方の政治的指導者は，単一の意思伝達の社会を奨励することが不可欠であると信じていた。

D．≪「所有する」という人間の特質≫

人文科学においては，所有物は窃盗，暴力，世界の戦争と不和の原因である。生物学者にとって，所有物とは，食料，仲間，あるいは縄張りを持っていること，あるいは守ることである。その説明によれば，多くの動物が所有物を持っていることになる。しかし，所有物は本質的に悪ではない。そして実際のところ，定義上「あなたのもの」は「私のもの」ではありえないことを進んで尊重するという意思を示している。この特質を認識することが，ホモ・サピエンスを動物界の他の動物から分けるのである。人間に所有という慣習があるのは，私たちの身体が物質的な世界を見たり聞いたり触れたりするとき，あるものを「私のもの」と分類することによってある人間をある特定のものに結びつけるからである。ホモ・サピエンスは，その意識があるものを「私のもの」であると分類する唯一の動物である。霊長類学者（類人猿，猿，人などを研究する科学者）には，チンパンジーが「私はこれが欲しい」といったことを考えていると信じる十分な理由があるが，「私はこれが欲しい」は，人間という動物（生物学的な動物界の一員としての人間）の「これは私のものである」と同じことを意味しない。私のものであるということは私のものであるということを意味し，それはすべての人間の集団における所有という慣習の核としての役割を果たす。すべての言語において，誰かが「これは私のものだ」と言い得るのである。

E．≪メディア・バイアスの原因≫

メディア・バイアス（メディアの偏見）はマス・メディア内のジャーナリストとニュースのプロデューサーの偏見であり，レポートされた出来事や物語の取捨選択とそれらをどのように報道するかに関するものである。「メディア・バイアス」という用語は，個別の人や記事の視点というよりもむしろ，ジャーナリズムの基準に違反する幅広く蔓延する偏見を意味する。さまざまな国におけるメディア・バイアスの程度とその方向は広範囲にわたる争点となっている。メディアの中立性に対する実際的な限界には，ジャーナリストがすべての入手できる物語や事実を報告することができないということ，そして選ばれた事実を首尾一貫した語り口に結び付けることが求められるということが含まれる。すべてを報告することが不可能なのだから，選択性は不可欠である。公然または非公然の（あからさまな，あるいは内密の）検閲を含む政府の影響がメディアにバイアスをかけている国々もある。バイアスのかかった発表という結果になる市場の力には，ニュースの情報源の持ち主，メディアの所有権の集中，スタッフの選定，ある意図された視聴者の嗜好，それから広告主からの圧力といったものが含まれる。

◀解　説▶

A．1．「他者と交渉する際，必要不可欠なことは何か」

第 4 文（However, the principles …）参照。公正の原理，双方の利益

を求める，関係の維持が成功の鍵とある。よって2の「互いに公平であり，双方に利益となる解決策を見つけ，良い関係を続けることが不可欠である」が正解となる。1の「自分の立場にとって可能な限り最高の結果を成し遂げるということを確実にすることにより，口論や争いを避けることが不可欠である」は本文に記述がない。第2文（It is a…）と第3文（In any disagreement, …）の一部をつなげただけの選択肢である。3の「あらゆる新たな考えや利益が考慮され，別の解決策が提案されうるように将来の会合を再調整することが不可欠である」も本文に記述はない。さらなる会合の調整が行われるのは，第10文（If the process…）以降にある「交渉が上手くいかなかった場合」である。

2.「あなたと友人は一緒にレストランに行きたい。あなたは中華が食べたい。友人はイタリア料理が食べたい。本文で『双方に利益となる結果』と描写されているものを最も上手く表現しているのは以下のどれか」

第6文（A win-win outcome…）及び第7文（Agreement can be…）参照。「交渉を通じて双方が肯定的なものを得る」ことと「互いの観点が考慮されること」が必要とある。これに当てはまるのは1の「より多くの話し合いをし，双方ともインド料理が好きだということが分かったので，2人はインド料理店に行くことを決める」である。2の「あなたたちはともに家にいることに合意をする。なぜならあなたも友人も相手の意見に屈しようとせず，口論をすることを避けるのにそれが最もよい方法だからである」は「双方が肯定的なものを得る」ことをしていないので不適。3の「あなたたちは仲介してくれる別の人を見つけ，その人にあなたたち2人が中華料理店に行くか，イタリア料理店に行くかどうかの最終決定をしてもらう」の「別の人」という表現は，最終文（It may also…）に「別の仲裁者」として出てくるものの，これは交渉が上手くいかなかった場合の手段であり「最終決定をしてもらう」という表現も本文にない。

B．3.「世界保健機関の主要な目的は何か」

第4文（Created in 1948…）及び第5文（Its primary activities…）の記述と一致する2の「WHOの主要な目的は，調査や世界中の健康に関する動向の監視といった活動を通じて国際的な医療政策を指導し，調整することである」が正解。1の「WHOの主要な目的は，将来の伝染病と戦う能力を向上させ，今なお極度の貧困で暮らす人々の健康を向上させる改革に着手することである」は，第3文（In response, …）に改革の記述はあるものの，WHO の過去の失敗に対する対応としてのものであり，主要な目的とはいえない。3の「WHO の主要な目的は，もしも SARS のさらなる大流行が起こった場合にリーダーシップをとることのみならず，天然痘の根絶及びポリオの感染を減少させることである」も WHO の主要な目的とはいえない。最終文（Some of the …）において天然痘などの該当する例が WHO の活動の成功例として述べられているのみである。

4.「WHO の国際的な健康問題への対応はどのくらい効果的であるか」

第2文（In its seventy-year …）の「成功も失敗も記録してきた」がポイントとなる。よって3の「記録は賛否入り混じるものである。WHO は多くの高く評価される成功を残しているが，2014 年のエボラの大流行に対する対応が遅すぎたと考える人もいる」が正解となる。1の「その業績は完璧である。WHO は 1948 年の創設以来，世界で起こってきたすべての主要な健康問題に上手く対応してきた」，2の「失敗が成功をはるかに上回る。改革を試みてはいるが，WHO は国際的な公衆衛生活動の陣頭指揮をとる任務をまだまっとうしてはいない」はそれぞれ，「業績は完璧」「失敗が成功を上回る」とあるのが不適切である。

C．5.「以下の文章のうち，本文に支持されるものはどれか」

第1文（The history of …），第4文（It becomes the …）及び最終文（Thus the political …）の記述に一致する2の「国家主義時代の政治的指導者たちは，国民たちが効果的にコミュニケーションをとることができるように統一された言語をもつ努力を行うが，それは国家建設の過程において重要である」が正解となる。1の「国家主義時代の政治的な指導者たちは，国際的な政治的議論を促進するため，他国と共有する言語をもつことを求めるが，それは国家建設の過程において重要な部分である」と3の「国家主義時代の政治的な指導者たちは，他国の指導者たちが彼らを単一の意思伝達を行う社会を推奨する国際的な組織に入れるよう，自国において単一の認識された言語を持つ努力をする」は，共に本文に記述がない。

6.「以下の政策のうち，さまざまな地域的言語を持つ国における国家主義的な政治指導者におそらくは支持されるものはどれか」

最終文（Thus the political …）の後半部分参照。「単一の意思伝達の社会を奨励することが不可欠であると信じていた」とあることから，1の

「その国全体の唯一の言語となるべき地域的な言語を1つ選ぶ」が適切である。2の「英語のような国際言語をその国家全体の単一の言語にすべく選ぶ」は本文に記述なし。3の「さまざまな地域的言語を大切にし，それらすべてを公用語として採用する」は上述の最終文の内容と矛盾する。

D．7．「本文によれば，以下のどの記述が正しいか」

選択肢中の ownership は本文中の property とほぼ同意だと考えられる。第6文（Humans have the …）及び第7文（Homo sapiens is …）の記述に一致するので，1の「人間は『所有』という概念をもつ唯一の動物である」が正解となる。2の「すべての動物が『所有』という概念をもつ」は上述の第7文と矛盾。3の「チンパンジーは人間よりも強い『所有』という概念をもつ」は本文に記述がない。

8．「以下のどれが本文において与えられている情報から推測することができないか」

第1文（In the humanities, …）に人文科学の観点から，第2文（To biologists, property …）に生物学の観点から「所有」について説明がされているが，それぞれの定義は異なるので，3の「『所有』の概念は人文科学と生物学において同一である」ということは本文から推測できない。よって，3が正解となる。1の「物体を『私』に属するものと『あなた』に属するものに分類する能力は，人間に独特な特性である」は，第4文（But property is …）及び第5文（Recognizing this trait …）に一致するため不適。2の「霊長類学者は，チンパンジーが物体に対してもつ欲求は，それ自体ではチンパンジーが何かが自分たちに属しているという感覚をもっていることを意味しないと考えている」は，第8文（Primatologists [scientist who …）と一致するため不適。

E．9．「以下のどれが文章の主題をもっともよく表しているか」

第4文（Practical limitations to …），第6文（Government influence, including …）及び最終文（Market forces that …）などを参照。「メディアの中立性に対する実際的な限界」や「政府の影響」，各種の「市場の力」などがメディア・バイアスの原因として挙げられている。よって2の「メディア・バイアスのさまざまな要因」が正解となる。1の「ジャーナリストたちがどのように選別した事実を首尾一貫した語り口に結び付けるのか」は第4文（Practical limitations to …）に関連する記述があるが，

「どのように」にあたる記述が本文にないため不適。3の「どのような種類の否定的な影響をメディア・バイアスがもたらすか」については本文に記述がない。

10.「以下のどれが本文において言及されているようなメディアの中立性の実際的な限界の例か」

第4文（Practical limitations to …）及び第5文（Because it is …）と3の「世界で起こっていることすべてを報告できないこと」が一致する。1の「政府による検閲と市場からの圧力」は第6文（Government influence, including …）及び最終文（Market forces that …）に，2の「個人のジャーナリストの視点」は第2文（The term …）に登場するが，共にメディアの中立性の限界の例としては記述されていない。

II **解答**　1．〈解答例〉Advantages and Disadvantages of Free Trade Agreements

2．自由貿易協定は，交易の増加を目的として，国々が，輸出入に課す関税，税金，義務を規制するものである。経済成長の促進，外国からの直接投資による資本の増加，専門的な知識の習得，技術の移転といった利点もあるが，外部委託に伴う国内の仕事の減少，知的財産の盗難，環境破壊といった問題も生み出す。これらの問題を解決するためには，保護主義の採用ではなく，協定内で不利な点から守る規制を盛り込むことが望まれる。(150 字以上 200 字以内)

3．〈解答例〉In my opinion, Free Trade Agreements should be encouraged on the condition that regulations are implemented. Currently, the world is so closely connected that local industries face severe competition with foreign companies. Since some local industries are falling behind in the global market, they should learn from foreign companies how to be more competitive. It may not be easy for small local businesses to compete globally, but some regulations can help them compete with companies from abroad. (80 語以内)

◆全　訳◆

≪自由貿易協定の利点と欠点≫

自由貿易協定（FTA）とは国々が輸出入に課している関税，税金，義務を規制する条約である。もっともよく知られているアメリカの地域的な自由貿易協定は，北米自由貿易協定（NAFTA，最近アメリカ・メキシコ・カナダ協定として再交渉された）である。自由貿易協定の利点，不利益な点は仕事，ビジネスの成長，そして生活水準に影響を与える。

カギとなる重要な点（主要な点のいくつか）：

自由貿易協定は，国家間で市場へのアクセスを許可する契約である。FTA は現地の産業がより競争力をもち，政府の助成金（財政的な支援）に頼らないようにすることを強いる。FTA は新しい市場を開き，GDP（国内総生産）を増加させ，新たな投資を呼び込むことができる。しかしながら，FTA はまた，ある国に天然資源の零落（悪化），伝統的な生活の喪失，そしてその地方の雇用の問題といったものの影響を受けやすくする。国々は自由貿易協定の国内における利点とそれがもたらす結果とを秤にかけなければならない。

自由貿易協定は，２つもしくはそれ以上の国々の交易の増加を目的とするものである。国際貿易の増加には以下の６つの主な利点がある。

(1)経済成長の増加：アメリカ国際貿易委員会は，NAFTA（現在は USMCA）はアメリカの経済成長を１年当たり 0.1％から 0.5％増加させうると見積もった。

(2)より力強いビジネス環境：自由貿易協定がなければ，国々はしばしば自国の産業とビジネスを保護する。この保護のために産業やビジネスはしばしば停滞し（成長をしない），グローバルな市場において競争力をもたない。保護が取り除かれた状態であれば，産業やビジネスは真のグローバルな競争企業になるという意欲が生まれる。

(3)政府の支出の低下：多くの政府は地元企業に助成金を払う。貿易協定が結ばれた後は助成金が撤廃され，これらの資金はより有効に活用される。

(4)外国の直接投資：投資家がその国に群がるだろう。このことが，地域の産業が拡大し，国内のビジネスを促進するための資本をもたらす。また，多くの以前は孤立していた国々にアメリカドルをもたらす。

(5)専門技能：グローバルな企業には，地方の資源を開発するための専門技能が国内企業よりも多くある。このことは鉱物，石油の採掘，そして製造業においてとりわけ当てはまる。自由貿易協定のおかげでグローバルな企業がこれらのビジネスの機会にアクセスできる。多国籍企業が資源を開発するために地元企業と提携すると，多国籍企業が最も効率のよい技法で地元企業を訓練する。このことは，地元企業にこれらの新しい手法に対するアクセスを与える。

⑹技術移転：地元企業はまた，多国籍企業のパートナーから最新の科学技術に対するアクセスを受ける。地元経済が成長するにつれ，就業機会も増える。多国籍企業が地元の被雇用者に職業訓練を与えるのである。

自由貿易協定への最も大きな批判は，それらが仕事の外部委託の原因となることである。合計 7 つの不利益な点がある。

⑴仕事の外部委託の増加：これはなぜ起こるのだろう？　輸入に対する減税のおかげで企業は他国へと進出することができる。関税がなくなれば，生活コストの低い国々からの輸入には費用がよりかからない。このため，それらと同じ産業におけるアメリカ企業が競争することが難しくなり，そのため，それらの企業は労働力を削減する。多くのアメリカの製造業が実際のところ，NAFTA の結果として一時解雇を実施した。NAFTA への最も大きな批判の 1 つは「アメリカ人の」仕事をメキシコへと送ったということである。

⑵知的財産の盗難：多くの発展途上国には特許権，発明，そして新しい過程を保護する法律がない。実際に法律があっても，それらは常に厳密に施行されているというわけではない。その結果，企業はしばしばアイディアを盗まれてしまう。それから，盗用された企業はその国内で生産された低価格の模造品（偽物）と競わなければならない。

⑶国内産業の締め出し：多くの新興市場はほとんどの雇用を農業に頼っている伝統的な経済である。これらの小規模な家族経営の農場は，助成を受けた先進国の農業関連産業に太刀打ちできない。その結果として，それらの農場は農地を失い，都市部で仕事を探さざるを得なくなる。このことが失業，犯罪，そして貧困に追い打ちをかける（悪化させる)。

⑷劣悪な労働環境：多国籍企業は，新興市場国に十分な労働者の保護を行わないまま仕事を委託する可能性がある。結果として，女性と子供がしばしば標準以下の環境での過酷な（非常に困難な）工場労働にさらされる。

(5)天然資源の零落：新興市場国は，あまり環境保護政策を有していないことがよくある。自由貿易は木材や鉱物，そして他の天然資源の枯渇につながる。森林伐採や露天掘りは密林や田畑を荒れ地にしてしまう。

(6)土着の文化の破壊：開発が隔絶した地域へと進んでいくにつれ，土着文化が破壊されうる。地元の人々は追い払われる。資源が汚染されると，多くの人々が疾病や死を被ることになる。

(7)税収の減少：多くの小規模な国々は，関税や手数料から失われた歳入の穴を埋めるのに苦労する。

保護貿易主義がその答えになることはめったにない。高い関税は短期的に自国産業を保護するにすぎない。長期的には，グローバル企業がより高い利益を生むために世界のどこであれ最も安い労働者を雇うだろう。

保護主義よりも良い解決策としては，協定内で不利な点から守る規制を盛り込むことである。環境保護条項は天然資源と文化の破壊を防ぎうる。労働法は劣悪な労働条件を防ぐ。世界貿易機関は自由貿易協定の規制を実行している。

先進経済は農業関連産業の助成を減らし，新興市場の農家たちの操業を保つ。先進経済は地域の農家たちが持続可能な営業を発達させる手助けができる。それからそういった農家を，それを評価する消費者たちにそのようなものとして売り込むことができる。各国は外国企業が合意の一部として，地元に工場を建設することを主張できる。これらの企業に技術を共有し，地元の労働者たちを訓練するように要求することもできるのである。

◀解　説▶

1．第1～3段でFTAの概要が説明された後，第4段以降でFTAの6つの利点と7つの欠点が具体的に説明されている。よって「FTAの利点と欠点」といったタイトルをつければよいだろう。ちなみに本文の出典と考えられる記事の原題はPros and Cons of Free Trade Agreementsとなっている。Pros and Consは「よい点と悪い点，長所と短所」といった意味をもつ表現である。あわせて覚えておきたい。

2．英語の文章は抽象→具体例という形で展開されることが多い。要約をする際は，この抽象的な部分をまとめ，具体例は文字数の調整といった意識をもつとよい。この文章の場合は，第1段の冒頭で述べられる自由貿易協定の説明を記述した後，第4段以降で述べられている利点及び欠点を抜粋し，その後に記述されている解決策，改善策をまとめるという形にすればよいだろう。

3．自由貿易協定に賛成か反対かについてのテーマ英作文である。FTAの利点・欠点については本文に具体的に示してあるものを用いてもよいし，自分の考え，経験などをもとにして書いてもよいだろう。利点・欠点の双方が数多く示されているので，どちらの立場で書くにせよ，反対の立場についても触れてみるとよいかもしれない。その際は譲歩構文などをうまく使うとよいだろう。

////////////////////// ・memo・ //////////////////////

/////////////////// · memo · ///////////////////

//////////////////// · memo · ////////////////////

教学社 刊行一覧

2025年版 大学赤本シリーズ

374大学556点
全都道府県を網羅

国公立大学（都道府県順）

全国の書店で取り扱っています。店頭にない場合は，お取り寄せができます。

1 北海道大学（文系－前期日程）
2 北海道大学（理系－前期日程） 医
3 北海道大学（後期日程）
4 旭川医科大学（医学部〈医学科〉） 医
5 小樽商科大学
6 帯広畜産大学
7 北海道教育大学
8 室蘭工業大学／北見工業大学
9 釧路公立大学
10 公立千歳科学技術大学
11 公立はこだて未来大学 総推
12 札幌医科大学（医学部） 医
13 弘前大学 医
14 岩手大学
15 岩手県立大学・盛岡短期大学部・宮古短期大学部
16 東北大学（文系－前期日程）
17 東北大学（理系－前期日程） 医
18 東北大学（後期日程）
19 宮城教育大学
20 宮城大学
21 秋田大学 医
22 秋田県立大学
23 国際教養大学 総推
24 山形大学 医
25 福島大学
26 会津大学
27 福島県立医科大学（医・保健科学部） 医
28 茨城大学（文系）
29 茨城大学（理系）
30 筑波大学（推薦入試） 医 総推
31 筑波大学（文系－前期日程）
32 筑波大学（理系－前期日程） 医
33 筑波大学（後期日程）
34 宇都宮大学
35 群馬大学 医
36 群馬県立女子大学
37 高崎経済大学
38 前橋工科大学
39 埼玉大学（文系）
40 埼玉大学（理系）
41 千葉大学（文系－前期日程）
42 千葉大学（理系－前期日程） 医
43 千葉大学（後期日程） 医
44 東京大学（文科） DL
45 東京大学（理科） DL 医
46 お茶の水女子大学
47 電気通信大学
48 東京外国語大学 DL
49 東京海洋大学
50 東京科学大学（旧 東京工業大学）
51 東京科学大学（旧 東京医科歯科大学） 医
52 東京学芸大学
53 東京藝術大学
54 東京農工大学
55 一橋大学（前期日程）
56 一橋大学（後期日程）
57 東京都立大学（文系）
58 東京都立大学（理系）
59 横浜国立大学（文系）
60 横浜国立大学（理系）
61 横浜市立大学（国際教養・国際商・理・データサイエンス・医〈看護〉学部）
62 横浜市立大学（医学部〈医学科〉） 医
63 新潟大学（人文・教育〈文系〉・法・経済科・医〈看護〉・創生学部）
64 新潟大学（教育〈理系〉・理・医〈看護を除く〉・歯・工・農学部） 医
65 新潟県立大学
66 富山大学（文系）
67 富山大学（理系） 医
68 富山県立大学
69 金沢大学（文系）
70 金沢大学（理系） 医
71 福井大学（教育・医〈看護〉・工・国際地域学部）
72 福井大学（医学部〈医学科〉） 医
73 福井県立大学
74 山梨大学（教育・医〈看護〉・工・生命環境学部）
75 山梨大学（医学部〈医学科〉） 医
76 都留文科大学
77 信州大学（文系－前期日程）
78 信州大学（理系－前期日程） 医
79 信州大学（後期日程）
80 公立諏訪東京理科大学 総推
81 岐阜大学（前期日程） 医
82 岐阜大学（後期日程）
83 岐阜薬科大学
84 静岡大学（前期日程）
85 静岡大学（後期日程）
86 浜松医科大学（医学部〈医学科〉） 医
87 静岡県立大学
88 静岡文化芸術大学
89 名古屋大学（文系）
90 名古屋大学（理系） 医
91 愛知教育大学
92 名古屋工業大学
93 愛知県立大学
94 名古屋市立大学（経済・人文社会・芸術工・看護・総合生命理・データサイエンス学部）
95 名古屋市立大学（医学部〈医学科〉） 医
96 名古屋市立大学（薬学部）
97 三重大学（人文・教育・医〈看護〉学部）
98 三重大学（医〈医〉・工・生物資源学部） 医
99 滋賀大学
100 滋賀医科大学（医学部〈医学科〉） 医
101 滋賀県立大学
102 京都大学（文系）
103 京都大学（理系） 医
104 京都教育大学
105 京都工芸繊維大学
106 京都府立大学
107 京都府立医科大学（医学部〈医学科〉） 医
108 大阪大学（文系） DL
109 大阪大学（理系） 医
110 大阪教育大学
111 大阪公立大学（現代システム科学域〈文系〉・文・法・経済・商・看護・生活科〈居住環境・人間福祉〉学部－前期日程）
112 大阪公立大学（現代システム科学域〈理系〉・理・工・農・獣医・医・生活科〈食栄養〉学部－前期日程） 医
113 大阪公立大学（中期日程）
114 大阪公立大学（後期日程）
115 神戸大学（文系－前期日程）
116 神戸大学（理系－前期日程） 医
117 神戸大学（後期日程）
118 神戸市外国語大学 DL
119 兵庫県立大学（国際商経・社会情報科・看護学部）
120 兵庫県立大学（工・理・環境人間学部）
121 奈良教育大学／奈良県立大学
122 奈良女子大学
123 奈良県立医科大学（医学部〈医学科〉） 医
124 和歌山大学
125 和歌山県立医科大学（医・薬学部） 医
126 鳥取大学 医
127 公立鳥取環境大学
128 島根大学 医
129 岡山大学（文系）
130 岡山大学（理系） 医
131 岡山県立大学
132 広島大学（文系－前期日程）
133 広島大学（理系－前期日程） 医
134 広島大学（後期日程）
135 尾道市立大学 総推
136 県立広島大学
137 広島市立大学
138 福山市立大学 総推
139 山口大学（人文・教育〈文系〉・経済・医〈看護〉・国際総合科学部）
140 山口大学（教育〈理系〉・理・医〈看護を除く〉・工・農・共同獣医学部） 医
141 山陽小野田市立山口東京理科大学 総推
142 下関市立大学／山口県立大学
143 周南公立大学 新 総推
144 徳島大学 医
145 香川大学 医
146 愛媛大学 医
147 高知大学 医
148 高知工科大学
149 九州大学（文系－前期日程）
150 九州大学（理系－前期日程） 医
151 九州大学（後期日程）
152 九州工業大学
153 福岡教育大学
154 北九州市立大学
155 九州歯科大学
156 福岡県立大学／福岡女子大学
157 佐賀大学 医
158 長崎大学（多文化社会・教育〈文系〉・経済・医〈保健〉・環境科〈文系〉学部）
159 長崎大学（教育〈理系〉・医〈医〉・歯・薬・情報データ科・工・環境科〈理系〉・水産学部） 医
160 長崎県立大学 総推
161 熊本大学（文・教育・法・医〈看護〉学部・情報融合学環〈文系型〉）
162 熊本大学（理・医〈看護を除く〉・薬・工学部・情報融合学環〈理系型〉） 医
163 熊本県立大学
164 大分大学（教育・経済・医〈看護〉・理工・福祉健康科学部）
165 大分大学（医学部〈医・先進医療科学科〉） 医
166 宮崎大学（教育・医〈看護〉・工・農・地域資源創成学部）
167 宮崎大学（医学部〈医学科〉） 医
168 鹿児島大学（文系）
169 鹿児島大学（理系） 医
170 琉球大学 医

2025年版　大学赤本シリーズ

国公立大学 その他

- 171 〔国公立大〕医学部医学科 総合型選抜・学校推薦型選抜※ 医 総推
- 172 看護・医療系大学〈国公立 東日本〉※
- 173 看護・医療系大学〈国公立 中日本〉※
- 174 看護・医療系大学〈国公立 西日本〉※
- 175 海上保安大学校／気象大学校
- 176 航空保安大学校
- 177 国立看護大学校
- 178 防衛大学校 総推
- 179 防衛医科大学校（医学科） 医
- 180 防衛医科大学校（看護学科）

※No.171～174の収載大学は赤本ウェブサイト（http://akahon.net/）でご確認ください。

私立大学①

北海道の大学（50音順）

- 201 札幌大学
- 202 札幌学院大学
- 203 北星学園大学
- 204 北海学園大学
- 205 北海道医療大学
- 206 北海道科学大学
- 207 北海道武蔵女子大学・短期大学
- 208 酪農学園大学（獣医学群〈獣医学類〉）

東北の大学（50音順）

- 209 岩手医科大学（医・歯・薬学部） 医
- 210 仙台大学 総推
- 211 東北医科薬科大学（医・薬学部） 医
- 212 東北学院大学
- 213 東北工業大学
- 214 東北福祉大学
- 215 宮城学院女子大学 総推

関東の大学（50音順）

あ行（関東の大学）

- 216 青山学院大学（法・国際政治経済学部－個別学部日程）
- 217 青山学院大学（経済学部－個別学部日程）
- 218 青山学院大学（経営学部－個別学部日程）
- 219 青山学院大学（文・教育人間科学部－個別学部日程）
- 220 青山学院大学（総合文化政策・社会情報・地球社会共生・コミュニティ人間科学部－個別学部日程）
- 221 青山学院大学（理工学部－個別学部日程）
- 222 青山学院大学（全学部日程）
- 223 麻布大学（獣医、生命・環境科学部）
- 224 亜細亜大学
- 226 桜美林大学
- 227 大妻女子大学・短期大学部

か行（関東の大学）

- 228 学習院大学（法学部－コア試験）
- 229 学習院大学（経済学部－コア試験）
- 230 学習院大学（文学部－コア試験）
- 231 学習院大学（国際社会科学部－コア試験）
- 232 学習院大学（理学部－コア試験）
- 233 学習院女子大学
- 234 神奈川大学（給費生試験）
- 235 神奈川大学（一般入試）
- 236 神奈川工科大学
- 237 鎌倉女子大学・短期大学部
- 238 川村学園女子大学
- 239 神田外語大学
- 240 関東学院大学
- 241 北里大学（理学部）
- 242 北里大学（医学部） 医
- 243 北里大学（薬学部）
- 244 北里大学（看護・医療衛生学部）
- 245 北里大学（未来工・獣医・海洋生命科学部）
- 246 共立女子大学・短期大学
- 247 杏林大学（医学部） 医
- 248 杏林大学（保健学部）
- 249 群馬医療福祉大学・短期大学部
- 250 群馬パース大学 総推
- 251 慶應義塾大学（法学部）
- 252 慶應義塾大学（経済学部）
- 253 慶應義塾大学（商学部）
- 254 慶應義塾大学（文学部） 総推
- 255 慶應義塾大学（総合政策学部）
- 256 慶應義塾大学（環境情報学部）
- 257 慶應義塾大学（理工学部）
- 258 慶應義塾大学（医学部） 医
- 259 慶應義塾大学（薬学部）
- 260 慶應義塾大学（看護医療学部）
- 261 工学院大学
- 262 國學院大學
- 263 国際医療福祉大学 医
- 264 国際基督教大学
- 265 国士舘大学
- 266 駒澤大学（一般選抜T方式・S方式）
- 267 駒澤大学（全学部統一日程選抜）

さ行（関東の大学）

- 268 埼玉医科大学（医学部） 医
- 269 相模女子大学・短期大学部
- 270 産業能率大学
- 271 自治医科大学（医学部） 医
- 272 自治医科大学（看護学部）／東京慈恵会医科大学（医学部〈看護学科〉）
- 273 実践女子大学 総推
- 274 芝浦工業大学（前期日程）
- 275 芝浦工業大学（全学統一日程・後期日程）
- 276 十文字学園女子大学
- 277 淑徳大学
- 278 順天堂大学（医学部） 医
- 279 順天堂大学（スポーツ健康科・医療看護・保健看護・国際教養・保健医療・医療科・健康データサイエンス・薬学部） 総推
- 280 上智大学（神・文・総合人間科学部）
- 281 上智大学（法・経済学部）
- 282 上智大学（外国語・総合グローバル学部）
- 283 上智大学（理工学部）
- 284 上智大学（TEAPスコア利用方式）
- 285 湘南工科大学
- 286 昭和大学（医学部） 医
- 287 昭和大学（歯・薬・保健医療学部）
- 288 昭和女子大学
- 289 昭和薬科大学
- 290 女子栄養大学・短期大学部 総推
- 291 白百合女子大学
- 292 成蹊大学（法学部－A方式）
- 293 成蹊大学（経済・経営学部－A方式）
- 294 成蹊大学（文学部－A方式）
- 295 成蹊大学（理工学部－A方式）
- 296 成蹊大学（E方式・G方式・P方式）
- 297 成城大学（経済・社会イノベーション学部－A方式）
- 298 成城大学（文芸・法学部－A方式）
- 299 成城大学（S方式〈全学部統一選抜〉）
- 300 聖心女子大学
- 301 清泉女子大学
- 303 聖マリアンナ医科大学 医
- 304 聖路加国際大学（看護学部）
- 305 専修大学（スカラシップ・全国入試）
- 306 専修大学（前期入試〈学部個別入試〉）
- 307 専修大学（前期入試〈全学部入試・スカラシップ入試〉）

た行（関東の大学）

- 308 大正大学
- 309 大東文化大学
- 310 高崎健康福祉大学
- 311 拓殖大学
- 312 玉川大学
- 313 多摩美術大学
- 314 千葉工業大学
- 315 中央大学（法学部－学部別選抜）
- 316 中央大学（経済学部－学部別選抜）
- 317 中央大学（商学部－学部別選抜）
- 318 中央大学（文学部－学部別選抜）
- 319 中央大学（総合政策学部－学部別選抜）
- 320 中央大学（国際経営・国際情報学部－学部別選抜）
- 321 中央大学（理工学部－学部別選抜）
- 322 中央大学（5学部共通選抜）
- 323 中央学院大学
- 324 津田塾大学
- 325 帝京大学（薬・経済・法・文・外国語・教育・理工・医療技術・福岡医療技術学部）
- 326 帝京大学（医学部） 医
- 327 帝京科学大学 総推
- 328 帝京平成大学 総推
- 329 東海大学（医〈医〉学部を除く－一般選抜）
- 330 東海大学（文系・理系学部統一選抜）
- 331 東海大学（医学部〈医学科〉） 医
- 332 東京医科大学（医学部〈医学科〉） 医
- 333 東京家政大学・短期大学部 総推
- 334 東京経済大学
- 335 東京工科大学
- 336 東京工芸大学
- 337 東京国際大学
- 338 東京歯科大学
- 339 東京慈恵会医科大学（医学部〈医学科〉） 医
- 340 東京情報大学
- 341 東京女子大学
- 342 東京女子医科大学（医学部） 医
- 343 東京電機大学
- 344 東京都市大学
- 345 東京農業大学
- 346 東京薬科大学（薬学部） 総推
- 347 東京薬科大学（生命科学部） 総推
- 348 東京理科大学（理学部〈第一部〉－B方式）
- 349 東京理科大学（創域理工学部－B方式・S方式）
- 350 東京理科大学（工学部－B方式）
- 351 東京理科大学（先進工学部－B方式）
- 352 東京理科大学（薬学部－B方式）
- 353 東京理科大学（経営学部－B方式）
- 354 東京理科大学（C方式、グローバル方式、理学部〈第二部〉－B方式）
- 355 東邦大学（医学部） 医
- 356 東邦大学（薬学部）

2025年版　大学赤本シリーズ

私立大学②

357 東邦大学（理・看護・健康科学部）
358 東洋大学（文・経済・経営・法・社会・国際・国際観光学部）
359 東洋大学（情報連携・福祉社会デザイン・健康スポーツ科・理工・総合情報・生命科・食環境科学部）
360 東洋大学（英語〈3日程×3カ年〉）
361 東洋大学（国語〈3日程×3カ年〉）
362 東洋大学（日本史・世界史〈2日程×3カ年〉）
363 東洋英和女学院大学
364 常磐大学・短期大学 総推
365 獨協大学
366 獨協医科大学（医学部） 医

な行（関東の大学）

367 二松学舎大学
368 日本大学（法学部）
369 日本大学（経済学部）
370 日本大学（商学部）
371 日本大学（文理学部〈文系〉）
372 日本大学（文理学部〈理系〉）
373 日本大学（芸術学部〈専門試験併用型〉）
374 日本大学（国際関係学部）
375 日本大学（危機管理・スポーツ科学部）
376 日本大学（理工学部）
377 日本大学（生産工・工学部）
378 日本大学（生物資源科学部）
379 日本大学（医学部） 医
380 日本大学（歯・松戸歯学部）
381 日本大学（薬学部）
382 日本大学（N全学統一方式－医・芸術〈専門試験併用型〉学部を除く）
383 日本医科大学 医
384 日本工業大学
385 日本歯科大学
386 日本社会事業大学 総推
387 日本獣医生命科学大学
388 日本女子大学
389 日本体育大学

は行（関東の大学）

390 白鷗大学（学業特待選抜・一般選抜）
391 フェリス女学院大学
392 文教大学
393 法政大学（法〈Ⅰ日程〉・文〈Ⅱ日程〉・経営〈Ⅱ日程〉学部－A方式）
394 法政大学（法〈Ⅱ日程〉・国際文化・キャリアデザイン学部－A方式）
395 法政大学（文〈Ⅰ日程〉・経営〈Ⅰ日程〉・人間環境・グローバル教養学部－A方式）
396 法政大学（経済〈Ⅰ日程〉・社会〈Ⅰ日程〉・現代福祉学部－A方式）
397 法政大学（経済〈Ⅱ日程〉・社会〈Ⅱ日程〉・スポーツ健康学部－A方式）
398 法政大学（情報科・デザイン工・理工・生命科学部－A方式）
399 法政大学（T日程〈統一日程〉・英語外部試験利用入試）
400 星薬科大学 総推

ま行（関東の大学）

401 武蔵大学
402 武蔵野大学
403 武蔵野美術大学
404 明海大学
405 明治大学（法学部－学部別入試）
406 明治大学（政治経済学部－学部別入試）
407 明治大学（商学部－学部別入試）
408 明治大学（経営学部－学部別入試）
409 明治大学（文学部－学部別入試）
410 明治大学（国際日本学部－学部別入試）
411 明治大学（情報コミュニケーション学部－学部別入試）
412 明治大学（理工学部－学部別入試）
413 明治大学（総合数理学部－学部別入試）
414 明治大学（農学部－学部別入試）
415 明治大学（全学部統一入試）
416 明治学院大学（A日程）
417 明治学院大学（全学部日程）
418 明治薬科大学 総推
419 明星大学
420 目白大学・短期大学部

ら・わ行（関東の大学）

421 立教大学（文系学部－一般入試〈大学独自の英語を課さない日程〉）
422 立教大学（国語〈3日程×3カ年〉）
423 立教大学（日本史・世界史〈2日程×3カ年〉）
424 立教大学（文学部－一般入試〈大学独自の英語を課す日程〉）
425 立教大学（理学部－一般入試）
426 立正大学
427 早稲田大学（法学部）
428 早稲田大学（政治経済学部）
429 早稲田大学（商学部）
430 早稲田大学（社会科学部）
431 早稲田大学（文学部）
432 早稲田大学（文化構想学部）
433 早稲田大学（教育学部〈文科系〉）
434 早稲田大学（教育学部〈理科系〉）
435 早稲田大学（人間科・スポーツ科学部）
436 早稲田大学（国際教養学部）
437 早稲田大学（基幹理工・創造理工・先進理工学部）
438 和洋女子大学 総推

中部の大学（50音順）

439 愛知大学
440 愛知医科大学（医学部） 医
441 愛知学院大学・短期大学部
442 愛知工業大学 総推
443 愛知淑徳大学
444 朝日大学 総推
445 金沢医科大学（医学部） 医
446 金沢工業大学
447 岐阜聖徳学園大学 総推
448 金城学院大学
449 至学館大学 総推
450 静岡理工科大学
451 椙山女学園大学
452 大同大学
453 中京大学
454 中部大学
455 名古屋外国語大学 総推
456 名古屋学院大学 総推
457 名古屋学芸大学 総推
458 名古屋女子大学 総推
459 南山大学（外国語〈英米〉・法・総合政策・国際教養学部）
460 南山大学（人文・外国語〈英米を除く〉・経済・経営・理工学部）
461 新潟国際情報大学
462 日本福祉大学
463 福井工業大学
464 藤田医科大学（医学部） 医
465 藤田医科大学（医療科・保健衛生学部）
466 名城大学（法・経営・経済・外国語・人間・都市情報学部）
467 名城大学（情報工・理工・農・薬学部）
468 山梨学院大学

近畿の大学（50音順）

469 追手門学院大学 総推
470 大阪医科薬科大学（医学部） 医
471 大阪医科薬科大学（薬学部） 総推
472 大阪学院大学 総推
473 大阪経済大学 総推
474 大阪経済法科大学 総推
475 大阪工業大学 総推
476 大阪国際大学・短期大学部 総推
477 大阪産業大学 総推
478 大阪歯科大学（歯学部）
479 大阪商業大学 総推
480 大阪成蹊大学・短期大学 総推
481 大谷大学 総推
482 大手前大学・短期大学 総推
483 関西大学（文系）
484 関西大学（理系）
485 関西大学（英語〈3日程×3カ年〉）
486 関西大学（国語〈3日程×3カ年〉）
487 関西大学（日本史・世界史・文系数学〈3日程×3カ年〉）
488 関西医科大学（医学部） 医
489 関西医療大学 総推
490 関西外国語大学・短期大学部 総推
491 関西学院大学（文・法・商・人間福祉・総合政策学部－学部個別日程）
492 関西学院大学（神・社会・経済・国際・教育学部－学部個別日程）
493 関西学院大学（全学部日程〈文系型〉）
494 関西学院大学（全学部日程〈理系型〉）
495 関西学院大学（共通テスト併用日程〈数学〉・英数日程）
496 関西学院大学（英語〈3日程×3カ年〉） 新
497 関西学院大学（国語〈3日程×3カ年〉） 新
498 関西学院大学（日本史・世界史・文系数学〈3日程×3カ年〉） 新
499 畿央大学 総推
500 京都外国語大学・短期大学 総推
502 京都産業大学（公募推薦入試） 総推
503 京都産業大学（一般選抜入試〈前期日程〉）
504 京都女子大学 総推
505 京都先端科学大学 総推
506 京都橘大学 総推
507 京都ノートルダム女子大学 総推
508 京都薬科大学 総推
509 近畿大学・短期大学部（医学部を除く－推薦入試） 総推
510 近畿大学・短期大学部（医学部を除く－一般入試前期）
511 近畿大学（英語〈医学部を除く3日程×3カ年〉）
512 近畿大学（理系数学〈医学部を除く3日程×3カ年〉）
513 近畿大学（国語〈医学部を除く3日程×3カ年〉）
514 近畿大学（医学部－推薦入試・一般入試前期） 医 総推
515 近畿大学・短期大学部（一般入試後期） 医
516 皇學館大学 総推
517 甲南大学 総推
518 甲南女子大学（学校推薦型選抜） 新 総推
519 神戸学院大学 総推
520 神戸国際大学 総推
521 神戸女学院大学 総推
522 神戸女子大学・短期大学 総推
523 神戸薬科大学 総推
524 四天王寺大学・短期大学部 総推
525 摂南大学（公募制推薦入試） 総推
526 摂南大学（一般選抜前期日程）
527 帝塚山学院大学 総推
528 同志社大学（法、グローバル・コミュニケーション学部－学部個別日程）

2025年版　大学赤本シリーズ

私立大学③

529 同志社大学(文・経済学部−学部個別日程)
530 同志社大学(神・商・心理・グローバル地域文化学部−学部個別日程)
531 同志社大学(社会学部−学部個別日程)
532 同志社大学(政策・文化情報〈文系型〉・スポーツ健康科〈文系型〉学部−学部個別日程)
533 同志社大学(理工・生命医科・文化情報〈理系型〉・スポーツ健康科〈理系型〉学部−学部個別日程)
534 同志社大学(全学部日程)
535 同志社女子大学 総推
536 奈良大学 総推
537 奈良学園大学 総推
538 阪南大学 総推
539 姫路獨協大学 総推
540 兵庫医科大学(医学部) 医
541 兵庫医科大学(薬・看護・リハビリテーション学部) 総推
542 佛教大学 総推
543 武庫川女子大学 総推
544 桃山学院大学 総推
545 大和大学・大和大学白鳳短期大学部 総推
546 立命館大学(文系−全学統一方式・学部個別配点方式)／立命館アジア太平洋大学(前期方式・英語重視方式)
547 立命館大学(理系−全学統一方式・学部個別配点方式・理系型3教科方式・薬学方式)
548 立命館大学(英語〈全学統一方式3日程×3カ年〉)
549 立命館大学(国語〈全学統一方式3日程×3カ年〉)
550 立命館大学(文系選択科目〈全学統一方式2日程×3カ年〉)
551 立命館大学(IR方式〈英語資格試験利用型〉・共通テスト併用方式)／立命館アジア太平洋大学(共通テスト併用方式)
552 立命館大学(後期分割方式・「経営学部で学ぶ感性+共通テスト」方式)／立命館アジア太平洋大学(後期方式)
553 龍谷大学(公募推薦入試) 総推
554 龍谷大学(一般選抜入試)

中国の大学(50音順)

555 岡山商科大学 総推
556 岡山理科大学 総推
557 川崎医科大学 医
558 吉備国際大学 総推
559 就実大学 総推
560 広島経済大学
561 広島国際大学 総推
562 広島修道大学
563 広島文教大学 総推
564 福山大学／福山平成大学
565 安田女子大学 総推

四国の大学(50音順)

567 松山大学

九州の大学(50音順)

568 九州医療科学大学
569 九州産業大学
570 熊本学園大学
571 久留米大学(文・人間健康・法・経済・商学部)
572 久留米大学(医学部〈医学科〉) 医
573 産業医科大学(医学部) 医
574 西南学院大学(商・経済・法・人間科学部−A日程)
575 西南学院大学(神・外国語・国際文化学部−A日程／全学部−F日程)
576 福岡大学(医学部医学科を除く−学校推薦型選抜・一般選抜系統別日程) 総推
577 福岡大学(医学部医学科を除く−一般選抜前期日程)
578 福岡大学(医学部〈医学科〉−学校推薦型選抜・一般選抜系統別日程) 医 総推
579 福岡工業大学
580 令和健康科学大学 総推

医 医学部医学科を含む
総推 総合型選抜または学校推薦型選抜を含む
DL リスニング音声配信　新 2024年 新刊・復刊

掲載している入試の種類や試験科目，収載年数などはそれぞれ異なります。詳細については，それぞれの本の目次や赤本ウェブサイトでご確認ください。

難関校過去問シリーズ

出題形式別・分野別に収録した
「入試問題事典」 20大学73点
定価2,310〜2,640円(本体2,100〜2,400円)

先輩合格者はこう使った!
「難関校過去問シリーズの使い方」

61年，全部載せ!
要約演習で，総合力を鍛える
東大の英語
要約問題 UNLIMITED

国公立大学

東大の英語25カ年[第12版] 改
東大の英語リスニング20カ年[第9版] DL 改
東大の英語 要約問題 UNLIMITED
東大の文系数学25カ年[第12版] 改
東大の理系数学25カ年[第12版] 改
東大の現代文25カ年[第12版] 改
東大の古典25カ年[第12版] 改
東大の日本史25カ年[第9版] 改
東大の世界史25カ年[第9版] 改
東大の地理25カ年[第9版] 改
東大の物理25カ年[第9版] 改
東大の化学25カ年[第9版] 改
東大の生物25カ年[第9版] 改
東工大の英語20カ年[第8版] 改
東工大の数学20カ年[第9版] 改
東工大の物理20カ年[第5版] 改
東工大の化学20カ年[第5版] 改
一橋大の英語20カ年[第9版] 改
一橋大の数学20カ年[第9版] 改
一橋大の国語20カ年[第6版] 改
一橋大の日本史20カ年[第6版] 改
一橋大の世界史20カ年[第6版] 改
筑波大の英語15カ年 新
筑波大の数学15カ年 新
京大の英語25カ年[第12版]
京大の文系数学25カ年[第12版]
京大の理系数学25カ年[第12版]
京大の現代文25カ年[第2版]
京大の古典25カ年[第2版]
京大の日本史20カ年[第3版]
京大の世界史20カ年[第3版]
京大の物理25カ年[第9版]
京大の化学25カ年[第9版]
北大の英語15カ年[第8版]
北大の理系数学15カ年[第8版]
北大の物理15カ年[第2版]
北大の化学15カ年[第2版]
東北大の英語15カ年[第8版]
東北大の理系数学15カ年[第8版]
東北大の物理15カ年[第2版]
東北大の化学15カ年[第2版]
名古屋大の英語15カ年[第8版]
名古屋大の理系数学15カ年[第8版]
名古屋大の物理15カ年[第2版]
名古屋大の化学15カ年[第2版]
阪大の英語20カ年[第9版]
阪大の文系数学20カ年[第3版]
阪大の理系数学20カ年[第9版]
阪大の国語15カ年[第3版]
阪大の物理20カ年[第8版]
阪大の化学20カ年[第6版]
九大の英語15カ年[第8版]
九大の理系数学15カ年[第7版]
九大の物理15カ年[第2版]
九大の化学15カ年[第2版]
神戸大の英語15カ年[第9版]
神戸大の数学15カ年[第5版]
神戸大の国語15カ年[第3版]

私立大学

早稲田の英語[第11版] 改
早稲田の国語[第9版] 改
早稲田の日本史[第9版] 改
早稲田の世界史[第2版] 改
慶應の英語[第11版] 改
慶應の小論文[第3版] 改
明治大の英語[第9版] 改
明治大の国語[第2版] 改
明治大の日本史[第2版] 改
中央大の英語[第9版] 改
法政大の英語[第9版] 改
同志社大の英語[第10版]
立命館大の英語[第10版]
関西大の英語[第10版]
関西学院大の英語[第10版]

DL リスニング音声配信
新 2024年 新刊
改 2024年 改訂

いつも受験生のそばに―赤本

大学入試シリーズ+α
入試対策も共通テスト対策も赤本で

入試対策

赤本プラス

赤本プラスとは，**過去問演習の効果を最大にする**ためのシリーズです。「赤本」であぶり出された弱点を，赤本プラスで克服しましょう。

- 大学入試 すぐわかる英文法 DL
- 大学入試 ひと目でわかる英文読解
- 大学入試 絶対できる英語リスニング DL
- 大学入試 すぐ書ける自由英作文
- 大学入試 ぐんぐん読める 英語長文〔BASIC〕 DL
- 大学入試 ぐんぐん読める 英語長文〔STANDARD〕 DL
- 大学入試 ぐんぐん読める 英語長文〔ADVANCED〕 DL
- 大学入試 正しく書ける英作文
- 大学入試 最短でマスターする 数学Ⅰ・Ⅱ・Ⅲ・A・B・C
- 大学入試 突破力を鍛える最難関の数学
- 大学入試 知らなきゃ解けない 古文常識・和歌
- 大学入試 ちゃんと身につく物理
- 大学入試 もっと身につく 物理問題集（①力学・波動）
- 大学入試 もっと身につく 物理問題集（②熱力学・電磁気・原子）

入試対策

英検®赤本シリーズ

英検®（実用英語技能検定）の対策書。
過去問集と参考書で万全の対策ができます。

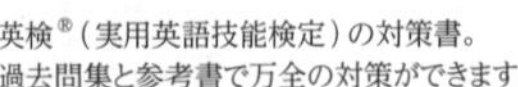

▶過去問集（2024年度版）

- 英検®準1級過去問集 DL
- 英検®2級過去問集 DL
- 英検®準2級過去問集 DL
- 英検®3級過去問集 DL

▶参考書

- 竹岡の英検®準1級マスター DL
- 竹岡の英検®2級マスター CD DL
- 竹岡の英検®準2級マスター CD DL
- 竹岡の英検®3級マスター CD DL

CD リスニングCDつき　DL 音声無料配信
新 2024年新刊・改訂

入試対策

赤本プレミアム

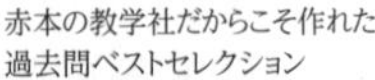

赤本の教学社だからこそ作れた、
過去問ベストセレクション

- 東大数学プレミアム
- 東大現代文プレミアム
- 京大数学プレミアム〔改訂版〕
- 京大古典プレミアム

入試対策

赤本メディカルシリーズ

過去問を徹底的に研究し，独自の出題傾向をもつメディカル系の入試に役立つ内容を精選した実戦的なシリーズ。

- 〔国公立大〕医学部の英語〔3訂版〕
- 私立医大の英語〔長文読解編〕〔3訂版〕
- 私立医大の英語〔文法・語法編〕〔改訂版〕
- 医学部の実戦小論文〔3訂版〕
- 医歯薬系の英単語〔4訂版〕
- 医系小論文 最頻出論点20〔4訂版〕
- 医学部の面接〔4訂版〕

入試対策

体系シリーズ

国公立大二次・難関私大突破へ，自学自習に適したハイレベル問題集。

- 体系英語長文
- 体系英作文
- 体系現代文
- 体系世界史
- 体系物理〔第7版〕

入試対策

単行本

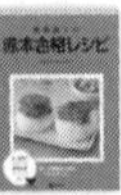

▶英語

- Q&A即決英語勉強法
- TEAP攻略問題集〔新装版〕 DL 新
- 東大の英単語〔新装版〕
- 早慶上智の英単語〔改訂版〕

▶国語・小論文

- 著者に注目! 現代文問題集
- ブレない小論文の書き方 樋口式ワークノート

▶レシピ集

- 奥薗壽子の赤本合格レシピ

入試対策　共通テスト対策

赤本手帳

- 赤本手帳（2025年度受験用） プラムレッド
- 赤本手帳（2025年度受験用） インディゴブルー
- 赤本手帳（2025年度受験用） ナチュラルホワイト

入試対策

風呂で覚えるシリーズ

水をはじく特殊な紙を使用。いつでもどこでも読めるから，ちょっとした時間を有効に使える！

- 風呂で覚える英単語〔4訂新装版〕
- 風呂で覚える英熟語〔改訂新装版〕
- 風呂で覚える古文単語〔改訂新装版〕
- 風呂で覚える古文文法〔改訂新装版〕
- 風呂で覚える漢文〔改訂新装版〕
- 風呂で覚える日本史〔年代〕〔改訂新装版〕
- 風呂で覚える世界史〔年代〕〔改訂新装版〕
- 風呂で覚える倫理〔改訂版〕
- 風呂で覚える百人一首〔改訂版〕

共通テスト対策

満点のコツシリーズ

共通テストで満点を狙うための実戦的参考書。
重要度の高いリスニング対策は
「カリスマ講師」竹岡広信が一回読みにも
対応できるコツを伝授！

- 共通テスト英語〔リスニング〕 満点のコツ〔改訂版〕 DL 新
- 共通テスト古文 満点のコツ〔改訂版〕 新
- 共通テスト漢文 満点のコツ〔改訂版〕 新
- 共通テスト生物基礎 満点のコツ〔改訂版〕 新

入試対策　共通テスト対策

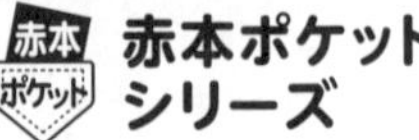

赤本ポケットシリーズ

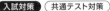

▶共通テスト対策

- 共通テスト日本史〔文化史〕

▶系統別進路ガイド

- デザイン系学科をめざすあなたへ

2025 年版　大学赤本シリーズ　No. 216

青山学院大学
(法学部·国際政治経済学部－個別学部日程)

2024 年 7 月 25 日　第 1 刷発行
ISBN978-4-325-26273-2
定価は裏表紙に表示しています

編　集　教学社編集部
発行者　上原 寿明
発行所　教学社
〒606-0031
京都市左京区岩倉南桑原町56
電話　075-721-6500
振替　01020-1-15695
印　刷　中央精版印刷